本书获得以下项目资助：
国家自然科学基金项目（41871215、U1704133）；
河南省高校哲学社会科学基础研究重大项目（2022-JCZD-03）；
河南省哲学社会科学规划项目（2021BJJ003）；
河南省软科学研究计划重点项目（222400410019）；
河南省知识产权软科学研究项目（20230106012）；
河南财经政法大学首批科研团队建设支持计划项目

双碳目标、绿色技术创新与制造业高质量发展

李新安 著

Dual carbon goals,
green technology innovation and high-quality
development of manufacturing industry

经济管理出版社
ECONOMY & MANAGEMENT PUBLISHING HOUSE

图书在版编目（CIP）数据

双碳目标、绿色技术创新与制造业高质量发展/李新安著 . —北京：经济管理出版社，
2023. 9

ISBN 978-7-5096-9325-4

Ⅰ. ①双… Ⅱ. ①李… Ⅲ. ①制造工业—节能—产业发展—研究—中国 Ⅳ. ①F426. 4

中国国家版本馆 CIP 数据核字（2023）第 188524 号

组稿编辑：杨　雪
责任编辑：杨　雪
助理编辑：付妹怡
责任印制：黄章平
责任校对：蔡晓臻

出版发行：经济管理出版社
　　　　　（北京市海淀区北蜂窝 8 号中雅大厦 A 座 11 层　100038）
网　　　址：www. E-mp. com. cn
电　　　话：（010）51915602
印　　　刷：唐山昊达印刷有限公司
经　　　销：新华书店
开　　　本：720mm×1000mm/16
印　　　张：16. 75
字　　　数：301 千字
版　　　次：2023 年 12 月第 1 版　　2023 年 12 月第 1 次印刷
书　　　号：ISBN 978-7-5096-9325-4
定　　　价：98. 00 元

目 录

1　导言

气候变化已成为全球关注的焦点，减少碳排放已成为我国应对气候变化，实现经济、资源、环境永续发展的必然要求。《京都协议书》《巴黎协定》等一系列国际公约的签署，无不表明全球已统一将应对碳减排问题提上日程。2022 年11 月，《联合国气候变化框架公约》第二十七次缔约方大会（COP27）在埃及的沙姆沙伊赫举行，旨在携手各国采取切实行动应对全球气候变化。目前，中国已成为世界上最大的二氧化碳排放（以下简称"碳排放"）国家，减排压力不断增加。在应对全球气候变化目标背景下，低碳转型和绿色技术创新支撑的节能减排已日益成为重塑大国竞争格局的重要因素（Trutnevyte 等，2019）[①]。习近平主席在 2020 年 9 月第 75 届联合国大会上宣布了我国将于"2030 年前实现碳达峰""2060 年前实现碳中和"（以下称"双碳目标"）的碳减排目标。同时，在国家层面，双碳目标自 2021 年被写入国务院《政府工作报告》后，2022 年再入《政府工作报告》，2023 年的《政府工作报告》更是进一步将推动发展方式绿色转型，推进煤炭清洁技术研发与高效利用、促进绿色低碳发展等作为工作重点方面进行安排部署。《中华人民共和国国民经济和社会发展第十四个五年规划和 2035 年远景目标纲要》也明确制定了实现碳达峰、碳中和的行动方案，包括优化产业及能源结构，推动能源的清洁高效利用等，并指出"十四五"是碳达峰、碳中和的关键期、窗口期，要保持生态文明建设战略定力，坚定不移走生态优先、绿色低碳的高质量发展道路，努力建设人与自然和谐共生的现代化。在地方层面，

[①] Trutnevyte E, Hirt L, Bauer N, Cherp A, Hawkes A, Edelenbosch O Y, Van Vuuren D P. Societal Transformations in Models for Energy and Climate Policy: The Ambitious Next Step ［J］. One Earth, 2019, 1 (4)：423-433.

・ 1 ・

各个地区也从自身碳排放现状出发，制定了相关的实施细则来实现"双碳"刚性目标。制造业作为国民经济的重要基础，不仅是二氧化碳排放的主要来源之一，其发展质量提升也对经济增长和社会发展具有重要意义。因此，如何在实现双碳目标的同时促进制造业的高质量发展成为了一个重要的问题。

本书以双碳目标下的绿色转型与制造业高质量发展为主题，探讨如何在实现环境目标的同时，促进制造业的可持续发展，具体研究内容包括制造业与双碳目标的关系、制造业的绿色转型与可持续发展、制造业的绿色技术创新与经济增长等方面。

1.1 研究背景与意义

1.1.1 研究背景

随着全球气候变化问题的日益突出，各国政府纷纷制定了碳减排目标，即减少二氧化碳排放量并促进可持续发展。在经济全球化和新型国际分工体系的形成过程中，产品的生产工序被分割成多个环节，中国正不断通过双向对外投资嵌入全球价值链（Global Value Chain，GVC），融入全球生产网络分工，成为世界制造业大国。但是，国内制造企业多因位于全球价值链的专业加工组装环节，具有典型的使用资本密度高、排放强度大的高碳技术特征，这种高投入、高能耗技术偏向的"低端高碳锁定效应"使原本就具有高排放特征的制造业部门进一步成为碳排放密集领域，更加剧了能源资源消耗及碳排放造成的环境问题。在《巴黎协定》框架下，中国提出了国家自主贡献的四大目标之一：到 2030 年，单位 GDP 二氧化碳排放要比 2005 年下降 60%~65%。2021 年是"十四五"的开局之年，中央经济工作会议更是将"做好碳达峰、碳中和工作"作为全年要抓好的重点任务之一。实现碳达峰，核心是通过产业技术创新降低碳强度（Steg，2018)[①]，以碳强度下降抵消 GDP 增长带来的碳排放增加。

---

① Steg, L. Limiting Climate Change Requires Research on Climate Action［J］. Nature Climate Change, 2018, 8 (9): 759-761.

技术进步作为影响二氧化碳排放的关键性因素，日益引起全球各界的关注。然而，技术进步本身具有偏向性（biased），其偏向不同所表现出的环境效应也明显不同。如果忽视了技术进步的偏向性，就不能全面反映技术进步对碳排放和生态环境的影响，形成技术创新的绿色低碳偏向对实现双碳目标至关重要。党的十九届五中全会在"十四五"规划建议中进一步明确提出：我国"十四五"乃至更长一段时间要加快推动绿色低碳发展，加快推行清洁生产，推进重点行业和重要领域绿色化改造。因此，通过支持绿色技术创新，加快推行清洁生产，推动能源清洁低碳安全高效利用，引导制造业绿色低碳转型，使中国制造更深层次嵌入全球价值链，推进制造业绿色价值链的分工地位攀升，成为全球生产网络的关键节点，成为我国建设世界制造强国、提升制造业全球竞争力的现实选择。在碳排放问题日益突出，以及我国经济日趋深度融入全球价值链的必然趋势下，根据制造业各细分行业碳排放特点及其价值链的分工地位，深入分析绿色低碳转型与我国制造业高质量发展之间的关系，全面认识制造业绿色低碳转型的技术溢出，进而分析技术进步偏向对碳排放的影响，寻找能够实现行业技术绿色进步和价值链攀升的最优碳减排路径，力争实现全球价值链攀升与绿色发展的"双赢"已成为一个十分现实和紧迫的问题。这也是本书研究的根本动因。

1.1.2 研究意义

党的二十大报告和"十四五"规划建议中多次强调"加快发展方式绿色转型""建立健全绿色低碳循环发展的经济体系""推动经济社会发展绿色化、低碳化""积极参与全球环境治理，落实减排承诺"。2021 年 2 月 2 日，《国务院关于加快建立健全绿色低碳循环发展经济体系的指导意见》（国发〔2021〕4 号）出台。生态环境部 2020 年 12 月发布的《碳排放权交易管理办法（试行）》明确指出要加强低碳科技创新，深度参与全球气候治理，使碳排放总量得到有效控制，显示了我国对绿色低碳转型和碳减排的高度重视。2021 年 2 月 1 日该管理办法正式施行，意味着碳排放权交易计划在全国范围内开始实施。当前中国的环境形势十分严峻，从长期来看，碳减排事关我国经济绿色转型和未来新技术制高点之争（林伯强和谭睿鹏，2019）①，绿色发展战略是实现资源合理配置、拉动有

---

① 林伯强，谭睿鹏．中国经济集聚与绿色经济效率［J］．经济研究，2019，54（2）：119-132.

效需求的重要途径（傅京燕和程芳芳，2020）[①]。制造业作为国民经济发展的基石，研究双碳目标下制造业绿色低碳转型与高质量发展，无论是对当前节能减排工作的切实推进，还是对未来中国进一步深度融入世界经济，提高国际竞争力，均具有重要的理论价值和现实意义。

（1）在理论层次上，绿色转型和碳排放的关系是资源环境经济学领域研究的热点问题，但鲜有学者从双碳目标约束所引致的制造业技术进步绿色低碳偏向的角度，研究分析绿色技术创新的碳减排效应。在双碳目标下，如何在实现环境目标的同时促进制造业的可持续发展成为了一个重要的课题。技术进步是一个内生变量，其偏向与我国制造业节能减排模式和高质量发展密不可分，但不考虑偏向性的技术进步对制造业高质量发展的影响，会夸大或缩小技术进步的作用。因此，本书立足于我国制造业高质量发展和节能减排的实际要求，通过构建理论模型，深入探究绿色低碳转型对制造业高质量发展的传导机制，测度绿色技术创新对我国制造业高质量发展的推进效应，剖析双碳目标所引致的中国制造业绿色低碳转型的直接渠道和间接渠道。一方面，必将充实双碳目标引导制造业技术进步偏向决定的理论研究，丰富其研究内涵；另一方面，也将开拓制造业技术进步绿色低碳偏向影响高质量发展的理论框架。

（2）在实践层次上，如何实现碳减排和深度开放是"十四五"乃至更长一段时期我国经济清洁低碳转型与形成对外开放新格局面临的一个重要实践性问题。我国碳排放权交易体系自2017年启动了试点后，于2021年在全国范围内开始实施。国家"十四五"规划建议中"加快推动绿色低碳发展"及我国"2030年的实现碳达峰""2060年的实现碳中和"愿景目标的提出，意味着我国将更加坚定地促进绿色低碳发展、气候适应型发展和可持续发展。若要实现以上目标，就必须真正了解制造业中碳排放的影响因素，考虑技术进步的有关偏向。我国制造业目前多位于全球价值链的低端环节，获利甚微且排放代价高昂，迫切需要向附加值高且环保低碳的中高端环节迈进。通过全面对外开放，实施技术进步绿色化的政策导向，既是我国制造业深度嵌入全球价值链实现升级的重要组成部分，也是影响制造业技术进步低碳偏向的主要因素。党的十九大明确指出要"坚持引

---

① 傅京燕，程芳芳. 二氧化硫排污权交易对经济增长"量"和"质"的影响研究［J］. 暨南大学学报（哲学社会科学版），2020，42（6）：94-107.

进来和走出去并重""推动形成全面开放新格局"。因此,本书通过分层次、分区域实证分析我国制造业碳排放的影响因素及典型特征,从制造业绿色创新低碳转型的角度研究在双碳目标背景下制造业绿色转型影响行业技术进步偏向,进而作用于碳排放的理论机理,有针对性地制定促进双碳目标实现的技术偏向政策。

(3)在现实层面上,作为世界制造大国,我国制造业低碳转型的演进规律及碳减排实现路径值得总结和关注。中国制造业在国民经济系统中占据重要位置,却是国民经济中的主要碳排放者,高达总量的80%,在2006~2019年的10余年间,中国制造业的碳排放量增长了1.87倍,从而导致了更加严重的能源资源消耗与环境污染问题①②。我国2030年前实现碳达峰的国际承诺与"十四五"期间制造业的碳减排目标能否实现,碳减排路径的有效性至关重要。本书针对制造业各细分重点行业的碳排放特点,通过数值模拟不同情景下制造业低碳转型对经济发展的动态影响,探讨不同类型碳减排政策在我国经济中的适用性,为我国实现碳达峰的减排目标和绿色发展的顶层制度设计提供更严谨的理论实证依据,同时为推进环境治理与技术进步协同演化提供新的路径,以弥补现有文献对技术进步偏向视角下碳减排路径研究的欠缺,因此对我国制造业碳减排目标的实现和高质量发展均有着重要的现实意义。

1.2 研究思路与方法

推进制造业绿色低碳转型和高质量发展是"十四五"乃至今后较长一段时期我国发展的一条主线。《中华人民共和国国民经济和社会发展第十四个五年规划和2035年远景目标纲要》明确提出要加快发展现代产业体系,提升产业技术创新能力,促进高质量发展。我国2022年政府工作报告也把"提升自主创新能力""依靠创新提高发展质量"作为政府工作的重要任务。在目前资源环境约束和经济下行压

① 付华,李国平,朱婷.中国制造业行业碳排放:行业差异与驱动因素分解[J].改革,2021(5):38-52.
② 潘雄锋,舒涛,徐大伟.中国制造业碳排放强度变动及其因素分解[J].中国人口·资源与环境,2011,21(5):101-105.

力增大的背景下，随着科技竞争的日趋激烈，制造业绿色技术创新已成为超越自然资源及其他资源，如传统要素劳动力、资本等方面的核心因素，在推进我国"十四五"期间节能减排、产业转型等高质量发展重大现实问题方面地位日益凸显。

1.2.1　研究思路和框架

本书遵循"问题提出—理论和实证分析—政策优化选择—对策建议"的研究范式，紧密围绕"双碳目标战略下，如何通过绿色低碳转型推动制造业高质量发展"这一现实问题展开，通过较为系统的理论实证、模拟分析和国际比较，从推动制造业绿色低碳转型升级着手，提出促进制造业高质量发展的政策举措建议。具体思路和技术路线如图 1-1 所示。

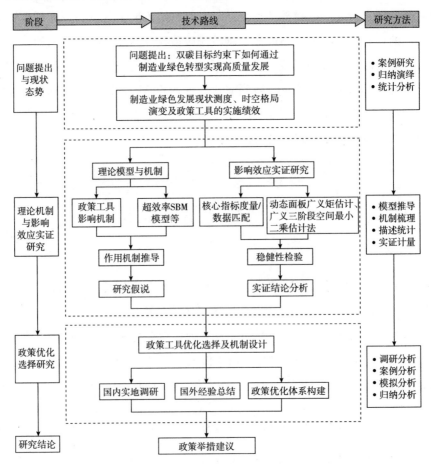

图 1-1　研究思路与技术路线

1.2.2 研究方法

（1）定量定性密切结合法。以定性研究与相关学科理论为依据确立构建主要变量的指标体系，通过对制造业细分行业的面板数据分析，在测算制造业技术进步偏向指数、高质量发展综合指数和碳排放的基础上，运用广义最小二乘法、空间计量分析、动态面板广义矩估计（GMM）回归模型等方法，构建计量分析模型，深入研究制造业绿色低碳转型与高质量发展的关系，并进行实证研究。

（2）比较分析法。本书根据不同年份相关时间序列样本数据，在构建综合评价指标体系的基础上，测度了我国各地区环境规制强度综合指数、高质量发展指数和制造业出口复杂度等概况，并纵向对比分析了不同年份我国制造业绿色发展效率、细分行业绿色全要素生产率和各地区绿色技术创新的发展态势，总结分析了制造业绿色发展的时空演变格局、制造业细分行业碳排放变化等趋势，同时测算分析了不同年份制造业细分行业的绿色创新能力。对不同层面评价指标进行相互比较，可进一步明确各层面指标之间的基本特征，便于从整体上对制造业绿色创新能力和低碳发展状况进行综合测算与评价。

（3）总量和结构分析相结合法。多数学者对制造业绿色发展仅从总量进行单一的计量分析，本书除此之外，还从制造业细分行业的结构上分别进行实证分析，使读者更为清晰直观地了解制造业细分行业的绿色全要素生产率情况，从而更好地剖析制造业细分行业各个层面与制造业整体高质量发展之间的相互关系。

1.3　主要结论与核心观点

1.3.1 研究结论与发现

（1）制造业绿色发展作为我国生态文明建设的重要支撑，存在明显的空间相互依赖性。本书基于构建的制造业绿色发展效率的综合评价指标体系，通过运用投入产出的 Super-SBM 模型对中国制造业绿色发展的时空格局演变进行实证测算后发现：从变动趋势来看，中国制造业绿色发展的区域协同效应较为明显，总体水平基本呈稳定增长态势，整体差异性趋于缩小，且东部省份和中部省份制造业绿色发展的提升速度要相对快于西部省份。从省际空间上制造业绿色发展变动来看，存在多数省份制造业绿色发展水平提升和个别省份制造业绿色发展水平下降并存的趋势特征。从全局空间自相关来看，中国制造业绿色发展存在明显的相互依赖性，表现出较明显的空间自相关特征。从局域空间自相关来看，制造业绿色发展水平高的省份和水平低的省份在地理空间分布上均相对集中，总体上呈现双高型制造业聚集（HH）和双低型聚集（LL）两种较为明显的分异性演变格局，而这种发展格局对中国制造业的区域绿色协调发展形成了制约。因此，企业需通过技术创新增强制造业绿色转型的内生动力，政府需通过优化区域制造业要素禀赋结构、完善制造业绿色化区域协同机制等，着力消除制造业绿色发展过程中的各种阻滞因素。

（2）绿色技术创新已成为绿色发展与制造业低碳转型的重要支撑。根据我国不同年份省际面板数据，运用空间杜宾模型考察环境规制与政府补贴对绿色技术创新的本地效应和空间溢出效应。研究发现：绿色技术创新在省际空间上表现出明显的聚集特征，政府在推动绿色创新发展中占据着至关重要的地位。政府基于绿色发展目标实施的环境规制政策会对绿色技术创新产生倒"U"型的本地效应，即各省份整体的绿色技术创新能力会随当地政府规制强度的增大而提高，但当规制强度超过临界点则会产生抑制作用。政府的补贴政策可通过直接和间接两种方式来提升当地的绿色技术创新能力。从对邻近省份绿色技术创新能力的影响估计结果来看，环境规制和政府补贴都存在负面空间溢出效应，即不利于关联地区的绿色技术进步。

（3）外资技术溢出、制造业技术进步偏向对"双碳"目标下的碳减排产生重大影响。加快制造业绿色转型是"十四五"时期深入实施制造强国战略、推动我国制造业高质量发展的关键。利用我国不同年份制造业细分行业的面板数据，在测算制造业技术进步偏向指数和碳排放基础上，运用广义最小二乘法、GMM 回归模型等方法对外资引入、技术进步偏向与碳排放三者之间的内在理论机理进行实证分析检验。研究发现：外商直接投资通过技术溢出、技术进步偏向等影响制造业的碳排放。自主研发、中间品进口对制造业出口技术复杂度提升和碳减排具有显著作用。外资引入对我国制造业碳排放的整体影响为负相关关系，资本密集型制造业相较制造业整体，其 FDI 引入和技术进步偏向的交互项与碳排放呈显著正相关，表明外资通过要素积累效应使技术进步偏向资本的程度进一步加深，对碳排放的促进作用更大，而对劳动密集型制造业二者的交互项系数并不显著。与常规认识不同的是，在样本期间，研发投入对制造业整体、资本密集型制造业和劳动密集型制造业的影响均表现出与碳排放正相关，且劳动密集型制造业研发的增加反而促进碳排放量更多。

（4）双碳目标下碳减排倒逼制造业绿色转型与高质量发展。本书基于我国不同年份各省区市的面板数据，运用广义最小二乘法、GMM 回归等方法，对双碳目标下碳排放影响制造业发展质量的内在机理进行实证检验。研究发现：第一，碳减排通过中介效应绿色技术创新提升制造业发展质量，同时对制造业结构升级具有显著的促进作用。第二，碳排放对各区域制造业发展质量的影响表现出一定的差异性，且对东部地区、中部地区的促进作用明显优于西部地区。此外，东部省份在政府支持力度和出口规模等方面对制造业发展质量的影响，相对高于中西部省份。第三，在用 GMM 回归模型方法进行稳健性分析时，制造业发展质量与行业结构的碳排放系数均显著为负，但整体而言，行业结构的绝对值要比制造业发展质量的大，表明制造业结构优化对碳排放更具抑制作用。因此，应围绕"双碳"战略目标下的制造业高质量发展要求，坚持制造业低碳发展政策导向，加快行业绿色技术创新，因地制宜统筹各地区特色优势，发挥市场机制配置资源的决定性作用，以实现制造业的高端化、智能化、绿色化发展，推动制造业绿色化转型和高质量发展。

（5）制造业绿色转型与高质量发展的关键在于强化绿色技术创新的碳减排效应。绿色技术创新是影响制造业高质量发展与碳排放的重要因素变量。本书基于构建的数据包络分析（DEA）与 Malmquist-Luenberger 生产率指数相结合的制造业绿色全要素生产率测算方法，通过运用面板数据回归及动态面板的 GMM 拓展模型对我国制造业绿色技术创新与碳排放的关系进行了实证测算。研究发现：第一，在变动趋势上，我国制造业在选定样本期内的绿色技术创新效率指数整体呈上升趋势，尤其是在 2014 年后，该指数出现了快速增长，且东部地区的绿色技术创新效率指数的提升趋势要显著高于中西部地区与东北地区。第二，从省域空间制造业碳排放的变动来看，样本期间制造业能源消费总量保持持续增长，碳排放量总体上也呈明显上升态势，但自 2014 年后增速开始放缓。制造业因细分行业差异和区域差异，碳排放存在较大差距。第三，绿色技术创新对制造业整体及劳动密集型行业的碳排放存在显著抑制作用，对资本密集型行业的碳排放则因规模效应大于生态效应而存在正向作用。因此，国家需要通过推动制造业绿色转型，加大绿色技术研发，发挥绿色技术溢出效应和强化绿色低碳技术交流合作等措施，着力促进制造业绿色技术创新和高质量发展，以实现碳减排。

（6）推动我国制造业绿色低碳转型，是突破"双重锁定"与实现全球价值链升级的重要举措。基于我国不同年份各省的面板数据，在探究绿色低碳转型影响我国制造业全球价值链升级理论机制的基础上，从四个维度构建制造业绿色低碳转型综合评价指标对其特征进行衡量，并对其余相关变量进行测度，运用设定的基准回归模型与中介效应计量模型，研究了我国制造业绿色低碳转型与全球价值链升级两者之间的影响机制并进行实证检验。研究发现：第一，根据相关指标测度结果发现，我国制造业绿色低碳转型指标及制造业全球价值链升级指标均呈逐年优化趋势，且绿色低碳转型水平具有明显区域异质性，呈现东部、中部、西部阶梯化发展态势。第二，制造业绿色低碳转型从四个方面直接影响制造业 GVC 升级。其中，产业结构和技术创新对制造业 GVC 升级的影响大于清洁能源消费和减污降碳，且都为正向促进作用。此外，出口贸易结构改善和绿色贸易壁垒削减效应间接影响制造业 GVC 升级的中介效应，也通过计量模型检验得到证实。第三，绿色低碳转型对制造业 GVC 升级的影响存在区域差异性。东部地区对促进 GVC 升级的作用最大，中部地区的边际效用明显，西部地区的影响较不显著。因此，应围绕"双碳"战略目标下的制造业高质量发展要求，着力加快行业绿色技术创新，打造制造业绿色低碳产业体系，延长清洁能源产业链条，因地制宜统筹各地区制造业优势，促进减污降碳协同增效，推进制造业向 GVC 中高端迈进。

（7）环境规制政策下强化绿色技术创新是推进制造业高质量发展和价值链攀升的重要途径。基于我国不同年份各省份的面板数据，采用固定效应模型和动态面板广义矩估计（GMM）回归模型实证检验了绿色技术创新对制造业价值链攀升的作用机理和绿色技术创新与环境规制的交互项对制造业价值链攀升的影响机制，并检验了绿色技术创新对制造业价值链攀升的环境规制门槛效应。研究发现：第一，从全国层面来看，绿色技术创新对制造业价值链攀升具有显著的促进作用，但各地区存在明显的差异性，东部地区相较其他地区正向影响最大。通过更换解释变量和进行内生性检验后，结论依然稳健。第二，环境规制与绿色技术创新对制造业价值链攀升产生显著的正向影响，但两者交互项在样本期间表现出一定的反向协同性，即环境规制在样本期可能通过影响绿色技术创新投入进而对制造业价值链产生作用。第三，绿色技术创新在制造业价值链攀升中具有环境规制门槛效应，随着环境规制水平的不断提高，绿色技术创新与制造业价值链攀升之间具有先降后升的"U"型关系。

（8）制造业数字化转型已经成为支撑制造业高质量发展的重要引擎。本书基于不同年份的省域面板数据，通过对我国省级制造业高质量发展水平和数字经济发展综合指数进行测度，实证检验了数字经济对制造业发展质量提升的赋能效应。研究发现：第一，数字经济发展水平的提升显著正向促进了制造业的高质量发展，在经过一系列稳健性检验后结论仍然显著成立。第二，对作用渠道的分析表明，政府的创新资源配置偏向对数字经济提升制造业发展质量具有显著正向强化效应，即数字经济能够通过增强政府的创新资源配置推动制造业的高质量发展。第三，数字经济对邻近地区的制造业发展质量提升存在空间溢出效应，并在发展程度不同的地区存在区域异质性，经济发展实力越强的区域，数字经济的赋能效果越好。因此，新时期推进制造业高质量发展，关键是要抓住新一轮科技发展正在孕育重大革命性突破的时间窗口，抓住关键环节，加速推进数字经济与制造业深度融合，推进制造业数字化转型，进而带动相关行业领域的数字化取得重大进展，持续激发数字经济的发展潜能，打造数字经济为制造业赋能的全新优势。

1.3.2 核心观点与创新

本书核心观点如下：

（1）绿色技术创新已成为推动经济结构转型与经济高质量发展的重要手段。绿色技术创新本身所具有的政策驱动特点，使得环境规制和政府补贴对我国绿色技术创新具有至关重要的作用。绿色技术创新存在密切的区际空间溢出联系，区域环境政策存在较大的空间依赖性，而现实情境下也能观察到地方政府的环境规制和政府补贴与绿色技术创新具有较为密切的区域关联性。

（2）政府补贴在环境规制和绿色技术创新之间存在着调节作用。绿色技术创新兼顾环保和创新，从而表现出"双重外部性"。正外部性表现在绿色技术创新会带来知识与技术溢出，增加社会收益；负外部性表现在企业环境治污减排技术研发投入会导致企业成本大于社会成本，降低企业收益。

（3）促进技术创新低碳偏向形成已成为推动制造业结构转型与高质量发展的重要手段。双碳目标的提出，意味着我国将更加坚定地贯彻绿色低碳发展理念，推进产业绿色转型升级和制造业的碳减排。这也将引领全球经济在实现复苏中绿色、低碳的技术变革方向，推进应对气候变化的全球合作行动。

（4）清洁生产技术可改变产业结构与经济结构，并从源头减少污染物的排放，最终实现碳减排。制造业作为我国实体经济的重要支撑，是外资的聚集领域。我国早期外商直接投资（FDI）进入的大多行业都具有典型的高能源资源消耗和高排放的高碳产业特征，而高投入、高能耗的技术偏向更加剧了高排放造成的生态环境问题。在应对全球气候变化和实现碳中和目标的背景下，低碳技术创新和降低碳排放日益成为重塑大国竞争格局的重要因素。

（5）外资引入对制造业技术进步偏向形成与碳排放产生重要作用。技术进步绿色偏向兼顾环保和创新，通过制造业清洁生产技术的自主研发与FDI引入的节能技术，从根本上以"绿色制造""智能制造"实现制造业的低碳转型，减少行业碳排放。

（6）绿色金融发展可通过刺激低碳技术创新促进低碳转型。低碳技术创新已成为经济发展与碳排放脱钩的重要驱动力，在国家"双碳"目标既定战略下，大多数高碳企业对绿色技术有巨大需求。绿色金融通过金融手段支持节能减排技术研发、新能源技术开发和绿色交通等低碳领域技术与制度创新，有利于引导我国的技术结构与经济结构向绿色低碳方向调整，并通过产业内技术溢出和创新补偿效应使更多的行业开展绿色技术创新，在产品迭代中提升行业的整体绿色创新水平，从而减少碳排放。

本书主要创新点在于：

（1）学术思想创新。创新性地将实体经济根基——制造业的绿色技术创新、在全球价值链中向高端攀升的现实要求与应对全球气候变化的碳减排，置于双碳目标的统一逻辑分析框架内，深入剖析政府实施绿色转型发展的政策效果。

（2）研究内容创新。基于环境规制和政府补贴，以及绿色技术创新所具有的空间关联特性，构建了GMM回归模型，探究了绿色技术创新的空间集聚效应，揭示了低碳技术进步的行业效应和创新溢出规律，相关结论对政府部门制定制造业绿色转型的有关政策更具针对性。

（3）研究方法创新。基于中国制造业细分行业和区域异质性的现实情况，以及低碳技术进步所具有的空间关联特性，对制造业进行了多个细分行业划分，以测度我国制造业绿色发展效率、细分行业绿色全要素生产率和碳排放，相关结论对政府从区域层面和行业层面采取相应政策举措更具针对性，同时为加强特定行业的技术研发与创新溢出提供了理论基础。

2 我国制造业绿色转型的
理论基础及作用机理

2.1 制造业绿色转型的理论基础

2.1.1 产业绿色发展理论

人类经济社会的各种活动必然对自然生态环境系统产生影响并造成相应损耗，而自然生态环境系统对生态损耗所具有的一定的自我修复能力和对污染物的自净化能力，表明了自然生态环境系统对人类经济规模的承载力的界限。当人类经济规模达到或超过这个承载力限度之后，就会损害赖以生存的自然生态环境系统未来的可持续性，其生态功能稳定性将逐步劣化。因此，"生态承载力"约束决定了人类经济发展及活动规模的上限，而现实的经济发展规模已经日趋接近乃至超过了自然生态环境的承载力，由此引起自然生态功能恶化。"产业绿色发展""生态文明建设"正是基于以上现实背景，在产业层面针对"生态承载力"的有限性提出来的，其背后是对"绿色经济"发展理念的深刻认识与积极实践。

2.1.1.1 绿色经济

"绿色经济"概念最早由英国环境经济学家大卫·皮尔斯在其1989年出版的《绿色经济蓝皮书》中提出，它是以市场为导向，以传统产业经济为基础，以生态环境建设为基本产业链，以经济与环境的和谐为目的而发展起来的经济形式，是产业经济为适应人类新的需要而表现出来的一种状态。尽管该概念提出较晚，且在当时并未引起广泛关注，但绿色经济思想来源自 20 世纪 60 年代至 70 年代的宇宙飞船经济理论、《寂静的春天》和罗马俱乐部研究报告《增长的极限》等，并在 1975 年联合国环境规划署等起草的《世界自然资源保护大纲》中得到了较为详细的阐述，而 1992 年联合国环境与发展大会最终通过的《21 世纪行动议程》《地球宪章》则标志着绿色经济从理论走向实践。总体来看，绿色经济是建立在生态环境容量和资源承载力的约束条件下，将环境保护作为实现可持续发展的重要支柱的经济发展形态。它有别于传统的工业经济发展形态，不仅是一些特定产业的集合、经济活动与结构的评价标准，以及生产方式的变革，而且是对生产、消费、交换等经济活动全过程的"绿色化"，是一种新的经济发展形态。传统意义上的绿色经济，通常狭义地指环保产业，主要包括在污染控制、污染治理与废弃物循环利用等方面提供的产品和服务。随着 2008 年全球金融危机爆发，联合国环境规划署提出发展绿色经济和绿色新政的倡议得到了国际社会的积极响应，"绿色经济"概念成为应对全球危机的政策讨论的重要话题。2012 年在巴西里约热内卢由联合国环境规划署等举办的联合国可持续发展大会，以及 2015 年联合国可持续发展峰会通过的《2030 年可持续发展议程》，推动全球绿色发展实现了由单一维度弱可持续发展向五位一体强可持续发展的转变。

绿色经济将众多有益于环境的技术转化为生产力，并通过环境友好的经济行为，实现经济的长期稳定增长；在显著改善资源能源效率和降低环境风险的同时，促进经济发展绿色化，实现经济发展与资源生态环境承载力相适应，带来了人类幸福感和社会公平的提升。2008 年在金融危机和担忧全球经济衰退的背景下，联合国环境规划署提出了"绿色刺激方案"的概念，确定了以大规模公共投资快速启动经济转型的《绿色经济倡议》，为投资绿色部门、绿化资源和（或）污染密集型行业提供分析和政策支持，激发了一些国家的政府实施重要的绿色方案作为其经济恢复成就的一部分。实际上，世界上一些国家也在借助经济刺激计划大力发展绿色经济，并且把发展绿色经济作为促进经济转型的战略目标。美国、韩国、日本、德国、丹麦、法国、英国等发达国家都将环境方面的投资作为经济刺激方案中的重要内容。作为《绿色经济倡议》的一部分，联合国环境规划署委托《绿色经济蓝皮书》的作者进一步研究题为《全球绿色新政》（GGND）的报告，该报告于 2009 年 4 月发布，并且提出了一系列刺激经济复苏、促进全球经济可持续发展的政策措施。《全球绿色新政》呼吁各国政府刺激资金的显著份额分配给绿色行业，并制定了三个目标：一是经济复苏，二是消除贫困，三是降低碳依赖程度和减缓生态系统退化。《全球绿色新政》也提出了绿色刺激方案的框架，以及支持国内外政策的框架（UNEMG，2011）。2011 年 11 月，联合国环境规划署根据其绿色经济倡议发布的《绿色经济报告》（Green Economy Report）的综合报告《迈向绿色经济——实现可持续发展和消除贫困的各种途径》的综合报告，从绿色经济的全系统视角，对面向均衡、包容的绿色经济进行了识别、澄清与展望。2015 年 6 月，联合国环境规划署编写的《绿色经济：联合国视野中的理论、方法与案例》出版发行。近年来，许多旨在促进绿色经济发展的非政府机构和合作伙伴也在进行相关的研究分析和推广。由此可以看出，绿色经济是以保护和完善生态环境为前提，以珍惜和充分利用自然资源为主要内容，以社会、经济、环境协调发展为增长方式，以可持续发展为目的的经济形态。绿色经济的内涵包括以下三点：一是要将环境资源作为经济发展的内在要素，二是要把实现经济、社会和环境的可持续发展作为经济的发展目标，三是要把经济活动过程和结果的"绿色化""生态化"作为经济发展的主要内容和途径。

从中国特色社会主义发展的新阶段看，进入新时代以来，我国经济发展表现出阶段性变化的特征。从增长速度、产业结构和政策调整三方面特征化事实来看，2013 年中国经济发展进入由经济发展客观规律所决定的增长速度换挡期、经济发展方式转变主动选择的结构调整阵痛期和化解多年以来深层次矛盾积累的前期刺激政策消化期的"三期叠加"新常态阶段。党的十八大在该阶段将生态文明战略纳入我国"五位一体"的国家发展战略，实施具体措施的《中共中央国务院关于加快推进生态文明建设的意见》更是明确提出"必须加快推动生产方式绿色化，构建科技含量高、资源消耗低、环境污染少的产业结构和生产方式，大幅提高经济绿色化程度，加快发展绿色产业，形成经济社会发展新的增长点"[①]，进一步从资源环境约束、消费和投资需求、生产要素相对优势、出口和国际支出、产业组织方式和生产能力、经济风险积累和化解、宏观调控和资源配置模式等方面来看，我国经济发展总体上具备了经济增长动力转换、速度从高速

① 中共中央国务院关于加快推进生态文明建设的意见［N］．人民日报，2015-05-06（1）．

转向中高速和经济结构持续优化的经济新常态特征。基于以上背景，2017 年 10 月党的十九大明确提出，我国经济已由高速增长阶段转向高质量发展阶段。在此背景下，强化产业的绿色化水平，促进产业绿色转型，加快绿色发展，已不单是应对外部冲击所造成的经济下行压力的阶段性举措，更是在变局中开新局，适应产业变革和新科技革命的重要途径和手段。2021 年党的十九届五中全会提出，全面建设社会主义现代化国家新征程，向第二个百年奋斗目标进军；2022 年党的二十大更是进一步强调"协同推进降碳、减污、扩绿、增长""推动绿色发展，促进人与自然和谐共生"。促进产业绿色转型，使生产要素从高排放、低资源利用率的部门流向低排放、高资源利用效率的部门，依靠效率和效益驱动经济绿色发展，已成为新时代培育我国新的经济增长点，推动我国生态文明建设，实现发展质量提升的一个重要路径。图 2-1 显示了绿色低碳转型需要跨越的几道门槛及其驱动因素，即低碳发展要依次经历碳强度、人均碳排放和碳排放总量的高峰，从历史经验来看，这些跨越都依赖重要的内部驱动力和外部驱动力。可以看出，实现绿色低碳转型也是需要时间和成本的，要实现最终的转变，必须依赖人口、技术、政策、结构和模式等的综合作用与系统转型。同时，要加速这种转型需要额外的技术支持、资金投入和政策引导。

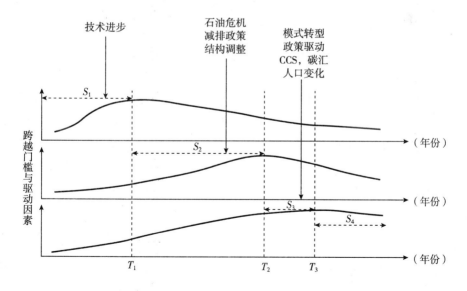

图 2-1　绿色低碳转型与驱动力

绿色经济用可再生能源替代化石燃料，促进资源和能源使用效率的提高。绿色经济认可自然资本的价值，并对自然资本进行投资，促进经济发展的可持续。绿色经济除了实现废气减排之外，还可通过增加可再生能源的供给来降低化石燃料价格升高或波动的风险。政府通过对清洁能源和提升能源利用效率的技术进行投资以替代碳密集型行业的投资。随着可再生能源技术的竞争性日益增强，目前在市场中对可再生能源技术的投资也在不断增大。

如何引导市场主体的产业行为选择与绿色经济目标一致呢？从理论角度来看，企业生产者主体的行为目标永远是通过占有更多的市场份额而实现利润最大化。所以，只有存在环境成本内部化约束的条件下，才有可能转变市场主体的生产行为，特别是当消费者根据绿色低碳环保的理念要求进行消费选择时，整个市场必然偏好低资源消耗、低污染排放和环境友好型的商品。而贯穿生活各个环节的这一消费需求特征的变化必然引导市场生产者行为也转向"产业绿色化"方向。只有通过这样的利益机制才能形成绿色低碳的现代化产业体系，引导生产者从只追求市场需求转向追求生态效率，从而相应地转变经济发展的资源要素配置方式，促进产业结构和技术结构实现低碳化转型。

从实践角度来看，就是"必须顺应人民群众对良好生态环境的期待，推动形成绿色低碳循环发展新方式"，立足全产业链，创新绿色技术，通过调整经济结构、转变经济发展方式，以生产（生活）方式绿色化、价值观念绿色化和制度建设绿色化，解决我国经济发展方式中资源利用效率不高和环境污染较重等突出问题。绿色发展的推进不但延续了生态文明建设和生态环境保护的发展路线，更打开了一片孕育着无限商机和可能的新蓝海。此前很多人认为，"绿色"就是做减法，不生产、不消费就是最绿色的，经济发展和环境保护是对立关系。但事实恰恰相反，有机构测算过，单就实现碳达峰、碳中和这一进程来说，我国实现碳中和所需要的总投资大约在130万亿元①。在投资端，海量的投资将进入可再生能源生产、储能技术、工业电气化、绿色建筑、绿色交通等领域，形成新的绿色供应体系；在消费端，电动汽车、清洁取暖、高效制冷、智能家电等绿色需求也将进一步促进消费增长和消费升级。生产方式和生活方式的绿色化，不仅是我们国家的政策取向，也是全球的大势，是在纷繁芜杂、不确定性激增的当

① 闫静. 推动绿色发展　促进人与自然和谐共生［N］. 南方周末，2022-11-08.

下，少数能取得全球普遍共识的大趋势，其蕴含的经济价值和生态价值都十分可观。

2.1.1.2　绿色发展

党的二十大报告提出，尊重自然、顺应自然、保护自然是全面建设社会主义现代化国家的内在要求。必须牢固树立和践行绿水青山就是金山银山的理念，站在人与自然和谐共生的高度谋划发展。绿色发展理念作为实现"双碳"目标中一场经济和社会的深刻变革，将始终贯穿中国式现代化建设的全过程。

绿色发展理念自党的十八届五中全会首次提出以来，从理论上回答了新时代经济社会发展中人与自然的关系问题，深化了中国式现代化建设中关于人与自然和谐共生的规律性认识。绿色发展立足于可持续发展理论，强调在经济增长的基础上注重生态保护，要求人类活动必须遵循自然发展规律，将生态环境的可持续性纳入生产力范畴，通过节约资源和降低污染顺应自然、保护自然，实现生态环境的永续发展，促进人与自然的和谐共生。绿色发展理念蕴含着重大的理论价值，既是对马克思主义生态思想的传承和创新，开辟了马克思主义绿色发展观的新境界，也是对长期以来人与自然关系的规律性认识，科学总结了人类社会通过经济发展的绿色变革，以合理使用能源资源为手段破解面临的经济发展和环境相容性问题（朱东波，2020）[①]。从经济效率的视角来看，绿色发展要求摒弃以往粗放的生产方式，变为集约型的高效率产业发展方式；从发展规模的视角来看，绿色发展强调经济增长以生态容量为约束，没有限制的经济增长是无法永久持续下去的；从公平的视角来看，绿色发展理论以可持续发展理论为基础，认为人在使用自然资源时是公平的，所有人对自然资源的使用有同等的权利。同时，绿色发展包含了循环经济、低碳经济、生态经济等多方面的内容。循环经济强调资源的循环利用。低碳经济强调优化能源结构，减少温室气体排放。生态经济强调对生态系统的修复、利用和发展。

在如何处理经济发展与自然环境保护的关系的问题上，习近平总书记提出了"绿水青山就是金山银山""保护环境就是保护生产力，改善环境就是发展生产力"等重要的理论论断，要求"一定要树立大局观、长远观、整体观……坚定

[①]　朱东波.习近平绿色发展理念：思想基础、内涵体系与时代价值［J］.经济学家，2020（3）：5-15.

推进绿色发展，推动自然资本大量增值"①。"既要绿水青山，又要金山银山"的绿色发展理念内含了利用科技创新手段提高资源的利用效率的必然要求，2020年世界知识产权日以"为绿色未来而创新"为主题，说明了以技术创新促进新能源开发，形成经济发展和生态保护共赢的产业发展模式的重要性。2015年，党的十八届五中全会提出了新发展理念"创新、协调、绿色、开放、共享"。新发展理念的产生是基于全面深化改革的蓬勃发展，从社会发展的内在联系去把握发展思路，去分析和处理发展中的现实问题而提出的。从"八五"期间的发展理念"发展就是硬道理"，到"九五"期间的"可持续发展"，再到"十五""十一五""十二五"的"科学发展观"，最后到现在的"创新、协调、绿色、开放、共享"新发展理念，不仅准确把握了中国经济的发展规律，而且充分提高了整个社会的共识和凝聚力。2017年，党的十九大报告明确指出，加快建立绿色生产和消费的法律制度和政策导向，建立健全绿色低碳循环发展的经济体系。2022年，党的二十大报告在涉及人与自然的章节里明确提出了"推动绿色发展，促进人与自然和谐共生"的发展主线，在坚持原有生态环境关键制度的基础上，强调了经济高质量发展与环境高水平保护的融合，更加注重降碳、减污、扩绿、增长的协同一致，既要在发展中保护，更要在保护中发展。

　　绿色理念是在传统发展基础上的一种模式创新，是基于资源承载力和生态环境容量的约束条件，将环境保护作为实现可持续发展的重要支柱。具体来说包括以下三个要点：其一是要将环境资源作为社会经济发展的内在要素，不可以以环境为代价换取利益。其二是要把实现经济、社会和环境的可持续发展作为绿色发展的目标，实现高污染行业的绿色转型，促进绿色发展、循环发展和节能发展。其三是要把经济活动过程和结果的"绿色化""生态化"作为绿色发展的主要内容和途径。绿色发展是以效率、和谐、持续为目标的经济增长和社会发展方式。当今世界，绿色发展已经成为了一个重要趋势，许多国家把发展绿色产业作为推动经济结构调整的重要举措，为解决当前经济社会发展与自然环境问题的矛盾提出了一种思想体系，是本书的理论基础。

　　在绿色发展理念的指导下，我国主动适应经济社会绿色转型及构建现代化经

---

① 国家发展和改革委员会．习近平经济思想学习纲要［M］．北京：人民出版社，学习出版社，2022．

济体系的内在要求，树立起"绿水青山就是金山银山"的强烈意识，坚持资源节约和环境保护的基本国策，建设美丽中国。在生态文明建设过程中加强顶层设计，努力推动形成绿色发展方式和绿色生活方式。在"十三五"规划和"十四五"规划中不断强化绿色发展指标约束，承诺和积极践行双碳目标，中国能源绿色低碳转型加速发展，推进制造业发展和绿色转型取得显著进展。从总体指标来看，2012~2021年，我国单位GDP能耗下降了26.4%，其中"十三五"期间累计下降了13.2%；单位GDP二氧化碳排放量累计下降了约34%，其中"十三五"期间累计下降了17.7%。① 根据《中华人民共和国国民经济和社会发展第十四个五年规划和2035年远景目标纲要》，"十四五"期间将"单位GDP能源消耗降低13.5%"②，"单位GDP二氧化碳排放降低18%"③ 等作为经济社会发展主要约束性指标之一。在积极推进中国式现代化进程的同时，也为全球环境治理提供了中国智慧与中国方案。

绿色发展的基本思想包括四个方面：第一，绿色发展强调通过合理的生产模式发展经济。经济发展是人类社会发展和进步的必要条件，也是保护生态的物质保障。原本粗放的生产方式过度强调经济增长，不惜以牺牲环境为代价，对环境造成的伤害是无法弥补的，最终会对人类自身产生不利影响。第二，绿色发展追求人与自然的和谐，强调基于环境承载力的协调。可以通过适当的政府干预、经济手段和技术创新等方法促进产业绿色发展，使资源的消费率低于资源的再生率。第三，绿色发展强调环境资源本身可以创造价值。这一价值不仅包括对社会经济体系的支撑价值和服务价值，还包括自然资源本身对生命体系不可或缺的存在价值。第四，绿色发展的目标是让整个社会寻求进步。为此，国民经济体系的"绿色化"要逐步健全，关于促进绿色发展的政策法规要逐步完善。

2.1.2 低碳发展理论

低碳发展最早见诸政府文件是在2003年的英国能源白皮书《我们能源的未

---

① 李雪松，李海舰，张友国．发展规划蓝皮书：中国五年规划发展报告（2021—2022）［M］．北京：社会科学文献出版社，2022.

② 丁怡婷．加快形成能源节约型社会［N］．人民日报，2021-08-10（2）.

③ 中华人民共和国国民经济和社会发展第十四个五年规划和2035年远景目标纲要［EB/OL］．［2021-03-13］．新华网，http://www.xinhuanet.com/2021-03/13/c_ 1127205564_ 2.htm.

来：创建低碳经济》，它是指在可持续发展理念的指导下，通过技术创新、制度创新、产业转型、新能源开发等多种手段，尽可能地减少煤炭、石油等高碳能源消耗，减少温室气体排放，达到经济社会发展与生态环境保护双赢的一种经济发展形态。但是，作为一个涉及诸多产业和广泛领域的概念或理念，低碳发展尚无约定俗成的一致定义。国内普遍采用的低碳发展的概念是"以低能耗、低排放、低污染为基础的经济模式，其实质是提高能源的利用效率和创建清洁能源结构，核心是技术创新、制度创新和发展观的改变"。国外一些学者认为，低碳发展是一种后工业化社会出现的新的经济社会模式，其核心是低温室气体排放，或低化石能源消耗，是在能源短缺、环境变化和气候变化挑战的前提下实现可持续发展的唯一途径。[①] 事实上，以上概念都部分把握到了低碳发展的核心特征，即低碳排放，也提及了低碳发展的实现途径和目标等概念要素。笔者认为，低碳发展作为指导当今世界经济发展和社会发展的全新理念，其内涵的界定固然需要建立在"低碳"原始的固有含义的基础上，但用发展的眼光从绿色生态的角度全方位准确地厘定更为重要。

2.1.2.1　原始固有层面的低碳发展含义解析

原始固有层面的低碳发展含义解析立足于其产生原因及背景，从"应然"的角度予以界定。

其一，低碳发展的前提是减少高碳能源的消耗和使用。不同形式的能源有不同的碳含量，按照碳含量和碳排放的高低，能源可以划分为三类：第一类，化石能源（即高碳能源）。包括煤炭、石油和天然气，其中煤炭的碳含量最高，石油次之，天然气最低。第二类，生物能源（即中性碳能源）。包括植物秸秆和薪材等生物能源，所含碳来自植物光合作用从大气吸收、固化的二氧化碳。第三类，无碳能源。包括水能、核能、风能、太阳能、地热能等，这些能源本身不含碳，属于零碳能源。目前包括我国在内的很多国家，高碳能源仍然是主要的消费能源。在我国的能源生产和消费结构中，作为高碳能源的煤炭一直占绝对比重，自20世纪80年代至今，多年处于59%~80%的高位水平。[②] 实现低碳发展的前提是减少高碳能源的消耗和使用，积极开发和使用中性碳能源和零碳能源。

---

① 张坤民，潘家华，崔大鹏. 低碳经济论［M］. 北京：中国环境科学出版社，2008.
② 王双明. 对我国煤炭主体能源地位与绿色开采的思考［J］. 中国煤炭，2020，46（2）：11-16.

其二，低碳发展的核心是低碳排放。低碳发展的特征是减少温室气体排放，构筑低能耗、低污染的经济发展体系，包括低碳能源系统、低碳技术和低碳产业体系。低碳能源系统是指通过发展风能、太阳能、核能、地热能和生物质能等清洁能源替代煤、石油等化石能源，以减少二氧化碳排放。低碳技术包括清洁煤技术（IGCC）和二氧化碳捕捉及储存技术（CCS）等。低碳产业体系包括火电减排、新能源汽车、节能建筑、工业节能减排、循环经济、资源回收、环保设备、节能材料等。目前，在有关国际气候制度和气候变化的学术研究中，对"低碳排放"的理解角度不同。第一种是基于国际公平的角度，从国家总量上承担减排义务，因此低碳排放应当是一国碳排放总量的绝对减少；第二种是基于资源投入与产出的成本效益原则，将碳作为一种隐含在能源和物质产品中的要素投入，衡量一个经济体消耗单位碳资源所带来的相应产出，即如果二氧化碳排放量的增加小于经济产出的增量，则可称为低碳排放。[①] 第三种是单位国内生产总值和二氧化碳的排放比值为参考，如果在某一相对长的时期内比值下降，则为低碳排放。这些对低碳的不同理解体现在哥本哈根世界气候大会上各个国家不同的减排承诺中。

对"低碳排放"的理解，重在准确界定何谓"低碳"。所谓"碳"是指造成当今全球气候问题的温室气体，即《京都议定书》上限排的六种气体，包括二氧化碳（CO_2）、甲烷（CH_4）、氧化亚氮（N_2O）、氢氟碳化物（HFCS）、全氟化碳（PFCS）、六氟化硫（SF_6）。所谓"低"则是针对当前高度依赖化石燃料的能源生产消费体系所导致的高碳排放强度和相应低的碳生产率，实现温室气体排放的低增长或负增长。最终要使碳强度降低到自然资源和环境容量能够有效配置和利用的目标，"低"的衡量指标包括两个，一是单位国内生产总值和二氧化碳的排放比值下降，二是一国排放总量的绝对减少。前一指标保证国内经济社会发展低碳化，后一指标保证全球碳排放总量下降。这一做法与我国目前污染物排放的浓度控制和总量控制方式制度相一致。

2.1.2.2 生态发展层面的低碳发展内涵解析

生态发展层面的低碳发展内涵解析立足于适度谋求环境资源经济价值和生态价值，共同提升及跟进可持续发展的基本价值理念，从"必然"的角度予以

---

① 张坤民，潘家华，崔大鹏．低碳经济论［M］．北京：中国环境科学出版社，2008.

界定。

其一，低碳发展的实质是一种生态保护型发展模式，其目标是实现经济、社会、环境的可持续发展。生态保护型发展模式是指运用生态学规律来指导人类活动的新型经济发展方式，是相对经济保护型发展模式而言的。所谓的经济保护型发展模式是指单纯追求 GDP 的线性增长，无视生态环境保护和资源保护的高消耗、高排放的经济发展形态。经济保护型发展模式一路走来，让原本无限清秀的地球满目疮痍、绿色不在；而生态保护型发展模式力求运用符合生态学的发展规律指导经济社会活动，不仅要求经济发展以对环境无害的方式进行，更要求在此基础上谋求经济利益和环境利益适度的共同提升，实现 GDP 的绿色增长，实现经济、社会、环境的可持续发展。

其二，低碳发展的实现路径涉及科技创新、产业转型、新能源开发等手段。低碳发展作为 21 世纪初应对全球气候变暖挑战提出的一个新概念，随着绿色经济的深化推进和世界各国对限制温室气体排放的重视，迅速在全球范围内开展起来。尽管其实现路径仍处在探索发现阶段，但根据现有成果来看，低碳发展的良性运行，不是某个或某几个学科，某个领域或某几个领域就能够解决的问题，而是需要综合运用多学科、多领域的知识或技能方能完成，如科技创新、新能源开发等。例如，有学者提出了低碳发展的具体操作方法：在技术层面，发展低碳技术，通过发达国家在发展中国家组建的清洁发展机制（CDM）项目，吸取先进的碳减排技术；在市场要素层面，实施碳排放贸易，即将碳排放权作为商品而形成的碳交易。总的来看，低碳发展一是需要政府的参与，通过各国政府强制设定碳排放上限来赋予碳排放权以商品特性，使之成为国际市场上的需求对象；二是高端的技术要求——实际减排的二氧化碳的核定具有很高的科技含量知识含量。这一系列复杂问题的解决需要多个国家共同合作研究。在国内产业结构与消费方式层面，发展低碳产业与低碳消费方式，追求产业结构的优化与国内消费方式的转变；在制度保障层面，制定低碳产品有关法律，引导与规范低碳产品的开发与认证，通过立法规范外国对我国 CDM 项目的投建等。[①] 通过以上描述可以清楚地发现，低碳发展的实现路径涉及多学科、多领域，必须综合运用制度设计、科技创新、产业转型、新能源开发等多种手段。

---

① 孙成成，林道海．我国低碳经济的发展路径与制度保障研究［J］．行政与法，2010（7）：35-39.

其三，低碳发展的核心是低排放、低消耗、低污染。毋庸置疑，当今世界出现了严重的区域性环境问题及全球性环境问题，气候变暖、生态恶化、淡水危机等日益威胁着人类及其他物种的生存及发展安全。环境问题的实质是生态平衡的失调或破坏，究其原因主要有二：一是人类过度向环境排放污染物所致，二是人类过度开采使用消耗各种自然资源和能源所致。因此，解决环境问题的根本途径就是恢复被破坏的生态平衡。方法一是减少向环境排放污染物，二是适度开采使用和消耗各种自然资源和能源。理想状态下，通过技术操作、制度设计及经济结构调整等方面的努力，最终区域及全球范围内的生态平衡将会恢复，环境生态安全也就得到了极大的维护，环境问题随之得以解决。这样的理想状态也就是低碳发展的最终前进方向，所以低碳发展的核心是减少资源能源消耗，降低各种污染物的排放，最大限度地降低生态环境危害。

2.1.2.3 低碳发展内涵的横向解读

概念界定的方法之一是梳理拟界定概念与相关概念的关系，目的在于不发生概念的混淆，准确地使用不同的概念。目前与低碳发展或低碳经济相近的概念主要有绿色经济、生态经济、循环经济、节能减排等，这些概念既有共同之处，又有各自明确的理论和运行方式。本部分通过分析这些概念之间的相同点和不同点，从而更进一步挖掘低碳发展的内涵。

其一，低碳发展与其他相关概念的定义分析。低碳发展或低碳经济的实质是减少高碳能源的消耗，降低二氧化碳等温室气体排放，实现经济、社会、环境的可持续发展。绿色经济是环保的代名词，指与环保有关的人类盈利活动，它既要求经济活动不损害环境，或者有利于保护环境，又要求从环境保护活动中获取经济效益。[①] 生态经济是按照生态学原理和经济学原理组织起来的，基于生态系统的承载能力的，具有高效经济过程及和谐生态功能的网络型、进化型经济发展模式。循环经济以资源的高效利用为核心，遵循"资源—产品—再生资源"的反馈式过程，其特征是减量化、再利用、资源化。[②] 节能减排是指节约物质资源和能量资源，减少废弃物和环境有害物包括"三废"（工业污染源产生的废水、废气和固体废弃物）和噪声等[③]。

---

① 夏光. 怎样理解绿色经济概念？［N］. 中国环境报，2010-06-05.

② 王蓉. 资源循环与共享的立法研究［M］. 北京：法律出版社，2006.

③ 莫神星. 节能减排机制法律政策研究［M］. 北京：中国时代经济出版社，2008.

其二，低碳发展概念与其他相关概念的相同点。首先，上述概念在本质上是一致的，都是提升环境保护对经济发展的指导作用，并将环境保护延伸到经济活动中的生产和消费领域，要求人们从高开采、低利用、高排放的传统的经济发展模式向低开采、高利用、低排放的可持续的经济发展模式转变。其次，上述概念的共同目的都是节约资源和能源、改善和保护环境，本质都是为了实现经济、社会、环境的可持续发展。

其三，低碳发展概念与其他相关概念的区别。首先，上述概念的层次位阶不同。绿色经济的内涵宽泛，包容很广，可以简化理解为无所不包的"外壳"。绿色经济包含了生态经济、低碳经济、循环经济。节能减排是生态经济、低碳经济、循环经济在具体实施的过程中都需要用到的措施之一。其次，上述概念的内涵侧重点不同。绿色经济要求从环境保护的视角进行所有的经济活动。低碳发展或低碳经济通过降低高碳能源消耗和温室气体排放达到经济社会发展的目的。生态经济侧重通过不同企业或工艺流程间的横向耦合及资源共享，为废弃物找到下游的"分解者"，建立经济生态系统的"食物链""食物网"。循环经济强调"减量、再用、循环"，侧重废弃物的减量化、再利用和资源化。节能减排重在节约能源，减少污染物的排放。

基于上述分析，原始固有层面的低碳发展是指国家或国际社会逐步减少高碳能源的消耗，降低温室气体排放的过程。生态发展层面的低碳发展实质上是一种生态保护型发展模式，是指通过科技创新、产业转型、新能源开发等多种手段，减少资源能源消耗，降低各种污染物排放量，最大限度地降低对生态环境的危害，实现经济、社会、环境可持续发展的过程。尽管低碳发展是气候变暖这一全球性生态环境危机引起国际社会强烈关注的结果，但是低碳发展不仅适用于解决气候变暖的环境问题。从本质上来讲，低碳发展与生态经济、绿色经济、循环经济、节能减排并无区分，都是生态文明视野下人类经济社会发展的必然归宿。

其四，低碳发展是一个相对的概念。相对传统的经济发展模式来看，低碳发展具有低排放、低能耗的特征。同时，低碳发展要符合三个原则：一是脱钩原则，即单位 GDP 的碳排放量逐渐下降。而脱钩又分为两个层次：一个层次叫强度脱钩，即单位 GDP 二氧化碳排放量下降，比如我国承诺到 2020 年单位 GDP 二氧化碳排放量要减少 40%~45%，就是碳排放强度脱钩的概念；另一个层次叫总量脱钩，即一个国家或者地区二氧化碳排放总量，或者说温室气体排放总量下降，在获得经济增长的同时呈现低排放的状态。二是碳排放量的标准问题，即排放达到多少是"低碳经济"。三是多目标原则，发展低碳经济的目标是加快经济增长，提供新就业，提高自主创新能力。推进低碳发展，一方面是积极承担环境保护责任，完成国家节能降耗指标的要求；另一方面是调整经济结构，提高能源利用效益，发展新兴工业，建设生态文明。这是摒弃以往"先污染后治理、先低端后高端、先粗放后集约"的发展模式的现实途径，也是实现经济发展与生态环境保护双赢的必然选择。

2.1.3 内生经济增长理论

内生经济增长理论是公共财政政策介入制造业转型的重要理论依据。因为新古典经济学的经济增长模型，将知识和技术进步设为一个外生变量，无法提供一个令人信服的技术进步与经济增长关系的解释。20 世纪 80 年代经济学家罗默（Romer，1990）[1] 和卢卡斯（Lucas，1988）[2] 将技术进步作为经济增长的内生要素引入经济长期增长模型，从而解决技术进步与经济增长的关系问题。内生经济增长理论认为，经济的长期增长取决于各种内生因素，而技术进步则是维持经济长期增长的基础。技术创新等内生要素具有外部性，对公共财政政策和产业政策比较敏感。因此，内生经济增长理论认为公共财政政策和产业政策相当程度地影响经济长期增长。

内生经济增长理论认为政府的公共资本具有生产性。Arrow（1962）[3] 将公共财政资金引入宏观经济的生产函数和家庭的效用函数。Lucas 将人力资本作为一个内生的因素纳入经济增长模型，认为人力资本的积累对保持经济的长期增长至关重要。由于人力资本积累存在外部性，仅靠经济体自身决策无法达到最优状态。Romer 将技术进步纳入长期经济增长理论模型，把技术进步作为经济增长的一个内生变量，解决长期保持经济增长驱动因素，阐明技术进步推动经济长期增

① Romer P M. Endogenous Technological Change ［J］. Journal of Political Economy, 1990, 98（5）: 71-102.

② Lucas R E. On the Mechanism of Economic Development ［J］. Journal of Monetary Economics, 1988, 22（1）: 13-42.

③ Arrow K J. The Economic Implications of Learning by Doing ［J］. The Review of Economic Studies, 1962, 29（3）: 234-238.

长的事实。在 Romer 的经济增长模型中，研究与开发活动具有"外溢效应""高风险性"，政府可以运用公共财政支出政策、财政补贴、财政资金直接参与投资和税收优惠等手段缩小企业从事研发创新时私人收益与社会收益的差距，提高生产要素配置效率，促进经济增长。

可见，内生经济增长理论认为政府财政政策和产业政策干预能够有效影响制造业产业结构转型演变进程。一方面，公共财政政策能够消除劳动力资本的外溢性，通过财政补贴、税收减免等政策引导制造业企业劳动力资本的积累和私人消费教育投资的增加，逐渐实现帕累托改进，而劳动力知识积累又为制造业转型升级提供了生产要素支持，助推制造业产业结构由劳动密集型向知识密集型变迁。另一方面，内生经济增长理论认为，制造业产业结构转型所需的技术进步是一个重要内生因素，研发创新存在正外部性和高风险特征，因此单纯依靠私人投入无法实现帕累托最优。公共财政政策可能通过财政补贴、税收优惠政策向市场传递信号，鼓励制造业企业和社会资本增加制造业转型创新研发投入，为制造业产业转型提供技术支撑，进而促进制造业产业结构调整变迁。总之，内生经济增长理论充分肯定了公共财政政策和产业政策在制造业转型过程中的积极作用，主张政府对制造业产业转型采取积极干预手段，克服市场机制的自身缺陷，激励制造业产业结构转型升级。

2.1.4　产业结构升级理论

产业结构升级是指由于外部环境发生较大变化，以及产业内部资源配置不合理，导致产业发展遇到多重约束，必须通过提升产业素质，升级置换和重组产业要素，形成新的产业结构，以满足产业长远发展的需要。其核心就是在自主创新和科技进步的基础上，转变经济增长方式类型，即把经济活动的高投入、高消耗、高污染、低质量、低效益、低产出转为低投入、低消耗、低污染、高质量、高效益、高产出，实现社会经济活动内涵的发展，推进产业间关联水平与协调能力、各个产业内部的发展程度、主导产业、产品附加值等由较低级向较高级转变的过程。因此，产业结构的转型升级必然表现为三次产业之间的生产要素构成和投入比重不断发生变化。生产要素由劳动密集型产业向资本密集型产业、技术密集型产业逐渐转移，最终达到整个社会的经济活动生产效率提升，价值不断增值，发展质量日益提高的目的。产业结构转型升级理论与以下产业发展理论密切相关。

2.1.4.1 产业结构理论

产业结构理论起源于威廉·配第,他于 1672 年在其著作《政治算术》中通过比较发现:在英国,船员的收入是农民收入的 4 倍。经过多方论证,他得出结论"商业的收入多于工业的收入,而工业的收入又多于农业的收入",这就是著名的配第定理。

20 世纪 30 年代,英国经济学家费希尔根据三次产业的概念,明确提出三次产业分类法,即根据经济活动与自然界的关系,将取自自然的产业称为第一产业,加工自然产物的产业称为第二产业,繁衍于有形物质生产活动之上的无形财富的生产部门称为第三产业。

在配第和费希尔的基础上,克拉克通过统计若干国家的历史数据资料发现,随着经济的发展和人均国民收入水平的上升,劳动力由第一产业向第二产业转移,进而向第三产业流动。劳动力在三次产业中的分配状况是劳动力在第一产业逐渐减少,而在第二产业、第三产业则逐渐增加。这就是著名的配第—克拉克定理。

基于克拉克的研究,库兹涅茨做了进一步的发展。他通过收集整理 50 多个国家的历史数据发现,随着时间的推移,农业部门的国民收入在整个国民收入中的比重,以及农业劳动力在总劳动力中的比重均在下降;工业部门的国民收入在整个国民收入中的比重是上升的,而其劳动力在总劳动力中的比重上升不够明显;服务业部门的国民收入在整个国民收入中的比重大体不变,略微上升,但其劳动力在总劳动力中的比重是上升的。

德国经济学家霍夫曼于 1931 年在《工业化的阶段和类型》一书中,通过分析不同国家工业化发展阶段的历史数据发现,在工业化的初期阶段,消费资料工业占工业产值的比重远大于资本资料工业所占比重;随着工业化阶段的深入,资本资料工业占工业产值的比重最终将超过消费资料工业所占比重。

钱纳里和赛尔奎 1975 年在克拉克和库兹涅茨研究的基础上,通过对 101 个国家 1950~1970 年的统计资料进行研究分析,构造了一个多国模型,并由此整理出经济发展的结构转化模式,即经济发展不同阶段的产业结构标准数值。他们认为经济发展的不同阶段对应着不同的经济结构,这为不同国家和地区分析其经济发展过程中产业结构是否正常提供了参考依据。其后又提出了大国产业结构模型，即在人均国民收入基本相同的情况下，大国工业产值在国民生产总值中的比重要比小国平均高出 5~6 个百分点。

2.1.4.2 产业结构优化理论

产业结构优化是产业结构理论的一个重要组成部分，它是指通过产业调整，实现各产业间的协调发展，从而促进产业结构不断向合理化、高度化转变的发展过程。实现国民经济的健康发展、持续发展、快速发展、高质量发展是产业结构优化的最终目的，产业结构优化主要表现在以下三个方面：

第一，产业结构合理化。产业结构合理化是指加强一国各产业间的协调能力，提高各产业间关联水平的动态过程。当经济发展到一定阶段时，产业结构合理化的实现需要根据当时客观实际存在的消费需求与资源条件，调整之前比例关系不够协调的产业结构，使资源能够在产业间得到最优配置，提高产业结构的整体质量。如何使经济的供需结构能够更好地互相适应？如何协调三次产业之间及各次产业内部的比例关系？如何充分发挥出产业结构的经济增长效应？这是实现产业结构合理化必须解决的三个核心问题。从上述分析中不难看出，协调是产业结构走向合理化最为核心的内容，但这种协调并不是一种产业间平均发展、各产业发展水平完全相同的绝对平衡，而是各产业间互补、相互转换、相互促进所形成的整体的相对平衡。各次产业之间只有具备了相互促进、相互协调、相互服务的能力与和谐的关系，才能充分激发各产业部门之间的关联效应，某些优势突出的产业只有在这种各产业间相互合作、相互协调的关系中才能带动其他产业的发展，最终实现各产业部门的全面发展，提高国民经济效益与发展程度。因此，对不够理想的产业结构进行合理化调整，有利于加速一国经济由不平衡增长向平衡增长的转变进程，有利于促进国民经济的协调增长与可持续发展，对一国实现经济高质量发展有着至关重要的促进作用。

产业结构合理化需要经历两个过程：一是调整和协调各产业部门之间的关系，使之趋于平衡的过程。二是调整和协调各次产业内部，以及打破各行业之间原有的平衡关系的过程。产业结构在趋于合理化的过程中会有较大的收益，这就是产业结构能够不断进行调整和协调、不断向合理化方向发展的根本动力所在。而产业结构调整的市场机制与产业结构调整的计划机制是对产业结构进行协调、调节，实现产业结构合理化的最主要的两个调节方式。产业结构调整的市场机制是一个经济主体根据市场释放出的价格变动的信号，对自身供给及时进行调整，尽可能使供给结构与需求结构的变动能够保持一致并相互适应的过程，具有精准、灵敏和及时的优点，但也具有滞后性、调节成本高等缺点。产业结构调整的计划机制是政府直接对资源进行配置，使产业间的资源尽可能实现最优配置，从而促使产业结构调整变动的一个过程，具有主动性强和成本低的优点，但同时也具有不够精准、市场摩擦大等缺点。目前，包括中国在内的世界各国都是采用将两种调节机制相结合的方式对产业结构进行合理化调整的，但各国由于经济发展阶段与水平不同，对两种机制的侧重点也有所不同。

第二，产业结构高度化。产业结构高度化是指产业结构从较低水平状态逐步向较高水平状态转变的动态发展过程。这一动态发展过程具有如下四个特征：一是产业结构由第一产业占优势比重向第二产业、第三产业占优势比重的方向演进；二是由劳动密集型产业占优势比重向资金密集型、技术密集型、知识密集型产业占优势比重的方向演进；三是由低附加值产业占优势比重向高附加值产业占优势比重的方向演进；四是由低加工度产业占优势比重向高加工度产业占优势比重的方向演进①。

第三，产业结构生态化②。产业结构作为资源的转换器，其最终目的是将各种投入要素转化为产品和服务以满足社会需求，而产业结构优化的实质是在各产业之间合理配置资源，不断提高资源使用效率，增强结构转换能力。传统的产业结构优化理论假设自然资源的存量是充足的，将资源禀赋作为前提条件，很少考虑产业结构变动对环境的影响，这显然有悖当前的可持续发展经济目标。由此可见，传统的产业结构优化理论仅从产业结构合理化和产业结构高级化两个维度来解释产业结构优化的目标及评价标准，在环境状况日益严峻、资源相对缺乏的形势下存在一定的局限性。因此，我们将产业结构生态化作为产业结构优化理论的另一维度。

产业结构生态化是指通过不同生态绩效水平产业的交替发展、产业间生态关联程度和协调能力的提高，促进生态要素在产业间合理配置与流动，提高生态要素生产率及其增长率，既包括产业间结构的生态化，又包括产业内结构的生态

---

① 李悦等. 产业经济学［M］. 大连：东北财经大学出版社，2013.

② 吕明元，陈维宣. 产业结构生态化：演进机理与路径［J］. 人文杂志，2015（4）：46-53.

化。生态要素生产率及其增长率的提高是产业结构生态化的核心内容，受到生态要素配置结构、技术进步和产业关联程度等的影响。生态要素配置结构的作用可以从污染物与能源资源两个方面来考察。废弃污染物角度的配置结构变化主要在于以废弃污染物为主的非合意产出能够再次进入生产循环，以及进入再循环的废弃污染物所占总量的比重。如果废弃污染物不能再次进入生产循环，将会直接投放进生态环境中，破坏生态环境；而如果能够进入循环且比重不断上升，则将会减少向生态环境的直接排放，并间接减少对能源资源的获取，促进生态要素生产率的提高。能源资源配置结构的变化则主要体现在生产过程中传统的非可再生资源、高碳能源与可再生资源、清洁能源等在能源投入总量中的比重变化，以及不同产业部门的能源消费量在能源消费总量中所占比重的变化。非可再生资源与高碳能源比重的降低和可再生资源与清洁能源比重的提高，以及第三产业能源消费量的增加都有利于促进生态要素生产率的增长。

总之，产业结构生态化就是从传统产业结构向生态型产业结构演进的过程。生态型产业结构是指同时符合生态化经济发展与产业结构演进规律的产业结构形态，既能够保证正常经济增长，又能节约资源与保护环境的产业结构。产业结构生态化并不是要为了保护和改善生态环境而放弃经济增长，而是要将经济增长造成的生态压力降低到生态环境可承受的范围内，既不妨碍经济产出应有的增长水平，也不会对生态环境造成严重破坏，并逐渐修复和改善被破坏的生态环境。基于产业结构生态化的基本内涵，产业结构生态化的特征表现为以下几方面：其一，环境适应性。产业发展与当地生态环境相适应，这离不开当地资源禀赋与生态环境条件，而当地资源和环境条件也往往是产业及其企业、产品的比较优势之所在。只有适应地域生态环境特点，充分发挥自然资源与经济资源优势的产业结构才具有较强的生存力、拓展力与竞争力。其二，产业多样化。产业系统内产业的多样化能提高产业系统的稳定性。产业的发展必然受到外在因素的干扰，但是只要产业系统能够尽快恢复到相对协调的状态，那么我们就可以称这样的系统是稳定的。在自然生态系统中，热带雨林比极地苔原具有更高的稳定性，是因为它有丰富的物种，形成复杂的生态系统。因此，产业的多样化能填补产业系统内的空缺，从而增加产业系统的复杂性，以提升产业系统的恢复力和稳定性。其三，产业间有机联系。要使产业系统实现如自然生态系统一般的资源→产品→再生资源→再生产品的闭环模式，从而降低对自然界资源、能源的索取，减少对环境的污染，这就要求产业之间除了基本的物质投入产出关系，还需要包含产业间废弃物及副产品的循环再利用，同时还应考虑系统内各产业的资源需求程度和废弃物量的接纳能力。任何一个环节不协调，都可能造成产业系统"食物链"的失控。

一般来说，影响和决定产业结构变动的因素有诸多方面，但科学技术、经济制度、经济体制、经济机制的创新，在整个产业结构的变动与高度化发展过程中起到了核心作用。创新通过直接或间接地对产业结构变动产生影响和作用，为增强产业结构自身的转换能力与产业结构向高度化转变提供了根本性动力。产业结构在向高度化发展的过程中有着自己的运行机制，虽然单个产业部门产生的变动是产业结构高度化的基础，但产业结构中包括多种不同的产业，单个产业的变动最终会使整个产业结构发生变化。因此，只有各个不同产业都发生变动、共同发力才会引起产业结构的高度化。美国著名经济学家库兹涅茨在《各国的经济增长》一书中指出，只有各个产业间不断更迭优势地位，才能实现产业结构的高度化。

实现产业结构的高度化，主导产业扮演了其中的重要角色。纵观整个产业结构向高度化的转变过程，其实就是主导产业及其相关群体不断地进行转换与更迭的渐进过程。同时，这也是一个产业结构逐渐由低级转向高级、由简单向复杂转变的历史演进过程。美国经济学家罗斯托在《经济成长的阶段》一书中提出，主导产业通常是高增长的产业，少数主要成长部门的快速发展与扩张，是能够使经济发展在发展相对较为成熟，且仍在发展的经济体系中，仍然能够保持较高的发展速度与加大发展冲击力的重要原因之一。

产业结构转型升级提供了必不可少的动力，是产业结构能够进一步顺利进行合理的转型，向更高层次、更高质量升级的必要条件；同时，产业结构转型升级是产业结构优化的一个必然结果。虽然两者的关系十分紧密，但也有所区别。产业结构优化是指通过产业调整，实现各产业间的协调发展，从而促进产业结构不断向合理化与高度化转变、发展，更侧重的是各次产业关系的协调。产业结构转型升级所涵盖的内容则要相对宽泛。

2.2 制造业绿色转型的作用机理

2.2.1 制造业绿色转型的概念界定

随着资源问题、能源问题和生态环境问题的凸显，绿色发展逐渐成为各国经济社会发展的共同理念。习近平总书记指出"新时代抓发展，必须更加突出发展理念，坚定不移贯彻创新、协调、绿色、开放、共享的新发展理念"。绿色发展是我国新发展理念的重要组成部分，绿色决定着发展的成色。我国积极践行绿色发展理念，《中国制造 2025》明确提出实现制造强国目标的重要方向和着力点就是推进绿色制造和制造业低碳转型。绿色制造是以绿色创新为核心，强调经济发展、社会进步与环境生态建设的协同发展，将生态文明与可持续发展理念具体体现在制造生产过程中。制造业绿色转型是在环境约束和能源约束下兼顾环境经济效益的现代制造模式，以可持续的生产方式实现经济增长与资源能源消耗脱钩，替代传统工业发展的资源密集型发展模式，其目标为加快推进生态文明建设过程中实现企业从产品生产到报废的整个生命周期的绿色转型。传统的制造模式是一个开环系统，即原料—工业生产—产品使用—报废，而绿色制造则将其转变为"资源能源开发—产品生产—废弃物再生资源"的闭环型流动模式，使产品从设计、制造、使用一直到报废回收的整个寿命周期对环境影响最小，资源利用效率最高。也就是说，企业要在产品整个生命周期内，立足生态环境容量和资源能源约束，以系统集成的可持续发展观点充分考虑产品环境属性，改变了原来末端处理的环境保护办法，对环境保护从源头抓起，并考虑产品的基本属性，使产品在满足环境目标要求的同时，保证应有的基本性能、使用寿命、质量等。绿色制造技术是指在保证产品的功能、质量、成本的前提下，综合考虑环境影响和资源利用效率的现代制造模式。它使产品从设计、制造、使用到报废的整个生命周期中不产生环境污染或环境污染最小化，符合环境保护要求，对生态环境无害或危害极少，节约资源和能源，从而使资源利用效率最高，能源消耗最低。因此，绿色发展是一种创新型的发展模式，是在资源危机和环境的双重约束下，通过实践活动达到经济、社会、生态环境协调发展的过程。绿色发展是在全球能源和环境危机下新的发展模式，是循环经济、绿色经济、可持续发展、低碳经济等概念的高度总结。"十三五"规划中明确提出将绿色发展作为我国发展全局的重要指导理念。"十四五"规划和《"十四五"工业绿色发展规划》提出全面提升制造业绿色发展水平，大幅提高能源资源利用效率，单位工业增加值二氧化碳排放到2025年降低18%，绿色低碳转型取得显著成效。

关于制造业绿色转型的概念，目前学术界的认识尚未达成一致，多数学者从影响机制的视角对制造业绿色转型展开了研究，主要体现在以下三个方面：其一，技术创新驱动。相关学者认为资源禀赋和技术进步（张峰和宋晓娜，2020）[1]、绿色技术创新（李新安，2021）、环境监管和清洁技术研发（Zhai 和 An，2020）[2]、节能减排与技术升级（Xu 等，2021）[3] 等因素将促进制造业绿色转型。其二，融资能力与转型。部分学者认为金融资源获取（秦雪征和章政，2016）[4]、研发投入的筹融资（Zhai 和 An，2020）[5]、财务运行状况（雷玉桃等，2020）[6] 等融资能力均对制造业绿色转型产生正向显著影响。其三，环境规制。一些学者认为环境规制和政府监管影响制造业绿色转型，环境规制（政府监管）与制造业绿色转型之间表现出显著的倒"U"型曲线关系（Gong 等，2020）[7]，另有部分学者从环境规制的调节作用出发，研究发现环境规制可通过新型发展模式影响融资能力（雷玉桃等，2020；Zhai 和 An，2020）、技术创新能力（原毅军和陈喆，

① 张峰，宋晓娜. 资源禀赋、技术进步与制造业绿色转型 [J]. 统计与决策，2020，36（13）：98-102.

②⑤ Zhai X Q, An Y F. Analyzing Influencing Factors of Green Transformation in China's Manufacturing Industry under Environmental Regulation: A Structural Equation Model [J]. Journal of Cleaner Production, 2020 (251): 119760.

③ Xu F, Cui F S, Nan X. Roadmap of Green Transformation for a Steel-manufacturing Intensive City in China Driven by Air Pollution Control [J]. Journal of Cleaner Production, 2021 (283): 124643.

④ 秦雪征，章政. 浅析绿色发展模式在我国的实现路径 [J]. 北京大学学报（哲学社会科学版），2016, 53 (2): 20-24.

⑥ 雷玉桃，张淑雯，孙菁靖. 环境规制对制造业绿色转型的影响机制及实证研究 [J]. 科技进步与对策，2020, 37 (23): 63-70.

⑦ Gong M Q, You Z, Wang L T, Cheng J H. Environmental Regulation, Trade Comparative Advantage, and the Manufacturing Industry's Green Transformation and Upgrading [J]. International Journal of Environmental Research and Public Health, 2020, 17 (8): 2823.

2019①；雷玉桃等，2020；Zhai 和 An，2020）和改变生产方式的产业结构升级（雷玉桃等，2020；Xu 等，2021）等间接促进制造业绿色转型。此外，尚有一些学者基于绿色发展理念视角研究制造业绿色转型的财政扶持、管理创新、公众参与等，就完善制造业低碳转型的保障机制进行分析讨论（肖莎，2021）②；Li 等（2021）③ 基于长江经济带制造企业发展的区域演化视角，立足经济社会发展和地区资源环境承载能力，就制造业绿色转型的演化机制进行探索。

通过总结归纳现有研究可见，制造业绿色转型的核心是通过技术创新促进以高碳排放、高资源消耗的粗放型发展模式转变为控制污染、提升效能的集约型发展模式，强调工业产值的经济增长与资源、能源的消耗排放脱钩。中国制造业绿色转型与传统的转型升级相比，是一项涉及诸多领域的资源支持与政府科学的宏观调控的复杂工程，它在充分考虑经济社会中的人口、技术、财政金融、环境政策等诸多因素的基础上，还要考虑生态环境的可持续性，以促进制造业生产方式全面绿色化、低碳化发展，从而实现产业效能提升与环境保护的双赢。

制造业绿色转型涵盖了绿色低碳和转型发展的两个维度，是经济社会发展与资源保护、环境保护的高度统一。绿色低碳是指在坚持新发展理念背景下，以资源能源集约和技术创新的低碳偏好为导向，提高制造业绿色全要素生产效率，实现资源、能源的集约利用与经济的又好又快发展，替代高碳排放和低生产效率的传统发展模式。转型发展意味着在坚持和贯彻新发展理念的前提下，充分考虑经济发展与生态承载力、环境承载力的关系，彻底改变"大量生产、大量消耗、大量排放"的传统生产模式和消费模式，通过提升制造业内部技术、人力资本等高端要素占比，大量发展知识技术密集的高新技术产业，以我国制造业的高质量发展实现资源环境、产品生产和社会消费等要素的相互匹配与协调统一，推进人与自然的和谐共生。

---

① 原毅军，陈喆. 环境规制、绿色技术创新与中国制造业转型升级［J］. 科学学研究，2019，37（10）：1902-1911.

② 肖莎. "全面绿色转型"：现实逻辑与保障机制［J］. 江南论坛，2021（6）：13-15.

③ Li G, Zhou Y, Liu F, Wang T. Regional Differences of Manufacturing Green Development Efficiency Considering Undesirable OutPuts in the Yangtze River Economic Belt Based on Super-SBM and WSR System Methodology［J］. Frontiers in Environmental Science，2021（8）：31911.

制造业绿色转型是制造业发展模式在新发展理念下的重大转变，也是绿色低碳发展在我国制造业领域的拓展与升华。与传统制造业的转型发展模式不同，制造业绿色转型是在绿色发展的基础上向高端化和高质量发展方向推进的过程，即通过技术进步与效能提升驱动制造业全要素生产率提高和实现资源集约、能源节约、永续利用的动态过程。因而，本书将制造业绿色转型界定为以产业技术创新驱动为核心，以新发展理念为导向，推动形成制造业绿色低碳、资源集约、能源节约的新型发展模式。其作用是大幅提高制造业的科技含量和绿色化程度，最终实现制造业的结构高级化转型和高质量发展，从根本上探索新时代经济发展与生态环境保护的双赢路径。

2.2.2　制造业绿色转型的政策背景

党的十九大提出的"经济高质量发展"是一种全新的发展理念，创新、协调、绿色、开放、共享这五个方面的发展都离不开产业结构的转型升级，产业结构的优化升级贯穿整个经济结构优化过程的始终。在推动经济高质量发展的过程中，我国的产业结构与产业体系的层次缓慢提升，标志着我国正逐步摆脱以往低技术、低附加值的落后的生产方式，高技术、高附加值的现代产业体系正在形成。产业结构的优化升级除了依赖固定资本更新，以及大量先进的生产设备投入外，还需要持续进行技术创新，以新技术和新生产方式支撑产业竞争力的提升。

制造业仍是我国第二产业的核心。制造业是指机械工业时代将物料、能源、设备、工具等资源，按照市场要求制造和加工为可供人们使用的物品的行业，是工业比例中最大的一部分。根据《国民经济行业分类》（GB/T4754—2022），我国的制造业大体可分为农副食品加工业、食品制造业、纺织业等 31 个大类。我国第二产业历来是我国经济发展的主要引擎，为我国经济发展作出了巨大贡献，而其中占比最大的制造业更是功不可没，成为拉动经济增长的主要动力[①]。制造业是国民经济的根基所在，是一个国家经济转型的基础。制造业的发展情况是衡量一个国家产业的国际竞争力和生产力水平的重要标志。

我国制造业在发展中长期受到利润微薄、产品附加值和科技含量不高、重工

[①]　徐充，张志元. 全球经济调整下东北地区制造业转型升级研究［M］. 长春：吉林大学出版社，2015.

业比重过大、许多行业产能过剩等一系列问题的困扰。2008 年全球金融危机的爆发将我国产业结构中生产方式落后、企业管理理念不科学、产品附加值低与科技含量低等问题充分暴露出来。之后，我国通过推出《工业转型升级规划2011—2015 年》，发布《中国制造 2025》，以及创建国家级示范区等一系列调整和刺激工业，特别是制造业发展的措施，并将科技创新摆在促进经济增长与产业结构转型升级的最重要的位置。在创新驱动发展战略的引领下，我国制造业创新能力不断提高，制造业始终在稳步发展，总体规模持续增长，极大提升了制造业的核心竞争力与竞争优势，我国制造业的综合实力与国际竞争力也在不断增强。自 2010 年以来，我国已连续 13 年摘得世界第一制造业大国的桂冠。经过多年的探索、调整和发展，我国制造业年增加值以及在国民经济中的占比持续增加。国家统计局公布的数据显示，2016 年我国制造业的年增加值同比增长 6.8%，2017年同比增长 7.2%，2018 年同比增长 6.5%，2019 年同比增长 6.0%，2020 年同比增长 3.4%，2021 年同比增长 9.8%，2022 年同比增长 3.0%[①]。尽管我国制造业正面临着内部和外部种种发展与调整的困境，但毫无疑问，制造业仍是第二产业的核心，是促进我国经济健康运行与持续发展最有力的支撑。当前经济增长已由过去的高速增长阶段转为中低速增长的新常态阶段，在经济增长放缓的同时更要追求经济增长的质量。

2.2.3 制造业绿色转型的内涵拓展

推进制造业绿色转型是实现我国制造业高质量发展的内在要求。党的二十大报告指出"推动经济社会发展绿色化、低碳化是实现高质量发展的关键环节"。因此，从制造业整体发展方式上来讲，制造业高质量发展的绿色化、低碳化应从下面两个角度思考：一是制造业的绿色化。二是绿色制造。制造业的绿色化主要是指制造行业发展要立足绿色发展理念，在充分考虑自然资源和环境的基础上，依靠创新驱动，调整优化行业结构，提升行业科技含量，并降低资源和能源的消耗与污染排放，全面推行制造业绿色生产，减少高能耗、高排放对自然生态环境的破坏。绿色制造是通过强化顶层设计部署，统筹考虑能源资源、产业结构、健康安全、生态环境和气候变化等因素，将绿色可持续发展理念的管理要求贯穿制

---

① 数据来源：历年《中华人民共和国国民经济和社会发展统计公报》。

造模式的产品设计、生产制造、物流配送、产品使用与回收再利用等生命周期节点，推动制造业转型全过程改造、全方位转型、全领域提升和全链条变革，实现减污降碳和高起点绿色发展的新局面。因此，绿色制造本质是一种低资源消耗、低污染排放、具有高科技含量与高生产效益的现代化制造高质量发展模式。根据工业和信息化部公布的 2022 年度绿色制造名单，我国在国家层面已创建的制造业绿色工厂、绿色供应链管理企业和绿色工业园区分别为 3616 家、403 家、267家，累计推广绿色产品近 30000 个，全国绿色制造产业体系持续培育壮大。

制造业绿色转型是在技术创新驱动下，推动制造流程数字化、生产过程清洁化、行业结构高端化、资源利用循环化、能源消费低碳化和产品供给绿色化的全方位转型，是实现制造业产业链、供应链深度绿色变革和全要素生产率提升的动态系统过程。全要素生产率作为系统中的各个要素构成单元技术改善和效率提升的体现，以及整个系统管理模式和结构功能升级的综合体现，是推动全地域、全行业绿色化转型发展的关键因素。引领带动制造业发展模式低碳转型的核心是切实转变发展思路，利用绿色生产技术提升全要素生产率，不断提高资源、能源利用效率和制造业节能减排水平。

制造业绿色转型的实现包括资源能源期望效率的提升和非期望产出代价的有效降低的综合。即制造业绿色转型体现为在产业技术进步基础上的行业结构高级化的集约型增长与资源、能源消耗的脱钩发展，以及在行业全要素生产率提升的同时降低污染排放等非期望产出。基于以上分析，本书根据制造业绿色转型的概念和低碳创新对制造业绿色转型影响的机理，重点着力于绿色全要素生产率和资源环境约束下的节能减排，从行业、区域等层面深入探究我国双碳目标下制造业绿色低碳转型的内在机理，以推动实现制造业高质量发展模式，如图 2-2 所示。

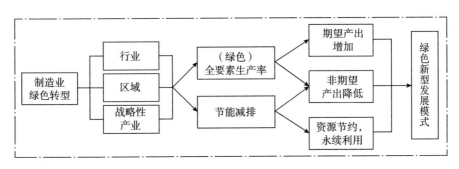

图 2-2 制造业绿色转型研究范围及内涵拓展

2.2.4　制造业转型升级的实现机理与逻辑

本书的"转型升级"是指制造业在不同发展模式之间的转变，如从数量扩张向质量提升转变，从依靠生产要素驱动向依靠创新驱动、需求驱动转变，实现更高的全要素生产率，从价值链的低端走向中高端，实现更高的利润水平和增加值。我国制造业转型升级就是要坚持创新驱动、智能转型、强化基础、绿色发展，推动产业结构迈向中高端，加快从制造大国转向制造强国，促进由"中国制造"向"中国智造"转变。

3 我国制造业绿色发展的现状测度及时空格局演变

改革开放 40 多年来，我国制造业建立起了完整、独立的产业体系，有力地推动了工业化和现代化进程，经济建设取得了举世瞩目的成就，但与此同时也面临着严重的资源环境约束等问题。党的十九大以来，绿色发展作为实现环境绩效与经济绩效双赢的重要发展理念被加以贯彻实践。党的十九届五中全会更是从"十四五"乃至未来较长一段时期远景目标的高度，将全面推动绿色发展置于重要位置。党的二十大多次提到绿色发展、能源资源等关键词，提出了"推动绿色发展，促进人与自然和谐共生"的新发展要求，进一步强调了经济高质量发展的同时，需要与环境高水平保护相统一和互为融合。制造业绿色发展在生态文明建设与产业结构优化升级中意义重大，推进制造业绿色发展是建设制造强国和做强实体经济的重要战略举措。随着全球新型国际分工体系的形成，我国通过引入外商直接投资（FDI）不断嵌入全球价值链（Global Value Chain，GVC），融入全球生产网络，成为世界制造业大国。与此同时，由于国内制造企业多数位于全球价值链的专业加工组装环节，并因这些环节多使用资本密度高、排放强度大的技术，从而陷入"低端高碳锁定"，成为"高能耗、高排放、高污染"问题的关键来源，使我国在经济取得巨大成就的同时，能源消耗和污染排放却急剧增长。我国制造业仍然没有彻底摆脱高资源投入、高能源消耗和高污染排放的粗放型发展模式，正面临着周边国家"低端产业吸纳"和发达国家"再工业化"的双重挤压。《中国经济绿色发展报告 2018》表明，我国经济发展目前仍过多地依赖资源、能源消耗。《2018 全球环境绩效指数报告》（Environmental Performance Index 2018）显示，2018 年中国的环境绩效指数总得分为 50.74，居所有参与评估的

180 个国家与地区的第 120 位。绿色发展是构建现代化经济体系的必然要求，2019 年中央经济工作会议要求"加强污染防治和生态建设，加快推动形成绿色发展方式"，并针对着力推动高质量发展作出了重要部署。在我国制造业处于"双重挤压"态势的背景下，综合考虑资源环境及技术工艺的环境效应的制造业绿色发展正日益引起各界关注。学者 ÖZkara 和 Atak（2015）将制造业的要素投入、期望产出及非期望产出纳入了统一分析框架，对土耳其 26 个制造细分行业的生产效率进行了测算；Ramli 和 Munisamy（2015）则采取类似的思路，将制造行业二氧化碳排放和销售收入分别称为不良产出和期望产出，对马来西亚制造业的生态效率进行了考察。在应对全球气候变化的背景下，目前各主要经济体高度重视制造业的清洁生产与绿色制造，大力发展绿色经济。国内学者通过进一步研究发现，制造业绿色发展和经济质量提升之间存在着长期的均衡关系（李新安，2020）。制造业绿色技术创新作为实现绿色发展目标的重要支撑，在推动破解传统产业升级"三高"难题，实现生产资源耗费降低、污染控制与治理的过程中发挥着重要作用。杨汝岱（2015）采用随机前沿方法对我国 30 个制造业细分行业的能源效率进行了研究，发现行业间的能源耗费差异非常明显；Qu 等（2017）通过对中国 30 个制造业细分行业的绿色增长率进行测算，得出我国制造业绿色状况呈逐年向好态势。《中国制造 2025》则从实现国家绿色发展战略要求的方面，提出了要构建清洁高效、低碳循环的绿色制造体系。

党的十九大报告及党的十九届五中全会审议通过的《中共中央关于制定国民经济和社会发展第十四个五年规划和二〇三五年远景目标的建议》等都进一步对推进制造业绿色发展作出了总体部署。习近平总书记一直高度重视制造业和实体经济的发展，他在 2019 年河南考察调研时强调，全球制造业正经历深刻变革，要把我国的制造业和实体经济搞上去。党的二十大报告指出，要推动制造业高端化、智能化、绿色化发展。制造业的绿色发展，就是围绕提升制造业资源、能源的使用效率，将产品设计、生产等全生命周期阶段对环境的负面效应降至最低，促进制造业绿色低碳发展，实现经济、生态与社会综合效益最优。随着中国经济发展的绿色化转型和《中国制造 2025》的深入实施，制造业作为一国综合经济实力的重要体现，迫切需要通过提升其绿色发展的效率，以实现自身的绿色增长。在此背景下，通过对相关研究的梳理发现，现有文献多围绕制造业的绿色生产效率测算展开，但从省际空间层面对我国制造业绿色发展的研究则较为鲜见，且缺乏从动态演化视角对制造业绿色发展的时空格局进行剖析。为拓展相关研究，本书采用 SBM 模型从省际空间和全国四大地区层面衡量中国制造业的绿色发展效率，在明晰制造业绿色发展所处现状的基础上，对制造业绿色发展的时空演化特征进行了剖析，以发现制约其绿色发展的关键因素，并探究在当前和未来一段时期推进制造业优化升级的高质量发展路径，进一步为政府在制定及实施环境政策，优化制造业绿色发展空间格局等方面提供重要的实践意义。

3.1　制造业的发展现状与趋势

3.1.1　制造业发展的现状

制造业是一个国家经济发展的动力，也是提高国家综合竞争力的基础和实现国民经济增长的推动力。制造业的强大支撑作用促进了国家经济的健康快速发展。根据国家统计局数据，2022 年我国全部工业增加值突破 40 万亿元大关，占 GDP 比重为 33.2%，制造业增加值达到 33.5 万亿元，占 GDP 比重为 27.7%，中国制造业规模已连续 13 年居全球首位。高技术制造业处于高速增长阶段，其中：新能源汽车在 2021 年产量同比增长高达 145.6%，新兴产品占制造业的比重越来越大。

从图 3-1 和表 3-1 可以看出，我国制造业增加值 2012~2019 年逐年递增，从 26900.9 亿美元增长至 38234.13 亿美元，2020 年受疫情影响，增加值稍有下降，2021 年和 2022 年突破了 40000 亿美元大关，2022 年达到了 48689.91 亿美元。我国制造业的增长率呈现时而上升、时而下降的趋势，但总体来看，我国制造业增长率依然呈下降趋势。

综上所述，我国制造业增加值在 2015~2020 年不仅增速逐渐放缓，而且在 GDP 中所占的比重也呈现出比较明显的下降趋势。但是在 2021 年后由于疫后复苏的原因，制造业增加值及在 GDP 中所占的比重呈现显著增长。我国制造业为国民经济的发展创造了巨大的财富，制造业依然是我国国民经济发展的支柱产业。中国制造业增加值占 GDP 的比重如图 3-2 所示。

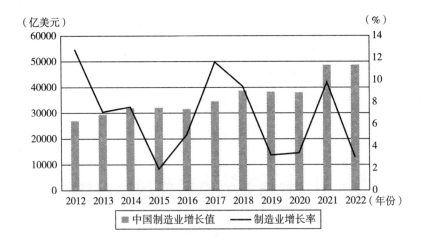

图 3-1　中国制造业增加值及增长率

数据来源：笔者根据历年《中国统计年鉴》整理计算。

表 3-1　中国制造业增加值、增长率及占 GDP 比重

年份	中国制造业增加值（亿美元）	制造业增长率（%）	占 GDP 的比重（%）
2012	26900.90	12.76	33.58
2013	29353.40	7.10	31.94
2014	31842.35	7.56	31.06
2015	32025.04	1.95	29.43
2016	31531.18	5.05	28.07
2017	34603.25	11.63	28.11
2018	38684.57	9.43	27.84
2019	38234.13	3.20	26.77
2020	38060.80	3.40	26.29
2021	48658.27	9.80	27.40
2022	48689.91	3.00	27.69

数据来源：笔者根据历年《中国统计年鉴》整理计算。

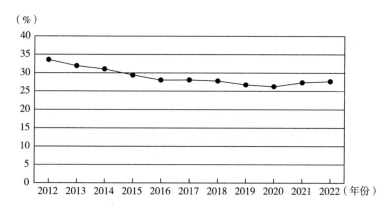

图 3-2　中国制造业增加值占 GDP 的比重

数据来源：笔者根据历年《中国统计年鉴》整理计算。

从各项数据和我国政府的经济政策来看，我国制造业正在朝着自动化、数字化、网联化、智能化方向转型升级。

3.1.2　制造业国际竞争力的现状

我国制造业增加值占全球比重从 2012 年的 22.5% 提高到 2022 年的近30%[1][2]。我国制造业的国际竞争力也在逐年增加。显示性比较优势指数（以下简称 RCA 指数）于 1965 年首次提出，该指数通常用于确定某一国家或地区的某一行业的出口在国际市场上是否具有竞争力，通过该行业的出口总额占国家商品出口总额的百分比与其出口总额占世界出口总额的百分比的比值衡量该行业的国际竞争力。一国产业的国际贸易竞争力可以用 RCA 指数进行判断，如表 3-2 所示。随着我国经济的发展以及创新能力的不断上升，我国制造业近几年已居于世界首位，制造业体系不断完善，展现出了极强的竞争力。

表 3-2　RCA 指数数值分布范围与竞争力的关系

指数数值分布范围	竞争力
<0.8	较差

① 刘育英. 十年来，中国制造业增加值占全球比重从 22.5% 提高到近 30% [EB/OL]. 2022-07-26. 中国新闻网，http：//www.chinanews.com.cn/cj/2022/07-26/9812598.shtml.

② 徐超. 工信部：2022 年我国制造业增加值占全球比重接近 30% [EB/OL]. 2023-03-27. 新京报，https：//baijiahao.baidu.com/s？id=1761497885719181016&wfr=spider&for=pc.

指数数值分布范围	竞争力
0.8~1.25	较强
1.25~2.5	很强
>2.5	极具竞争力

表3-3显示了2012~2021年我国制造业整体出口的国际竞争力的具体数值，其变化趋势是低技术含量的制造业份额逐渐减少，而中、高技术含量的制造业份额逐渐增加。

表3-3 我国制造业与世界制造业比较及 RCA 指数

年份	我国制造业出口总额（亿美元）	我国货物贸易出口总额（亿美元）	世界制造业出口总额（亿美元）	世界货物贸易出口总额（亿美元）	RCA 指数
2012	19249.28	20487.10	115029.48	185135.45	1.51
2013	20771.50	22090.00	118591.17	189684.66	1.50
2014	22016.86	23422.90	122872.37	190101.39	1.45
2015	21437.18	22734.70	122872.37	165607.62	1.39
2016	19656.97	20976.30	110304.38	160462.77	1.36
2017	21163.84	22633.50	120063.80	177465.83	1.38
2018	23242.84	24866.80	130099.50	195590.50	1.41
2019	23251.56	24994.80	127499.54	190190.26	1.39
2020	24225.46	25899.50	121308.89	176189.35	1.36
2021	31782.94	33571.40	151774.72	222838.19	1.39

数据来源：笔者根据联合国贸易和发展会议数据库计算整理所得。

3.2 制造业绿色发展的测度

3.2.1 研究思路与计量模型构建

在综合考虑制造业各投入产出变量的前提下，本书借鉴 Jahanshahloo 等

（2012）的做法，采用同时将期望产出与非期望产出纳入生产可能性集合的 Super-SBM 模型，并以此对中国各省份 2006~2018 年的制造业绿色发展效率进行测算。之后结合空间数据分析（ESDA）等方法，对制造业绿色发展的空间演化格局进行考察。

首先假定每个省份有 N 种制造业生产要素投入 $x=(x_1, x_2, \cdots, x_N) \in R_N^+$，最终产生了 M 种社会期望总产出 $y^g=(y_1^g, y_2^g, \cdots, y_M^g) \in R_M^+$，$K$ 种非期望的社会总产出 $y^b=(y_1^b, y_2^b, \cdots, y_K^b) \in R_K^+$。其次假定在不同时期 t（$t=1, 2, \cdots, T$），第 i（$i=1, 2, \cdots, I$）个省份的投入产出值为 (x_i^t, y_i^t, z_i^t)。则 SBM 模型的基本方程为：

$$p=\{(x, y^g, y^b) \mid x \geq X\lambda, \ y^g \leq Y^g\lambda, \ y^b=Y^b\lambda, \ \sum_i^n \lambda=1, \ \lambda \geq 0\} \qquad (3-1)$$

为了避免 SBM 模型会出现一致有效性，从而导致决策单元失效的弊端，本书借鉴 Jahanshahloo 等（2012）选择非径向、非角度的 SBM 测度方法，将非期望产出纳入模型，构建考虑非期望产出的 Super-SBM 模型方程。表述如下：

$$p^* = \min \frac{\dfrac{1}{m}\sum_{i=1}^{m}\dfrac{\overline{x}_i}{x_{i0}}}{\dfrac{1}{M+K}\left(\sum_{r=1}^{M}\dfrac{y_r^{-g}}{y_{r0}^{g}} + \sum_{r=1}^{K}\dfrac{y_r^{-b}}{y_{r0}^{g}}\right)} \qquad (3-2)$$

$$\text{s.t.} \begin{cases} \overline{x} \geq \sum\limits_{j=1, \neq 0}^{n} \lambda_j x_j, \ \overline{x} \geq x_0; \\[2mm] y^{-g} \leq \sum\limits_{j=1, \neq 0}^{n} \lambda_j y_j^g, \ 0 \leq y^{-g} \leq y_0^g; \\[2mm] y_j^{-b} \leq \sum\limits_{j=1, \neq 0}^{n} \lambda_j y_j^b, \ y^{-b} \leq y_0^b; \\[2mm] \sum\limits_{j=1, \neq 0}^{n} \lambda_j = 1, \ \lambda \geq 0 \end{cases} \qquad (3-3)$$

式（3-2）中，$\overline{x}$ 为投入要素的松弛变量，y^{-b} 和 y^{-g} 分别表示非期望产出的松弛变量和期望产出的松弛变量。p^* 为待测的投入产出要素的目标效率。当 $p^*=1$ 时，表示无效率损失，决策模型单元强有效；当 $0 \leq p^* \leq 1$ 时，表明决策模型单元存在一定的效率损失，可通过改变松弛变量在投入产出各要素变量中的占比对投入产出进行相应的改进。

3.2.2 指标选取与数据来源

在采用考虑非期望产出的 Super-SBM 模型的基础上，本书基于 2006~2018 年的省级面板数据，依据文献 ÖZkara 和 Atak（2015）、Ramli 和 Munisamy（2015）及杨汝岱（2015）等对投入产出要素指标进行选择。参考韩晶等（2020）的做法，选取研究与试验发展（R&D）投入、R&D 人员数量和新产品开发经费投入来衡量绿色发展的研发投入，将折算成标准煤的能源消费总量用来代表制造业各种能源消耗投入。产出要素包含期望产出和非期望产出。本书借鉴刘耀彬等（2017）的相关成果，选取制造业总产值、实际 GDP、新产品销售收入和专利申请受理数作为期望产出；参考屈小娥（2014）的做法，在综合考虑"三废"排放的基础上采用熵值法对各省份的环境污染指数加以计算，以此作为非期望产出；考虑到绿色发展效率与非期望产出之间的负相关关系，借鉴陈诗一和陈登科（2017）的做法，将非期望产出视为投入，纳入变量正向化研究框架进行处理测算，并采用以 2006 年为基期的工业生产者出厂价格指数对所有涉及的变量进行平减。对指标的具体说明如下：

R&D 人员投入。劳动要素投入，尤其是 R&D 人员数量投入对制造企业的绿色发展至关重要，本书选择规模以上制造企业 R&D 人员的数量来衡量。

财力资源投入。本书用规模以上制造企业内部 R&D 经费支出、新产品开发经费支出来表示，相关数据从《中国统计年鉴》中获取。

能源消耗投入。制造业的发展需要各种能源消耗，本书选取煤炭、石油、天然气等主要能耗投入类型，折算为标准煤的能源消耗总量来衡量。

期望产出。以实际 GDP、新产品销售收入、制造业总产值与专利申请受理数作为理想产出。

非期望产出。该指标代表了制造业发展过程中客观对环境所造成的负面影响状况。本书借鉴屈小娥（2014）的做法，通过计算工业"三废"和粉尘排放量衡量各省份的环境污染指数，并以此作为非期望产出。

考虑相关评价指标数据的可获得性，本书依据制造业产值在工业总产值中的占比，通过对所有涉及的工业企业相关指标进行折算，将其转化为制造业的对应指标，构建制造业绿色发展效率的综合评价指标体系，如表 3-4 所示。

表 3-4　制造业绿色发展效率的综合评价指标体系

阶段	类别	指标含义及单位
投入	绿色 R&D 投入	X_1：规模以上制造企业内部 R&D 投入（万元）
		X_2：规模以上制造企业 R&D 人员数量（人）
		X_3：新产品开发经费投入（万元）
	能源消耗投入	X_4：折算为标准煤的能源消耗总量（万吨/标准煤）
产出	期望产出	X_5：实际 GDP（亿元）
		X_6：专利申请受理数（件）
		X_7：新产品销售收入（万元）
		X_8：制造业总产值（万元）
	非期望产出	X_9：工业废水排放量（万吨）
		X_{10}：工业废气排放量（吨）
		X_{11}：工业烟（粉尘）排放量（吨）
		X_{12}：工业固体废弃物产生量（万吨）

接下来，本书以我国 30 个省区市（因西藏和港澳台地区的部分数据缺失，暂不考虑）2006~2018 年的制造业绿色发展效率为研究对象，对其进行相应的时空格局演变研究。主要相关数据来源于历年《中国统计年鉴》、《中国环境统计年鉴》、国研网统计数据库与各省份统计年鉴。

3.3　制造业绿色发展的时空格局演变

3.3.1　制造业绿色发展趋势及区域特征分析

从平均水平来看，我国制造业近年来的绿色发展效率总体呈上升趋势。2006~2018 年，我国制造业在绿色发展方面表现出良好的上升势头，全国绿色发展效率由 0.695 上升到 0.812，增长了 16.83%，如表 3-5 所示。尽管河北、天津、山西等少部分省份有所下降，但大多数省份的制造业绿色发展效率值都呈增长态势，总体增长趋势明显，该结果与 Qu 等（2017）对我国制造业 30 个细分行业的绿色发展效率的分析结论大体相同。

表 3-5　各省份制造业主要年份绿色发展效率测算值

序号	省份\年份	2006	2009	2012	2015	2018	序号	省份\年份	2006	2009	2012	2015	2018
1	北京	0.871	0.884	0.896	0.925	0.978	17	湖北	0.551	0.524	0.549	0.631	0.672
2	天津	0.896	0.883	0.861	0.847	0.852	18	湖南	0.496	0.527	0.613	0.727	0.759
3	河北	0.976	0.892	0.774	0.817	0.853	19	广东	0.723	0.697	0.836	0.795	0.853
4	山西	0.782	0.756	0.743	0.731	0.772	20	广西	0.736	0.802	0.739	0.765	0.792
5	内蒙古	0.952	0.967	0.949	0.961	0.987	21	海南	0.786	0.891	0.896	0.913	0.928
6	辽宁	0.869	0.894	0.920	0.893	0.872	22	重庆	0.626	0.681	0.689	0.718	0.752
7	吉林	0.627	0.649	0.735	0.729	0.738	23	四川	0.624	0.673	0.742	0.819	0.853
8	黑龙江	0.597	0.578	0.625	0.634	0.645	24	贵州	0.678	0.681	0.692	0.791	0.807
9	上海	0.961	0.972	0.980	0.977	0.985	25	云南	0.814	0.826	0.739	0.836	0.843
10	江苏	0.899	0.981	0.973	0.895	0.883	26	陕西	0.543	0.634	0.677	0.725	0.764
11	浙江	0.739	0.697	0.817	0.792	0.851	27	甘肃	0.637	0.625	0.713	0.764	0.796
12	安徽	0.657	0.683	0.725	0.816	0.835	28	青海	0.769	0.857	0.894	0.877	0.896
13	福建	0.513	0.629	0.592	0.657	0.684	29	宁夏	0.638	0.661	0.680	0.679	0.718
14	江西	0.528	0.653	0.670	0.654	0.676	30	新疆	0.783	0.797	0.819	0.854	0.895
15	山东	0.811	0.913	0.921	0.946	0.965		全国	0.695	0.769	0.745	0.783	0.812
16	河南	0.657	0.674	0.649	0.696	0.713							

注：序号与各省份相对应。

数据来源：笔者根据测算结果整理。

全国总体及四大区域制造业绿色发展效率变化趋势如图 3-3 所示。可以看出，2006~2018 年我国制造业绿色发展效率整体呈波动上升态势。通过对各省份制造业绿色发展效率测算值进行分析，可以发现东部和中部主要省份的制造业绿色发展的提升趋势要相对快于西部省份。全国四大区域制造业绿色发展效率的空间差异较为明显，由高到低分别为东部地区、东北地区、中部地区和西部地区，四大区域绿色发展效率均值在 2006~2018 年分别为 0.902、0.805、0.761、0.735，整体均呈波动上升趋势。

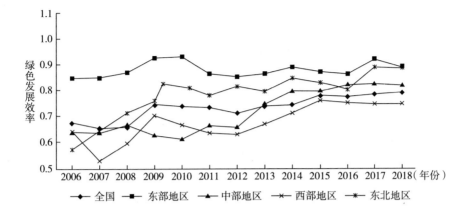

图 3-3   全国总体及四大区域 2006~2018 年制造业绿色发展效率变化趋势

结合表 3-5 和图 3-3 我国各省份及四大区域制造业绿色发展效率的时间序列变化趋势，可以发现，我国制造业绿色发展的总体平均水平均呈现一定的增长态势，区域间的整体差异性逐渐缩小。这表明，在推进生态文明建设和制造业高质量发展的背景下，我国制造业的绿色发展已取得明显成效，并表现出初步的区域协同效应。

3.3.2   制造业绿色发展的空间演变特征

其一，空间格局的全局演变特征。

全域空间自相关检验可反映各省份制造业绿色发展效率在整体空间上的相互依赖程度。具体用全局莫兰指数来衡量，计算公式为：

$$\text{Global } Moran's\ I = \frac{\sum\limits_{i=1}^{n}\sum\limits_{j=1}^{n} W_{ij}(Y_i - \overline{Y})(Y_j - \overline{Y})}{S^2 \sum\limits_{i=1}^{n}\sum\limits_{j=1}^{n} W_{ij}} \qquad (3-4)$$

式（3-4）中，$S^2 = \dfrac{1}{n}\sum\limits_{i=1}^{n}(Y_i - \overline{Y})$，$\overline{Y} = \dfrac{1}{n}\sum\limits_{i=1}^{n}Y_i$。$Y_i$、$Y_j$ 分别表示第 i 个与第 j 个省份的制造业绿色发展效率值，$\overline{Y}$ 为制造业绿色发展效率的平均值，n 表示考察的省份数总和，W_{ij} 为空间权重矩阵。本书采用经济距离空间权重矩阵。全局莫兰指数在（-1，1）之间变动，指数为正表示制造业绿色发展效率的空间相关性为正，反之为负。指数绝对值越大表明空间关联程度越深，为 0 则表示地区之间无关联。

运用式（3-4）可计算出全局莫兰指数的值，计算结果如表 3-6 所示。从表中数据可知，部分主要年份全局莫兰指数都在 5% 水平上显著为正，反映出制造业绿色发展存在明显的相互依赖性，表明这些年份我国制造业绿色发展效率在省域空间上表现出聚集特征。

表 3-6　我国制造业绿色发展的全局莫兰指数空间自相关检验

年份	Moran's I 值	Z 值	P 值
2006	0.247	2.098	0.014
2009	0.216	1.932	0.027
2012	0.185	2.367	0.007
2015	0.159	2.493	0.016
2018	0.172	2.671	0.010

其二，空间格局的局部演变特征。

由于局部空间的异质性差异并不能通过全局莫兰指数空间自相关反映出来，因此需采用局部莫兰指数对我国各省份间的局部空间关联程度进行分析。局部空间自相关检验较之全局空间自相关检验更能直观反映各相邻省份间绿色发展效率存在的局部空间关联程度和差异程度，相较全局空间自相关检验，也更能准确地判断各省份绿色发展效率的影响因素的集聚性和异质性。局部空间自相关检验可用局部莫兰指数来测算，具体计算公式为：

$$\text{Local } Moran's\ I = \frac{(Y_i - \overline{Y})}{S^2} \sum_{i \neq j}^{n} W_{ij}(Y_i - \overline{Y}) \tag{3-5}$$

式（3-5）中，$S^2 = \frac{1}{n} \sum_{i=1}^{n} (Y_i - \overline{Y})$，$\overline{Y} = \frac{1}{n} \sum_{i=1}^{n} Y_i$。$Y_i$ 表示第 i 个省份的绿色发展效率值，$\overline{Y}$ 为绿色发展效率的平均值，W_{ij} 表示经济距离空间权重矩阵。通常对计算出的局部 Moran's I（莫兰指数）采用 Z-Score 标准化对观测值进行标准化，计算方法为 Z-Score 标准化 = ［要标准化的值（观测值）－平均值］/标准差，即利用式（3-6）进行 Z-Score 标准化求得 Z 值。

$$Z = \frac{1-E(I)}{\sqrt{VAR(I)}} \tag{3-6}$$

将观测值与均值的偏差 Z 值与空间滞后值 Wz（即该要素的相邻要素的所有 Z-Score 标准化观测值的空间加权平均）画成散点图，称为"莫兰散点图"。

各省份的绿色发展关联程度通常用局部莫兰散点图来展示，考虑到篇幅原因，这里以 2018 年空间权重矩阵下局部莫兰散点图为例来分析绿色发展效率水平相似的省份在空间上的聚集性，具体如图 3-4 所示。

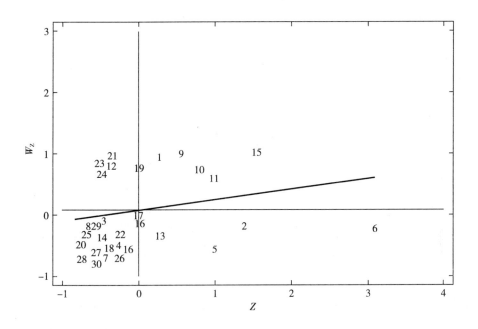

图 3-4　局部莫兰散点图

注：图中数字代表的省份与表 3-5 中的序号相对应。

图 3-4 的横轴 Z 表示标准化之后的各省份观测值，纵轴 W_z 表示空间滞后值（即某省份的相邻省份的所有 Z-Score 标准化绿色发展效率观测值的空间加权平均）可以看到，我国大多数省份的制造业绿色发展效率都分布于第一象限和第三象限，这说明我国制造业绿色发展效率与经济距离的变化是同向的，其空间分布具有明显的集聚性。将局部莫兰散点图中各象限的省份进行列表分析，具体结果如表 3-7 所示。

表3-7　我国省际制造业绿色发展的莫兰空间分布

第一象限（H，H）	第二象限（H，L）	第三象限（L，L）	第四象限（L，H）	跨界省域
北京、江苏、山东、上海、浙江	福建、辽宁、内蒙古、天津	重庆、甘肃、广西、河北、黑龙江、湖南、江西、吉林、宁夏、青海、陕西、山西、新疆、云南	安徽、贵州、海南、四川	跨一四象限：广东 跨二三象限：河南、湖北

由表3-7可以看出我国大多数省份2018年的制造业绿色发展效率。位于"双高"聚集区域，即第一象限的为北京、江苏、山东、上海、浙江等省份。位于第二象限的是内蒙古、天津等省份。位于"双低"聚集区域，即第三象限的为重庆、甘肃、广西、河北、黑龙江等省份；位于第四象限的是安徽、贵州、四川等省份。跨越第二象限和第三象限的是河南和湖北。跨越第一象限和第四象限的是广东。总体来看，全国制造业绿色发展形成 HH 集聚和 LL 集聚分化的空间格局，处于"双低"区域（第三象限）内的省份数量远多于"双高"区域（第一象限），且这种现象长久存在。其中，"双高"区域的省份主要聚集于长三角地区，"双低"区域的省份多处于中西部地区和东北地区。

我国各省份制造业绿色发展的时空格局演化呈现分异特征，说明地区要素禀赋结构差异的累积效应已成为绿色发展的关键制约因素。这种在空间分布上所表现出的差异性特点，其原因可能与各地区所处的发展阶段有关。一方面，位于"双高"聚集区域的经济发达省份多处于后工业化阶段，资本、技术等高端要素的聚集有助于制造业的绿色发展；而位于"双低"聚集区域的经济落后地区多处于工业化中期阶段，高端要素的聚集不足导致了其环境资源的过度消耗，从而造成这些地区绿色发展效率长期出现低值集聚的局面。另一方面，一个地区的经济发展水平能够在较大程度上影响绿色技术创新，较高的经济水平能够对绿色技术创新带来资金支持等一系列的支持作用（李新安和李慧，2019）；同时由于贸易往来和产业资金跨地区转移产生的技术溢出，也有利于推动地区技术水平等方面的提升。例如，长三角地区经济发展迅速，金融市场发达，高新技术人才密集，交通便利、科技研发水平投入产出转化率高等优势造就了该地区绿色技术创新能力高于其他地区（黄磊和吴传清，2019）。

3.4 制造业绿色发展面临的主要问题

3.4.1 各区域制造业绿色发展水平不平衡

推进区域制造业绿色化发展，有助于实现经济效益、生态效益和社会效益的协同共存。但是，对我国大部分省份而言，一方面，制造业发展正处于从粗放型向集约型转型的时期，尚未摆脱传统的高强度消耗和高密集化使用资源的发展模式，制造业高物耗、能耗的"重型化"结构特征明显，制造业的经济效益、生态效益和社会效益存在较大冲突，绿色增长点较为欠缺。另一方面，制造业的绿色化发展水平极不均衡，区域差异性较为显著。从四大板块制造业绿色化发展的整体水平来看，东部处于领先地位，制造产品的智能化、轻型化和高附加值化较为突出，制造业领域的数字化程度较高。中部其次，东北地区较差，西部总体最差。通过前面对不同时间节点的制造业绿色化发展效率分析发现，中西部地区传统制造业绿色低碳升级的增速突出，东北地区的增速滞后，随着时间的推移，中西部地区与东部地区间的相对差距减小，东北地区与东部地区之间的相对差距变大。尽管中西部地区与东部地区之间的相对差距缩小，但仍存在着较大的绝对差距，东北老工业基地更是面临制造业绿色化发展严重滞后的问题。我国各区域制造业绿色化发展不均衡的分布状态，在很大程度上影响了我国区域制造业绿色化发展水平的整体提升。各区域只有实现制造业绿色化协同发展，才能更好发挥我国制造业的综合竞争优势，实现向制造业全球价值链的中高端攀升。

3.4.2 多数地区制造业绿色转型的能力及内生动力不足

制造业结构转型升级以技术创新为根本动力，而我国多数地区绿色技术创新能力滞后成为制约制造业绿色转型的主要因素。尽管我国制造业的绿色发展效率近年来在不断提升，但多数地区制造业绿色发展效率为"双低"型集聚，表明大多制造行业在全球价值链中仍处于低端生产加工环节，整体技术层次和绿色化水平较低已成为绿色转型的短板。这一方面是由于我国制造业整体技术创新能力较弱，导致关键核心技术、自有品牌等较为缺乏，高端装备和核心零部件具有较高的对外依存度；另一方面则主要是由于我国多数地区制造业绿色创新的动力和能力不足。依靠人口红利和资源要素的低成本优势，我国制造业实现了从劳动密集型向资本密集型的转变，但随着近年来人口红利的消失，以及全球各大经济体争相在高端制造领域建立竞争优势，我国制造业在面临资源消耗、环境恶化的困境下，再次绿色转型已成大势所趋。但我国多数地区对增强制造业技术创新能力与实现绿色转型缺乏足够认识，宁愿花钱买技术，用市场换技术，也不愿持之以恒地投入巨额研发资金和人力资源等去完善区域创新体系，推进企业进行科技研发，造成这些地区大部分企业缺乏核心竞争力，这对制造业的绿色转型形成了制约。此外，我国多数地区制造业绿色发展的人才培训教育体系不够完善，使制造业人力资本呈现明显的结构性短缺，进一步阻碍了这些地区制造业的绿色转型。主要表现为学术型人才丰富，而工程型人才和技能型人才短缺，特别是高端创新人才及高级技能人才十分缺乏，与制造业的绿色技术创新需求和制造领域的人才需求相比形成了巨大的缺口。按照《中国制造2025》的发展目标要求，预计至2025 年制造业重点领域人才供给存在 2986 万的严重缺口（邹晓东等，2019），而新能源汽车、绿色节能新材料等领域则缺口更大，这也成为我国大多数地区制造业绿色化转型的巨大障碍。

3.4.3 促进制造业绿色发展的区域协同机制有待完善

促进制造业绿色发展涉及面较广的特点，要求政府在区域空间上形成相应的评价监管体系、认定标准、激励政策和组织协调机制。实证分析中，我国各省份制造业绿色发展在空间分布上所表现出的较大差异性特征，尤其是"双低"聚集区域省份远多于"双高"聚集区域省份，也在很大程度上说明了各地区在环境规制等促进绿色技术创新的相关政策等方面存在着巨大差异。在区域相关政策及协调组织机制不完善的条件下，随着中国工业化进程的深入和区域间的产业转移，高环境规制的地区将会促使污染产业在国内不同地区间进行转移，从而对邻近地区的绿色技术创新产生抑制作用（李新安，2021）。这样一个地区为了完成节能减排目标，会将部分高污染产业就近转移到其他地区，近邻地区的污染治理成本就会加大，给绿色创新投入带来阻力。而不同区域经济发展水平的差异，使经济发展水平高的地方政府更有财力对绿色技术创新实施补贴，其向市场传递的积极信号则可能吸引邻近地区的商业资金投入，导致邻近地区的绿色发展融资减少，抑制邻近省份绿色技术创新的发展。尽管在工业和信息化部的指导下，制造业先进企业已组建中国绿色制造联盟，但目前仍未形成政府、协会和企业等各主体参与的统筹管理机构与组织协调机制，联盟的功能作用尚未很好发挥。因此，需要逐步构建并完善制造业绿色发展的相关政策体系，推进制造业绿色发展的跨区域合作的体制机制创新，促进制造企业、行业和区域间链接的共生与协同利用，增强区域制造业绿色发展的协调性、联动性、整体性，构建绿色发展产业链，实现区域经济与绿色经济的协同发展。

3.5　促进制造业绿色发展的关键举措及路径

3.5.1　制造业技术创新能力的强化与提升

"绿色制造"是中国乃至国际发展的趋向，绿色创新的驱动力不足是我国制造业整体技术层次和绿色化水平较低的主要原因。因此，要把创新摆在我国现代化建设全局中的核心位置，围绕制造强国建设目标要求，推动制造业以绿色创新驱动行业整体技术进步和高质量发展。发达国家在全球制造业价值链中长期占据高端的经验也表明，技术进步和持续创新是其制造技术始终站在世界前沿的根本动力。借鉴发达国家的经验，我国要将技术创新放在国家发展的核心地位，发挥其对制造业绿色转型的支撑和引领作用，积极推进资源节约型的绿色创新、环境友好型的绿色创新和混合型的绿色创新。具体做法有：其一，构建符合科技发展规律的绿色创新体系，推进创新合作服务平台建设，努力进入新兴创新型国家行列。企业要提升自主创新能力，尤其是要提升重点高耗能行业的技术创新能力，掌握核心技术，注重基础研究、基本技术的发展；尽快提高绿色科技的创新和应用能力，利用信息化、智能化技术进行环境管理。其二，通过绿色技术创新提升资源和能源的利用效率，实现产品质量和价值链攀升，加快推动制造业高质量发展。通过体制机制创新创造良好的环境，促进传统制造业和中小微企业进行绿色改造创新，推进对资源能源高依赖和高污染排放的相关制造行业向低碳环保转型。其三，完善以企业为主体的绿色技术创新的市场形成机制。建立和完善竞争政策的作用机制，鼓励制造企业将绿色技术推广与股份投资收益结合，联合创办科技企业与创新企业工程。建设强有力的知识产权保护制度，基于"创新者赚钱"效应形成最有效的创新激励，激发中小微企业的积极性，发挥其对颠覆式创新的巨大推动作用。其四，注重对技术创新人才、技术产业化应用人才、先进制造业技术工人等绿色制造专业人才的培养。在加大对基础性研究的支持力度的基础上，可借鉴德国的"双元制"职业教育体制，以及美国和日本的工业实验室等人才培养机制和措施，并基于我国实际建立具有地方特色的偏向性制造技术人才培养机制和工业实验室，建设更多的校企合作工业实验室，强化职业教育，构建功能强大的专业性培训市场，为培养技术创新人才和产业化应用人才提供制度保证和良好载体。

3.5.2　区域制造业要素禀赋结构的优化

"促进绿色技术创新""加快推动制造业绿色高质量发展"等为我国在"十四五"乃至更长一段时间内制造业的绿色化和智能化转型提出了更高要求，技术创新与信息技术等高端要素在区域发展中的重要性日益凸显。我国多数地区的技术密集型制造业仍居于价值链的低端生产环节，产品的科技含量和附加值率都较低，因而其相对规模的扩大并没有表现出显著的经济增长效应，甚至还产生了对经济增长的抑制作用。新结构主义经济学认为，以要素禀赋结构升级实现结构转型是经济持续高效发展的最佳模式，它能够使经济体获得最大的竞争优势，并为经济体提供最优的经济增长路径。这意味着，要想实现制造业绿色转型对经济增长的促进作用的前提是升级目标行业（即技术密集型制造业），能够产生比非技术密集型制造业更高的生产率和附加值率。因此，在创新驱动制造业升级的过程中，我国多数地区应结合本地区资源禀赋和产业基础，充分利用新一代信息技术和国家高水平的贸易投资便利化开放政策，有意识地引导、推动高端要素集聚，以高端要素集聚推动全社会不断改进区域生产函数，加快本地区要素禀赋结构与比较优势变迁。制造业绿色化发展程度较低的中西部地区在营造创新创业生态，加快建设众创空间、科技企业孵化器等服务平台的同时，要更加注重技术密集型制造领域的技术创新，尤其要吸引高端要素对关键环节和核心技术进行优先重点突破。

我国各地制造业行业差异较大的禀赋状况，决定了在准确把握国家战略方向的前提下，制造业具有更大的结构调整空间。根据不同地区的实际情况，各地政府可围绕技术密集型领域的重点行业，积极实施制造业创新中心建设工程，对一些优势领域的关键技术环节，如新一代信息技术、增材制造、生物医药等领域涉及的关键共性技术成果产业化等进行重点攻坚，重塑高端要素禀赋结构。同时各区域要抢抓全球经济一体化机遇，用信息化改造企业价值链，提升制造业的智能化水平，通过产业链整合、资本运作、全球采购等方式，更好地融入全球创新和产业分工体系，通过技术引进和技术外溢等方式对技术创新进行整合，实现要素结构的跨越式提升，推动制造业由中低端生产环节向价值链中高端和高端攀升。此外，各地区在产业升级过程中要节能降耗、增加产品附加值，从而在实现要素禀赋结构和资源配置能力转换的过程中，推动我国制造业技术变革与绿色转型发展。

3.5.3 制造业绿色化区际协同机制的健全

制造业绿色转型发展应通过强化区域间的重大政策对接，形成跨行政区、跨区域板块的协同合作，以提升制造业的资源和能源整体利用效率为目标，对体量庞大的传统制造业进行绿色化改造。这主要是因为，我国传统产业的生产技术往往处于较低水平，相比高技术产业具有更大的技术进步空间和产业内升级空间。以供给侧结构性改革为主线，对传统制造业的绿色化改造升级，主要可从三方面着手：其一，强化各地区绿色技术投入，着力推进制造业的技术更新。在制造企业中大力引入先进绿色技术，破解制造业现有的高能耗和高排放等技术难题，以现有资源为基础，积极推行绿色制造。推广应用以互联网为特征的数字信息技术，吸收并采用现代化生产方式和管理方式，实现关键工序的自动化和数字化，提升制造业企业的产品质量和运营效率，重塑传统制造业。其二，加强各地区过剩产能的淘汰和污染排放的控制。淘汰电力、煤炭、钢铁等高污染、高消耗行业等落后产能，化解钢铁、水泥、平板玻璃、电解铝等传统行业，以及光伏、多晶硅等新兴产业领域的过剩产能。因此，在产能过剩领域严禁新增项目的前提下，各地区一方面要建立有效的行业退出机制，通过实施差别电价和惩罚性的水价、电价，引导"僵尸企业"和绝对过剩产能在维持社会稳定和产业组织生态平衡的前提下主动、有序地退出市场。也要通过税收抵扣和减免、制定税收分享比例等措施，以及实施共享机制，本着多兼并重组少破产清算的原则化解过剩产能。其三，通过促进各地区制造业生产链条等重点环节绿色改造，对高耗能、高污染制造行业的工艺流程进行技改整合，重构绿色产品价值链，全面推行绿色制造，从而实现全行业绿色增长。

3.5.4 制造业绿色发展政策工具的协调搭配

要想提升制造业的绿色发展能力，亟须改变末端治理的管理模式，通过完善制造业绿色发展政策工具倒逼企业发展模式及发展方式变革，实现资源能耗及减排管理的全过程控制。其一，政府要根据本地具体情况，构建差别化、有针对性的区域政策体系，通过立法、行政等手段，将绿色发展理念深入贯穿制造业整体发展。同时紧密结合制造业高质量发展与生态环境改善，通过政策引导，完善绿色发展背景支持。实施严格的资源管理制度，大力推进节能减排，推广应用低碳技术，鼓励制造企业以材料替代、清洁生产等绿色生产方式开展绿色化改造。其二，通过政策引导，加大绿色资金投入。通过出台绿色贷款相关政策，鼓励商业银行等金融机构实现低碳资金流通，充分发挥绿色信贷、绿色债券、绿色保险等金融产品的作用，加大对绿色制造的资金投入，引导资金要素流向高效、节能、环保的制造行业。同时要利用好产业投资引导基金，积极支持技术密集型制造业绿色技术研发，尤其是高技术行业中的基础研究和共性知识的开发，目的是让所有的企业能够共享，以对共性薄弱环节提供资源配置和支持，强化行业整体绿色升级。其三，各地区环境保护部门应该根据制造业的生产特点及转型发展需要，不断更新和完善环境保护立法。通过强化监管力度，做好绿色信用评级工作，推动制造企业绿色节能及清洁生产等方面技术的研发。充分发挥市场机制的决定性作用，积极探索建立全国性环境权益的碳排放权与排污权等交易市场，不断加强和完善各类交易制度及平台建设。立足生态文明建设宏观目标要求，构建合适的制造业绿色发展环境标准、生态标准和考核评估体系等，搭建制造企业污染排放、环境违法违规记录等信息共享平台，加强环境管制，有效制衡企业的污染行为以减少资源的浪费，确保环境保护法规切实落实。

4　外资引入、技术进步偏向与
制造业的碳排放

改革开放 40 多年来，我国积极融入全球经济，通过引进大量外商直接投资（FDI）及其带来的先进管理与技术，在弥补国内资本缺口和技术缺口的同时，融入全球生产网络，成为世界制造业大国。制造业作为我国实体经济的重要支撑（牟俊霖等，2021），是利用 FDI 的聚集领域。尽管近年来我国引资水平与结构得到持续优化，但早期 FDI 进入的大多行业具有典型的高资源消耗、高能源消耗和高排放的高碳产业特征，而高投入、高能耗的技术偏向更加剧了高排放造成的环境生态问题。能源使用所产生的二氧化碳及其他污染物排放量的持续攀升，导致了空气质量的下降和生态环境的急速恶化。在应对全球气候变化和实现全球长期碳中和目标的背景下，低碳技术创新和降低碳排放也日益成为重塑大国竞争格局的重要因素。技术进步作为影响碳排放的关键因素，日益引起各界关注。然而，现有关于技术进步对碳排放影响的研究多是建立在中性技术进步假定的基础上。但多数情况下，技术进步本身具有偏向性。当其偏向于某一方向时，就会有利于经济中的某些生产要素和个体，忽视技术进步的偏向性则不能全面反映技术进步对碳排放的影响。目前针对技术进步偏向效应的研究主要集中于探讨其经济效应，关于其环境效应的分析则较少（Acemoglu 等，2012）。但在实践方面，人们日益认识到技术偏向与制造业用能系统要素之间的相互作用与影响，技术偏向对低碳发展、节能减排等政策影响的真实存在性日益显现，在政策制定领域相关部门也正逐步考虑技术偏向效应的影响，这为本书提供了应用层面的现实支撑。

4.1　文献综述

制造业 FDI 的引入对碳排放与环境污染的影响，已有相关学者研究，认为中国环境状况的变化可能与 FDI 的大量引入密不可分。外资流入、产业结构变化和行业技术水平提升对碳排放具有不同方向的影响。然而，外商直接投资是否加剧了中国的环境污染和二氧化碳排放则一直存在争议。其中，"污染光环假说""污染避难所假说"两种论点长期占主导地位。"污染光环"假说认为，外商直接投资带来了先进的生产技术和管理经验，通过技术溢出效应，提高了当地企业的资源利用效率和能源效率，并最终有利于减少环境污染和碳排放。陈颂和卢晨（2019）利用构建的 FDI 技术溢出指标，通过测量中国 23 个制造业行业的技术相似度发现：如果行业内或行业间使用相似技术，且相互联系密切，则外资的先进技术对提高当地制造业全要素生产率和技术进步就具有促进作用。詹江和鲁志国（2019）通过实证研究表明，FDI 对我国制造业表现出显著的正向技术溢出。邬丽萍和梁浩（2019）发现东盟国家技术创新与空间集聚存在显著的相关性，并且这种相关性与 FDI 溢出效应呈正向关系。郑翔中等（2019）则利用动态共同相关效应（DCCE），模型研究我国 FDI 流入对地方能源利用效率的影响，发现 FDI 进入可通过技术溢出等效应降低地方的能源强度从而改善能源效率。

"污染避难所"假说认为，污染密集型产业会通过 FDI 从环境标准高的发达国家迁移到环境标准低的发展中国家，使后者成为其污染产业转移的避难所，从而对后者的资源生态环境产生巨大压力。未良莉等（2019）利用国内省级面板数据的研究表明"污染避难所"假说确实存在，并证实环境污染与引进的 FDI 数量呈显著正相关。傅元海和林剑威（2021）研究认为，发达国家通过 FDI 向我国转移的更多是制造行业的高碳生产环节，亟须吸引高质量的 FDI 进入，以促进技术升级和产业结构优化。吉生保和姜美旭（2020）通过利用双边随机前沿模型对我国不同 FDI 水平的环境污染效应测度发现，FDI 加剧环境污染的净效应随 FDI 水平的增加而呈递增趋势，从另外一个角度证实了"污染避难所"假说。刘玉凤和高良谋（2019）基于 FDI 和环境污染的空间地理分布进行研究，发现 FDI 与环境污染呈强正相关关系，FDI 集聚度高的地区，污染集聚也高。

综上所述，大部分的国内外专家学者通过不同的实证研究，认为 FDI 和东道国制造业的技术进步及环境污染具有密切联系。可以肯定的是，随着我国 FDI 引入规模的不断扩大及流入速度的持续提高，必将会对经济规模、技术水平和产业结构等产生影响，并进一步影响中国的环境状况。

随着"十四五"期间中国经济社会发展全面绿色转型，在推进制造业高质量发展的背景下，客观地识别和厘清 FDI 对区域环境的影响方式与作用机理，探究外资引入和技术进步偏向对中国制造业节能减排的影响效应，对"十四五"乃至更长时期内实现制造业碳减排和经济增长的双重目标寻找新的发展路径，建立绿色低碳、循环持续的现代产业体系，具有十分重要的理论价值和现实价值。

4.2 理论假说与实证模型构建

技术进步及其偏向是驱动制造业绿色转型和实现经济可持续发展的关键，而 FDI 对技术进步方向产生着重要影响。因此，将制造业 FDI、技术进步偏向与碳排放的关联机制纳入统一框架进行理论梳理，有助于进一步明确推进制造业向产业结构低碳化、生产过程清洁化、能源资源利用高效化的绿色制造的方向发展，为实现碳达峰目标提供有力支撑。

4.2.1 制造业 FDI 及技术进步偏向影响碳排放的理论分析

假说 1：制造业 FDI 因技术溢出的行业规模扩大效应及技术提升效应影响碳排放。

制造业 FDI 通过技术示范与技术扩散，影响碳排放的技术溢出，具体模式可大致分为三类。其一，资本密集型制造业 FDI 所导致的生产规模型技术溢出，促进碳排放。在环境标准较低的区域，制造业 FDI 所带来的技术伴随着高能耗、高排放，为东道国本土企业带来模仿示范的样本，并通过技术扩散，使区域生产呈现能力提高的规模化效应，相应地带来大量资源能源等生产要素的消耗，从而增加碳排放量。周杰琦和汪同三（2014）发现，总体上 FDI 对碳排放的规模负效应强于其对碳排放的结构技术正效应，使中国的碳排放增加；同时由于环境效益的结构性差异，FDI 的引入更增加了碳排放。聂飞等（2015）通过实证研究表明，当政府制定的环境标准较低时，FDI 会进入高污染密集度的加工制造行业，使碳排放量与制造业增长呈显著正相关。廖显春和夏恩龙（2015）使用 29 个省市面板数据的实证结果显示，外资企业大多选择通过 FDI 将本国的污染型产业转移到我国环境标准较低的区域，进而使 FDI 的流入增加了碳排放。其二，高标准的环境规制通过诱导制造业 FDI 先进节能减排技术的引入，通过技术溢出提升行业整体技术水平，使碳排放减少。李子豪（2016）通过实证研究发现，FDI 在高标准环境规制和较高 R&D 资金投入行业的技术溢出效应，对促进碳减排的影响十分显著。其三，制造业 FDI 的技术溢出与行业规模和要素密集度等条件密切相关。郭沛和杨军（2015）研究发现，引进低技术的劳动密集型制造业 FDI 会降低碳排放，但引进高技术的资本密集型制造业 FDI 则增加了碳排放。

假说 2：制造业 FDI 通过技术进步偏向，作用能源资源等要素结构及效率，影响碳排放。

制造业 FDI 可通过两种途径影响技术进步偏向及能源消耗强度，从而影响碳排放。其一，当地区环境规制等资源环境政策强化时，迫使 FDI 企业加强减碳技术的引入与清洁生产技术的研发，从而诱导企业技术进步偏向资源和能源的节约，将有利于提高制造业能源使用效率，减少碳排放。其二，当企业大量消费能源资源要素引起价格上升时，要素价格效应的存在，使与 FDI 带来的技术进步相关的要素替代或互补关系投入比的变化，使技术进步偏向碳减排和节能技术，直接影响化石能源投入份额，从而影响碳排放量的变动。焦高乐和严明义（2017）在内生增长框架下采用回归模型实证表明，引入 FDI 和企业 R&D 在没有政策干预的情况下，带来的技术进步会更多偏向资本和能源，若技术偏向能源节约，将减少能源消耗；反之，当偏向非能源要素时则将增加能源消耗。钱娟和李金叶（2018）构建了多要素固定替代弹性（以下简称 CES）生产函数，结果表明我国技术进步偏向能源节约时可有效降低碳排放，且能源消费结构对碳排放影响显著。

假说 3：制造业 FDI 清洁生产技术的引入与研发有利于实现绿色低碳转型并促进碳减排。

清洁生产技术可改变产业结构与经济结构，并从源头减少污染物的排放，最终实现碳减排。如果 FDI 带来的初始技术是"污染技术",不计环境成本地提高产出水平,就会使制造业二氧化碳排放增加;相反,如果 FDI 带来的是"清洁技术",将通过直接技术效应和技术外溢效应降低制造业的碳排放。如果制造业通过 FDI 引入的"清洁技术"较多,会促进整个行业与经济结构提高能源效率,碳排放量会减少;但如果行业通过 FDI 导致的技术进步更多偏向资源能源消耗,则在改变产业结构和经济结构的同时,将会提高能源的需求量。以上都将综合影响制造业碳排放量的大小。

综合以上理论分析,FDI 引入及技术进步偏向影响制造业碳排放的传导机制如图 4-1 所示。

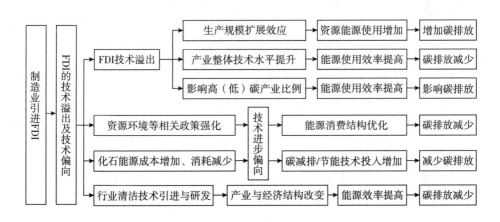

图 4-1　FDI 影响制造业碳排放的传导机制

4.2.2　实证模型构建

研究经济对环境影响一般从规模、结构及技术水平三个因素考虑。在分析 FDI 对制造业碳排放的影响效应时,借鉴牟俊霖等(2021)、Hübler（2009）的相关研究,构建以下有关二氧化碳排放量的基本概念模型:

$$Q_{CO_2} = Y \times S \times T \tag{4-1}$$

式（4-1）中,Q 为碳排放量,Y、S 和 T 分别为行业产出规模、行业结构与技术水平。Y 与 S 的变化将对碳排放量 Q 产生影响,FDI 的引入会带来行业产出规模与结构发生变化,但这些变化很难从行业产出规模 Y 和行业结构 S 中分离，所以这里参考 Hübler（2009）的做法，Y 和 S 中分别包含了 FDI 的规模效应与结构效应。

技术水平 T 包含影响碳排放的生产技术水平和清洁生产程度等，它可通过 FDI 的技术溢出和内部研发（R&D）来获取。根据相关经济理论，行业技术水平 T 的提高导致企业规模（SZ）扩张，从而产生资源能源消耗增加的碳排放规模效应与企业实力的增强，以及促进 R&D 投入以提高资源和能源利用效率的碳减排创新效应。综合影响行业技术水平 T 的因素，得到关于 T 的分析函数：

$$T=f(FDI,\ SZ,\ RD) \tag{4-2}$$

从技术进步偏向角度考虑，FDI 的引入使东道国获得充裕的资金并获取相较母国而言的先进技术，会引致要素投入比的变动，使技术进步的要素偏向发生变化，进而影响碳排放。因此，在理论方程中需增加 FDI 和技术进步偏向指数（Bias）的交互项（$FDIB$），此时方程为：

$$Q_{CO_2}=Y\times S\times T(FDI,\ SZ,\ RD)\times FDIB \tag{4-3}$$

将 Y 移到等号左边，Q_{CO_2}/Y 为碳排放强度（即单位产出的碳排放量，用 EI 表示）。最终分析模型为：

$$EI=S\times T(FDI,\ SZ,\ RD)\times FDIB \tag{4-4}$$

为全面考察 FDI 和技术进步偏向及其他因素对制造业碳排放的影响，本部分以 2009~2018 年的制造业，共计 27 个细分行业的时间序列数据为样本进行研究。在给定条件下，探讨 FDI 及技术进步偏向对碳排放的影响，可通过两者的交互项 $FDIB$ 的系数来分析，若该系数小于零，表明 FDI 通过技术进步偏向使资源能源消耗降低，从而实现碳减排。根据前述理论分析，将 FDI 通过技术进步偏向对碳排放产生影响的计量分析模型最终设定为：

$$\ln EI_{it}=\beta_0+\beta_1\ln FDI_{it}+\beta_2\ln FDIB_{it}+\beta_3 Bias_{it}+\beta_4\ln S_{it}+\beta_5\ln SZ_{it}+\beta_6\ln RD_{it}+\mu_{it}+\varepsilon_{it}$$

$$\tag{4-5}$$

EI 为二氧化碳排放强度。$FDIB$ 为 FDI 与技术进步偏向的交互项，用于检验两者的互动效应对碳排放强度的影响。控制变量中，S 与 SZ 分别为行业结构和企业规模，RD 为研发资金投入，μ_{it} 为不可观测变量的个体效应，ε_{it} 表示随机误差项。

4.3 数据采集与技术进步偏向及碳排放的测度

4.3.1 技术进步偏向指数的相关数据采集及测度

以往研究通常以测算技术进步偏向指数来判别技术偏向方向。本书选取超越对数生产函数法进行测算,该方法避免了运用数据包络分析(DEA)、多要素CES生产函数及标准化供给面测算等方法时,因常需估算要素替代弹性可能对结果产生的较大影响,允许要素替代弹性随着资本密集度而变化,使研究结果和实际更加相符。

4.3.1.1 技术进步偏向指数测算的方法选择

为更好体现要素间替代关系对技术进步偏向性的影响,借鉴张月玲和叶阿忠(2014)的研究,将劳动和资本两个要素加入超越对数生产函数中,构建分析模型:

$$\ln Y_{it} = \beta_0 + \beta_K \ln K_{it} + \beta_L \ln L_{it} + \beta_T T_t + \frac{1}{2}\beta_{KK}(\ln K_{it})^2 + \frac{1}{2}\beta_{LL}(\ln L_{it})^2 + \frac{1}{2}\beta_{TT}T_t^2 +$$

$$\beta_{KL}\ln K_{it}\ln L_{it} + \beta_{TK}T_t\ln K_{it} + \beta_{TL}T_t\ln L_{it} + e_{it} \tag{4-6}$$

式(4-6),Y、K和L分别为行业产出、资本与劳动,T表示用时间趋势代替的技术进步。β_0表示固定效应,β_K、β_L、β_T与β_{KK}、β_{LL}、β_{TT}分别为生产要素中资本、劳动及技术进步的累积效应与规模效应;二阶交叉项β_{KL}、β_{TK}、β_{TL}分别表示资本、劳动和技术进步间的交互效应;ε_{it}为随机误差项。

利用随机前沿分析(SFA)对式(4-6)进行回归得到系数参数,然后依据式(4-7)、式(4-8)与式(4-9)可求出要素产出弹性和技术进步相对偏向。计算公式如下:

$$\eta_{K_{it}} = \frac{\partial \ln Y_{it}}{\partial \ln K_{it}} = \beta_K + \beta_{KK}\ln K_{it} + \beta_{KL}\ln L_{it} + \beta_{TK}T_t \tag{4-7}$$

$$\eta_{L_{it}} = \frac{\partial \ln Y_{it}}{\partial \ln L_{it}} = \beta_L + \beta_{LL}\ln L_{it} + \beta_{KL}\ln K_{it} + \beta_{TL}T_t \tag{4-8}$$

$$Bias_{KL} = \frac{\beta_{TK}}{\eta_K} - \frac{\beta_{TL}}{\eta_L} \tag{4-9}$$

式（4-9）中，η_K 为资本的要素产出弹性，η_L 为劳动的要素产出弹性，$Bias_{KL}$ 为技术进步偏向指数，当 $Bias_{KL} > 0$ 时，技术进步偏向资本，而在 $Bias_{KL} < 0$ 时，技术进步则偏向劳动。

4.3.1.2 我国制造业技术进步偏向的测度

为判别制造业细分行业的技术进步偏向，以下采用式（4-6）对选取的 2009~2018 年的制造业进行测算。因其间制造业国家分类标准在 2012 年有所调整，为使统计数据在考察期内保持口径统一，借鉴钱娟和李金叶（2018）的做法，将现行制造业分类标准中的铁路、船舶、航空航天和汽车制造业及其他运输设备制造业调整为交通运输设备制造业，同时将产值较小的，且与之前分类标准不同的废弃资源综合利用业、其他制造业、金属制品及机械和设备修理业 4 个行业一并删除，将制造业 31 个细分行业调整为 27 个。根据技术进步偏向指数测算的方法，将样本数据统一为规模以上企业，并以 2009 年为基期进行价格调整。数据来源于历年《中国工业统计年鉴》、《中国统计年鉴》、中经网统计数据库、《中国劳动统计年鉴》等。对相关变量数据按照以下方法进行处理：

其一，制造业产出规模（Y）。本书借鉴李小平等（2018），选取工业增加值"按可比价格计算的规模以上工业企业分行业工业增加值累计增长速度"来衡量产出规模。

其二，制造业资本存量（K）。采用目前较有影响的永续盘存法对 2009~2018 年制造业分行业的资本存量进行测算。具体计算公式如下：

$$K_{it} = K_{it-1}(1-\delta_{it}) + I_{it} \tag{4-10}$$

式（4-10）中，下标 i 表示制造业第 i 种行业，K_t 与 K_{t-1} 分别为 t 期及前一期资本存量，δ 为 t 期资本折旧率，I_t 为 t 期当年投资。参照李新安（2020），将资本折旧率 δ 取 10% 进行核算。

其三，制造业劳动投入量（L）。采用城镇分行业年末单位就业人员数指标来测算。

其四，制造业技术进步（T）参数的测算。采用时间趋势 $T=1$, 2, 3…表示行业的技术进步，对数据处理后用随机前沿分析法对超越对数生产模型进行回归，其相关系数结果如表 4-1 所示。

表 4-1 制造业超越对数生产函数随机前沿模型回归结果

变量	lnY	变量	lnY
lnK	-0.6114*** (-2.4785)	T_2	-0.0017 (-0.9372)
lnL	-0.6906** (-2.2153)	lnKlnL	-0.1183** (-2.0215)
T	0.1694*** -6.3862	TlnK	-0.0091** (-2.0013)
lnK_2	0.1037*** -4.2584	TlnL	-0.0032 (-0.5136)
lnL_2	0.1231*** -3.1973	Constant	12.0974*** -11.4107
样本总数	270	样本总数	270

注：括号内为 z 统计量，*、**、***分别表示在10%、5%和1%的水平上显著，下同。

回归结果通过式（4-7）、式（4-8）与式（4-9）计算得到制造业分行业的技术进步偏向指数，如表4-2所示。

表 4-2 2009~2018 年制造业分行业技术进步偏向指数（$Bias_{KL}$）

编号	行业 \ 年份	2009	2010	2011	2012	2013	2014	2015	2016	2017	2018
（1）	农副食品加工业	-0.16	-0.15	-0.21	-0.17	-0.20	-0.19	-0.22	-0.21	-0.25	-0.23
（2）	食品制造业	-0.41	-0.52	-0.36	-0.14	-0.12	0.01	-0.23	-0.31	-0.30	-0.27
（3）	酒、饮料和精制茶制造业	-0.61	-0.47	-0.53	-0.46	-0.47	-0.50	-0.63	-0.46	-0.40	-0.38
（4）	烟草制品业	-0.16	-0.15	-0.16	-0.14	-0.13	-0.13	-0.13	-0.13	-0.13	-0.12
（5）	纺织业	-0.04	-0.04	-0.03	-0.03	-0.03	-0.02	-0.02	-0.01	-0.01	-0.01
（6）	纺织服装、服饰业	-0.21	-0.19	-0.18	-0.17	-0.17	-0.16	-0.16	-0.16	-0.16	-0.15
（7）	皮革、毛皮、羽毛及其制品和制鞋业	-0.61	-0.59	-0.55	-0.50	-0.53	-0.53	-0.52	-0.46	-0.43	-0.45
（8）	木材加工和木、竹、藤、棕、草制品业	-0.17	-0.19	-0.16	-0.15	-0.15	-0.16	-0.16	-0.15	-0.15	-0.15
（9）	家具制造业	-0.25	-0.26	-0.24	-0.24	-0.25	-0.23	-0.24	-0.23	-0.19	-0.20
（10）	造纸和纸制品业	-0.06	-0.06	-0.06	-0.06	-0.06	-0.06	-0.06	-0.06	-0.06	-0.06
（11）	印刷和记录媒介复制业	-0.13	-0.11	-0.12	-0.15	-0.14	-0.12	-0.13	-0.10	-0.08	-0.09

续表

编号	行业＼年份	2009	2010	2011	2012	2013	2014	2015	2016	2017	2018
(12)	文教、工美、体育和娱乐用品制造业	-0.41	-0.49	-0.51	-0.48	-0.49	-0.51	-0.47	-0.44	-0.46	-0.42
(13)	石油加工、炼焦及核燃料加工业	0.35	0.38	0.36	0.37	0.39	0.38	0.41	0.42	0.40	0.41
(14)	化学原料和化学制品制造业	0.22	0.23	0.28	0.27	0.32	0.36	0.34	0.41	0.39	0.40
(15)	橡胶和塑料制品业	0.12	0.13	0.16	0.20	0.19	0.22	0.23	0.21	0.24	0.29
(16)	化学纤维制造业	-0.07	-0.07	-0.06	-0.06	-0.04	-0.05	-0.05	-0.04	-0.03	-0.04
(17)	医药制造业	0.19	0.23	0.31	0.28	0.33	0.30	0.32	0.33	0.35	0.34
(18)	非金属矿物制品业	-0.47	-0.35	-0.39	-0.34	-0.30	-0.22	-0.17	-0.23	-0.22	-0.16
(19)	黑色金属冶炼及压延加工业	0.52	0.46	0.49	0.42	0.47	0.40	0.42	0.41	0.43	0.42
(20)	通用设备制造业	0.03	0.04	0.06	0.10	0.09	0.10	0.12	0.11	0.13	0.13
(21)	金属制品业	-0.37	-0.42	-0.39	-0.32	-0.29	-0.33	-0.32	-0.28	-0.25	-0.23
(22)	有色金属冶炼及压延加工业	0.37	0.35	0.40	0.38	0.39	0.41	0.39	0.40	0.37	0.39
(23)	专用设备制造业	0.02	0.03	0.05	0.04	0.09	0.11	0.13	0.12	0.14	0.19
(24)	计算机、通信和其他电子设备制造业	0.09	0.12	0.09	0.09	0.10	0.12	0.11	0.12	0.13	0.13
(25)	电气机械和器材制造业	-0.13	-0.12	-0.09	-0.08	-0.11	-0.07	-0.04	-0.02	-0.02	-0.02
(26)	交通运输设备制造业	0.01	0.03	0.02	0.02	0.02	0.03	0.02	0.03	0.04	0.03
(27)	仪器仪表制造业	-0.43	-0.36	-0.42	-0.39	-0.33	-0.31	-0.25	-0.21	-0.19	-0.20

注：本表是将"机械和设备修理业"等3个行业删除调整后的内容。

从整体上来看，制造业大部分行业的技术进步偏向持续发生变动。说明有偏技术进步导致制造业的行业边际生产率改变，提高了资本和劳动要素的相对边际生产率，从而改变了资本—劳动的要素投入比例，使制造业行业技术进步的偏向方向与行业特性关系密切。

根据制造业细分行业技术进步偏向指数 $Bias_{KL}$ 的测算结果，由表 4-2 可看出，2009~2018 年在制造业 27 个细分行业中有 10 个行业 $Bias_{KL}$ 技术引进及研发投入整体偏向资本（即资本密集型制造业）。这 10 个行业分别用表 4-2 中的编号分别表示为：（13）、（14）、（15）、（17）、（19）、（20）、（22）、（23）、（24）和（26）。这主要是由于我国改革开放后为提高生产效率，通过 FDI 引进国外先进的机器设备，通过技术溢出加快了对此种类型技术的引进和吸收，使得一些制造行业的技术进步方向偏向资本。同时由于金融抑制导致的资本价格降低，也使一部分行业的技术进步偏向资本。

2009~2018 年在制造业中有 17 个行业 $Bias_{KL}$ 整体偏向劳动（即劳动密集型制造业），用表 4-2 中的编号分别表示为：（1）、（2）、（3）、（4）、（5）、（6）、（7）、（8）、（9）、（10）、（11）、（12）、（16）、（18）、（21）、（25）和（27）。这些细分行业在 FDI 技术引进及研发投入上都更多地偏向使用劳动要素，同时也因这些行业劳动—资本比相对较高的特性比较符合我国现实情况，使得一些制造行业的生产技术在很长时间内依托劳动投入。

4.3.2 制造业碳排放测度方法的选择及测算

4.3.2.1 制造业碳排放测度方法选择

制造业是能源消耗占比较高的产业部门，其碳排放超过全国总量的 80%[①]。现有碳排放量研究均为通过估算得到。本部分首先借鉴孙艳芝等（2017）、李新安（2021）计算出的各类能源的碳排放系数，如表 4-3 所示。其次以制造业细分行业各类能源消费量为基准测算分行业的能源消费量。最后根据式（4-11）计算各行业的碳排放量。

表 4-3 各种类型能源二氧化碳排放系数

能源类型	煤炭	焦炭	汽油	柴油	燃料油	原油	煤油	天然气
二氧化碳排放系数（kgCO₂/kg）	1.9	2.86	2.93	3.1	3.17	3.02	3.02	2.16

$$Q_{CO_2 u} = \sum_{j=1}^{8} E_{iu}^j q_j \tag{4-11}$$

式（4-11）中，t、i 和 j 分别为制造业 t 年度第 i 行业的第 j 种能源，Q_{CO_2} 表示行业碳排放量，E 和 q 分别为不同行业的能源消费量与碳排放系数。

① 刘清春，孔令群，安泽扬.中国制造业能源相关的碳排放因素分析［J］.中国人口·资源与环境，2014，24（S2）：23-27.

4.3.2.2 制造业各细分行业碳排放量的测算

制造业在我国能源消费中仍占主要部分，在资源环境约束趋紧的背景下，测算碳排放量是研究环境质量和经济发展的关键步骤。通过式（4-11），可得出制造业27个细分行业2009~2018年的碳排放量数据（因篇幅所限，计算结果不再列出）。计算结果显示，制造业整体碳排放量呈上升趋势，且2013年增速达到最高值，2014年后增速放缓；整个制造业能源消费量从2009年的180596万吨标准煤上升到2018年的260231万吨标准煤，年平均增长104.6%；分行业碳排放量变化趋势整体相似。我国制造业能源消费总量的持续增长，带来了碳排放量增加等一系列环境问题。制造业的节能减排已刻不容缓。

经进一步对测算结果分析，发现部分制造业细分行业2009~2018年二氧化碳排放量达到1亿~10亿吨。其中石油加工、炼焦及核燃料加工业与黑色金属冶炼和压延加工业的碳排放量每年都呈现高增长趋势，黑色金属冶炼和压延加工业虽从2012年增速放缓，但到2015年才呈下降趋势。化学原料和化学制品制造业碳排放直到2016年才呈下降状态。造纸和纸制品业碳排放量最高，2013年就超过1亿吨，之后才略有下降，但仍维持在较高水平。纺织业在2015年碳排放量大幅增加，较2014年增长率达88.72%。医药制造业和化学纤维制造业在2013~2016年碳排放量一直处于较高水平。金属制品业、专用设备制造业、电气机械和器材制造业行业碳排放量相对较低，金属制品业、专用设备制造业2015年碳排放量呈现明显下降趋势。

4.4 实证检验及结果分析

利用2009~2018年我国制造业27个细分行业面板数据，在测算制造业技术进步偏向指数和碳排放的基础上，运用面板回归模型和GMM动态面板模型对FDI引入、技术进步偏向与碳排放间的影响关系进行实证研究。考虑到制造业各行业间资本劳动比存在着较大差异性，在进行GMM动态面板模型分析时分别从制造业整体、资本密集型制造业和劳动密集型制造业3个角度进行了验证。

4.4.1 变量选取及描述性统计

根据式（4-5）中涉及的 6 个变量，变量数据口径统一为规模以上企业，并对所有数据以 2009 年为基期价格进行了调整，基础数据根据历年《中国统计年鉴》及中经网统计数据库的收集整理所得。各变量指标做如下处理：

（1）碳排放强度（*EI*）。按照前述测算的我国制造业分年度二氧化碳排放量，再与各年产出水平 *Y* 相除，就得到了制造业碳排放强度 *EI*。

（2）外商直接投资（*FDI*）。采用外商投资与港澳台投资工业企业固定资产净值占规模以上工业企业固定资产净值的比重来衡量。

（3）技术进步偏向（*Bias*）。以表 4-2 测算的我国制造业 $Bias_{KL}$ 结果为依据。

（4）行业结构（*S*）。采用行业的资本密集度来表示，借鉴李小平和李小克（2018）制造业细分行业资本密集度的计算方法，该指标确定为规模以上行业年末的固定资产净值与分行业城镇单位就业人员数之比。

（5）企业规模（*SZ*）。该指标测度选取行业企业平均职工人数方法，即分行业年末城镇单位就业人员数除以行业企业数。

（6）研发投入（*RD*）。该指标测度规模以上行业企业的 R&D 活动经费支出。

将以上各变量指标的相关数据通过 STATA 软件进行处理后，其描述性统计结果如表 4-4 所示。

表 4-4　影响制造业碳排放相关变量基本情况的统计性描述

变量	中位数	平均值	标准差	最大值	最小值
ln*EI*	2.1207	2.2163	0.4936	2.4715	1.8143
FDI	0.2716	0.3129	0.1934	1.5972	0.0011
FDIB	−0.1067	0.0374	0.3694	0.4304	−1.5076
Bias	−0.0472	0.1132	0.4527	0.5243	−0.6142
S	3.4321	4.2167	2.5320	17.1624	0.6325
SZ	0.1231	0.1965	0.2653	1.9162	0.0196
ln*RD*	13.7920	14.1365	1.2973	16.5491	10.2196

从表 4-4 中可以看出，ln*EI*、*FDI*、*FDIB* 的平均值分别为 2.2163、0.3129、0.0374，标准差分别为 0.4936、0.1934、0.3694，各变量的标准差均较小，表明

各变量的样本数据离散程度小，变量的均值分布具有较好的代表性。行业结构（S）在最大值和最小值的两极值之间相差较大，$FDIB$ 交互项的最大值与平均值具有较大差距，RD 变量同其他解释变量间数值存在较大差异，说明制造业在行业结构、FDI 与技术进步偏向的交互项、研发投入方面存在一定差异。

4.4.2　单位根检验与面板数据模型回归分析

为使面板数据在分析时具有平稳性，本部分选取时间序列平稳性检验方法（以下简称 ADF 检验）及 IPS 方法进行检验，结果如表4-5所示。

表4-5　制造业面板数据平稳性的单位根检验

相关变量	ADF 检验值	IPS 检验值
lnEI	109.2367***	−1.8103**
FDI	138.5732***	−3.2645***
$FDIB$	189.3621***	−4.9876***
$Bias$	178.8964***	−3.9783***
S	63.2317	−2.2361**
SZ	108.6275***	−4.1325***
lnRD	101.8968***	−4.1273***

从表4-5的结果来看，除行业结构（S）在 ADF 检验中不显著外，其余变量的 ADF 检验和全部变量的 IPS 检验均显著，表明面板数据可满足实证的平稳性要求。通过单位根平稳性检验后，将整理的数据通过设定的计量实证模型进行分析，回归结果如表4-6所示，模型（1）主要解释变量 FDI、$Bias$ 对被解释变量 EI 的影响；模型（2）、模型（3）和模型（4）为逐渐添加控制变量行业结构（S）、行业规模（SZ）、研发投入（RD）后对被解释变量 EI 的影响。

表4-6　FDI、技术进步偏向与碳排放的回归检验

变量 ＼ 模型序号	（1）	（2）	（3）	（4）
FDI	−0.0798 （−0.6794）	−0.1496 （−1.2932）	−0.1432 （−1.2109）	−0.0552 （−1.1256）

续表

模型序号 变量	（1）	（2）	（3）	（4）
FDIB	0.1576* （−1.6951）	0.1826* （−2.1153）	0.1902** （−2.1325）	0.2849*** （−3.2153）
Bias	−0.0397 （−1.7102）	−0.0504* （−1.8943）	−0.0497** （−2.1978）	−0.0801*** （−3.1237）
S		0.0614** （−2.2173）	0.0512* （−1.8972）	0.0715*** （−2.8731）
SZ			−1.2964*** （−2.8736）	−0.7986** （−2.2837）
ln*RD*				0.3876*** （−3.3125）
C	7.5634*** （−131.6582）	7.2827*** （−87.8861）	7.6120*** （−69.7863）	2.2347 （−1.3127）
行业固定效应	是	是	是	是
时间固定效应	是	是	是	是
样本总量	270	270	270	270
R^2	0.356	0.428	0.455	0.549
F	11.69	16.87	17.52	20.39

注：括号内为 t 统计量。

根据制造业面板回归数据可以看出，FDI 的系数为负值，表明 FDI 通过技术溢出效应带来了先进的生产技术和管理经验，且节能减排技术也有效提高了能源使用效率，降低了碳排放。企业规模的回归系数为负值且统计量显著，说明企业规模扩张所产生的规模经济将导致产品成本降低，资源和能源的使用效率得以提高，促进了碳减排。假说 1 得到了验证。但 4 个模型中 FDI 统计量的数值均不显著，表明可能存在内生性问题，因此后续需变更回归方法继续对其进行讨论。

FDI 和技术进步偏向交互项 *FDIB* 的系数为 0.2849，通过了 1%的显著性检验，表明 FDI 通过技术进步偏向资本使生产规模扩大，对碳排放产生了正向促进作用；通过技术进步偏向劳动使企业能源消耗和资源消耗得到节约，降低了碳排放。进而验证了理论分析假设的正确性，验证了假说 2。

企业 R&D 投入的系数为正，且通过了 1%的显著性检验，表明增加 R&D 投入将会促进碳排放。该实证结论与假说 3 不相符，且与我们对研发投入的一般认识也不尽相同。其可能的原因在于，尽管清洁技术的研发和引进会使资源能源利用效率提高并减少碳排放，但这需要具备一定经济发展水平和突破行业技术吸收能力门槛等条件，在此之前增加 R&D 投入将更多地提高导致生产规模扩大的技术水平，从而使资源消耗和能源消耗增加并促进了碳排放。从长远看，增加 R&D 投入将使行业整体技术水平提升，并最终减少碳排放。

4.4.3　动态面板模型的 GMM 拓展分析

FDI 和技术进步偏向可通过技术溢出效应和改变要素投入比例来影响制造业的碳排放，但碳排放量的大小对 FDI 也有所影响，即可能存在双向的因果关系。如果碳排放量比较大，在环境规则政策强化条件下，会寻求和引进有清洁生产技术的 FDI，从而改变 FDI 中清洁技术的占比，同时 *FDI* 和 *EI* 会受到要素相对价格等其他因素的共同作用。此外，面板数据中宏观变量间的互相影响或实证模型设定分析变量的遗漏，以及统计误差等均会造成内生性问题。因此，为消除变量之间的内生性，本部分采取动态面板的 GMM 分析方法，对内生变量 *FDI* 加入碳排放的二阶滞后项，采用时间固定效应，进行动态面板数据分析。

考虑到制造业各行业间资本—劳动要素比存在着较大的差异性，借鉴陈晓玲（2015）的处理方法，将 27 个细分行业根据资本—劳动比的中位数划分为表 4-2 中的 10 个资本密集型行业和 17 个劳动密集型行业，然后仍以 2009~2018 年为样本期间，分别从制造业整体、资本密集型制造业和劳动密集型制造业进行计量回归，结果如表 4-7 所示。

表 4-7　制造业动态面板的 GMM 回归检验

变量	制造业整体	资本密集型制造业	劳动密集型制造业
	ln*EI*	ln*EI*	ln*EI*
FDI	−21.3265 ***	−12.6952 ***	63.4927 **
	(−2.8569)	(−2.7942)	(−2.4526)
FDIB	0.5282 ***	8.2516 **	0.4120
	(−2.8761)	(−2.1364)	(−0.7234)
S	0.4132 *	0.4264 ***	1.8768 *
	(−1.9216)	(−2.8644)	(−1.7964)

续表

变量	制造业整体 ln*EI*	资本密集型制造业 ln*EI*	劳动密集型制造业 ln*EI*
SZ	-3.8524*** (-4.3972)	-3.2365*** (-5.7260)	-16.9658 (-0.8972)
ln*RD*	0.9876*** (-2.6957)	0.8968** (-2.1652)	1.9217** (-2.1876)
Constant	-2.2672 (-0.7065)	-4.7542 (-0.9107)	-39.9857** (-2.2653)
样本总量	270	100	170
R^2	0.0213	0.0376	0.0325

通过 GMM 检验，发现 *FDI* 统计量在 5% 和 1% 水平上均表现显著，表明 FDI 的增加对制造业整体碳排放具有显著的抑制作用。分类回归检验的另一个重要发现是资本密集型制造业的 *FDI* 系数显著为负，但其绝对值要比制造业整体小，表明资本密集型制造业 *FDI* 的增加抑制了碳排放，其程度要低于制造业整体；而劳动密集型制造业 *FDI* 的引入与碳排放显著正相关，促进了碳排放。该实证结论与我们的一般认识不相符。其可能的原因在于：对制造业整体和资本密集型制造业来讲，因 FDI 引入的技术溢出效应使生产技术水平和生产效率的提高，要素供给增加和生产规模扩大所带来的能源消耗和碳排放增加量小于因为节能减排技术带来能源使用效率和能源结构优化的减排量，从而使制造业整体碳排放量减少。对劳动密集型制造业来讲，FDI 技术溢出的吸收存在一定的"规模门槛"，即劳动密集型制造业的资本规模一般较小的特点导致其无法便利地从 FDI 中获得技术溢出效应，对生产规模扩大的动力要大于吸收节能减排技术的动力，进而带来碳排放的显著增加。

FDI 和技术进步偏向交互项 *FDIB* 的系数为 0.5282，通过了 1% 的显著性检验，相较于制造业整体，在资本密集型制造业中，*FDIB* 与碳排放显著正相关，且系数为 8.2516，对促进碳排放的作用更大；而在劳动密集型制造业中，*FDIB* 的系数并不显著。表明 FDI 在资本密集型制造业应通过要素累积效应使技术进步偏向资本的程度日趋加深，且要素的规模效应大于价格效应，使资本要素投入增多，不断扩大生产规模，从而增加碳排放量。假说 2 进一步得到了验证。

R&D 投入方面，制造业整体与碳排放正相关。资本密集型制造业和劳动密集型制造业的 *RD* 统计量在 5% 水平上与碳排放正相关，且研发投入的增加对劳动密集行业碳排放的增加更多。该实证结论与表 4-6 模型的检验结论相同，与假说 3 不相符。主要原因在于：对资本密集型制造业而言，在一定阶段内 R&D 资金的增加会提升行业整体生产技术水平与产品质量，随着市场竞争力的增强和生产规模的持续扩大，资源和能源等要素投入增加从而促进碳排放；而劳动密集型制造业生产技术水平相较资本密集型行业要求较低，企业会把 R&D 资金更多地投入到产品生产的规模化方面，对清洁技术的研发投入较少，因此 R&D 资金投入的增加并未促进碳减排，反而增加了碳排放。

4.5　基本结论与政策启示

4.5.1　基本结论

主要研究结论分为三个方面：其一，FDI 的引入对我国制造业碳排放的整体影响呈负相关关系，在制造业各细分行业内部存在差距。就资本密集型制造业而言，FDI 的引入对碳排放具有抑制作用，但减排程度低于制造业整体，而对劳动密集型制造业而言，FDI 的引入与碳排放呈正相关关系。其二，FDI 和技术进步偏向的交互作用与碳排放显著正相关，两者的交互作用使偏向资本的技术进步促进生产规模扩大，对碳排放产生了正向促进作用，而偏向劳动的技术进步对碳排放影响不显著。样本期内，FDI 通过要素累积效应，在使行业结构的资本密集度增加的同时使资产、能源的投入增加，最终使技术进步偏向资本，对碳排放的影响程度进一步加深。其三，企业 R&D 资金投入的增加需达到一定的门槛，当大部分企业具备吸收技术溢出的能力与清洁技术研发的能力时，才使行业整体技术水平提升，减少行业碳排放。

4.5.2 政策启示

基于以上研究及我国经济社会发展的现实需求，提出如下建议：

（1）发挥政策引导，大力支持节能技术的引进和研发。制造业是资源消耗和能源消耗巨大的行业，"十四五"时期亟须持续加大研发投入，通过制造业企业清洁生产技术的自主研发与FDI引入的节能技术吸收，从根本上以"绿色制造""智能制造"实现制造业的低碳转型。政府具体可从以下三个方面着手：一是通过积极支持制造业企业在清洁生产、清洁能源利用等技术领域的研发投入，对引进或购买的低碳生产技术进行消化吸收，以促进企业研发出适宜的能源节约技术和清洁生产模式。二是要进一步加大清洁技术研发资金补贴等政策激励力度，营造节能和技术创新的生产环境。在我国目前相关节能减排项目补贴等政策的基础上，"十四五"时期应围绕工业4.0、新能源等制造业新业态，出台相关的财政金融支持政策与税收优惠政策，着力突破低碳节能、储能智能等关键技术，并在行业内进行示范推广应用。三是要强化能源资源节约与生态环境保护，推进制造企业能源资源消费的结构优化。严控高耗能、高排放项目的审批，由此促进外商直接投资企业和国内企业及相关机构加大对新能源技术的开发力度与使用规模，推广先进的低碳节能技术及清洁生产技术，提高能源利用效率。

（2）深化有关外商直接投资的环保监督体系改革，合理设计环境规制政策。一是加强对FDI引入的管理规制。在我国发展环境面临深刻复杂变化的"十四五"时期，既要全面扩大开放，加大稳外资外贸力度，又要贯彻"十四五"规划建议"加快推动绿色低碳发展"的要求，强化绿色节能技术的FDI引入与国际研发合作，以更好促进FDI低碳节能及清洁技术的溢出。完善外资控股公司相关产业链的管理，规定高耗能产品生产准则，促进行业良性竞争；严格落实《中华人民共和国环境保护法》的外资监管要求，遏制外资企业提供过多的高能耗、高污染生产技术，有效促进FDI的环保技术溢出。二是加快实施环境税收政策，制定严格的技术准入机制和行业准入机制。在环境规制过程中通过区别征收环境税加大高污染制造企业的产品成本，提高研发清洁技术企业的相对收益，激励企业进行节能技术创新，引导企业向绿色低碳转型。三是完善相关环境法律法规，明确污染物排放标准和违规惩罚措施，进一步建立多方监管机制。严惩不符合环境排放标准的企业，提高制造业节能减排的整体技术水平。

（3）持续调整 FDI 引入结构，促进制造业技术升级。根据近年来海关总署数据，目前我国制造业出口多以机电产品和劳动密集型的高碳排放制造产品为主，而高端引领性的、内含绿色制造关键技术的产品则总体占比较少，产生了大量碳排放与环境污染等问题。因此，为促进制造业结构优化升级与节能减排目标的实现，除加大低碳技术研发投入外，必须兼顾减排技术的引进；对引进 FDI 的生产技术和工艺装备等进行严格管控，提升外资进入的技术门槛与环境标准。通过对低碳节能及清洁技术的示范推广，增强 FDI 对国内制造业的技术外溢，以提升我国制造业产品的减排技术含量，达到经济发展与制造业碳减排技术进步的双赢效果。

5 双碳目标下碳减排促进制造业高质量发展的驱动效应

为应对全球气候变化和有效落实《巴黎协定》，推动我国经济社会全面绿色低碳转型和高质量发展，我国提出实现双碳（碳达峰、碳中和）目标。双碳目标的系统性引领性，将对我国"十四五"时期乃至以后较长一段时期的生态环境改善和产业质量提升带来碳减排与绿色转型的多重效应。传统粗放的制造业发展模式已不可重复，碳减排和绿色转型是我国制造业实现转型升级的必经之路。目前我国正处于实现"两个一百年"奋斗目标的中间期，双碳目标将对中国经济的转型升级、区域产业的协调发展、能源结构的调整和技术创新水平的提高产生深远影响。随着"十四五"期间中国加速推动经济社会全面绿色转型，在推进制造业高质量发展的背景下，加快在百年未有之大变局及复杂的国内外环境中实现绿色低碳发展，探究双碳目标下我国制造业的高质量发展路径，不仅有利于加快实现制造业高碳模式转型，提高产业核心竞争力，促进实体经济蓬勃发展，同时对我国生态文明建设及资源环境生态的绿色永续发展，具有重要的理论意义与现实意义。基于此，本章立足双碳目标这一国家重大战略背景，基于 2004~2020 年 30 个省份的面板样本数据，运用广义最小二乘法、GMM 等方法进行实证研究，以探究驱动我国制造业高质量发展的内在机理和发展路径。

5.1 文献综述与理论假设

5.1.1 文献综述

目前对绿色低碳和高质量发展的研究主要集中在以下四个方面：其一，制造业的低碳发展和清洁发展促进绿色技术创新。付华等（2021）认为，低碳转型将降低能源资源消耗和碳排放，引导制造业绿色创新发展，促进技术进步和经济效益提升，实现产业社会效益的正向溢出；庄芹芹等（2020）通过对产业创新速度与创新效应的耦合互动进行研究，认为实现制造业高质量发展的关键在于低碳技术创新。在此基础上，毕克新等（2017）运用结构升级模型实证检验发现，制造业结构转型升级与低碳技术突破性创新之间具有内在的互动关系；李新安（2021）通过运用我国省际面板数据进行绿色技术创新与高质量发展的空间杜宾模型实证研究，发现绿色技术创新已成为经济低碳转型与高质量发展的重要支撑，并表现出显著的本地集聚效应和省际溢出效应。其二，绿色低碳促进制造业的能源使用效率的提高与产业竞争力的提升。林伯强（2021）通过研究认为，降低能源排放强度的技术研发有助于制造业的绿色转型；唐孝文等（2019）、李新安（2020）分别从能源效率、竞争力和绿色技术创新等视角进行分析发现，制造业绿色转型与低碳经济的创新性结合，将为我国制造业价值链攀升提供强劲动力。此外，焦帅涛和孙秋碧（2021）从不同角度探究了产业绿色创新与制造业结构升级的相互促进作用；曾刚等（2021）研究分析发现，创新驱动和绿色发展对资源型城市转型的推动作用显著，在能源使用效率提升方面，绿色技术创新的贡献尤为突出。其三，立足新发展格局，绿色低碳已成为制造业未来的发展方向。李新安和李慧（2022）基于双碳和"双循环"两个目标，提出要实现制造业的彻底绿色低碳转型，须兼顾经济效益、生态环境效益及社会效益，优化行业结构，持续开展绿色技术创新，以推动"双循环"提升产业的国际竞争力；姜博和马胜利（2020）通过构建计量估计模型，实证分析了产业结构、能源消费强度等与碳排放间的作用规律，研究发现推进制造业节能减排和绿色低碳转型，有助于提升区域经济发展质量和产业竞争力。其四，除此之外，还有一些学者对制造业高质量发展内涵及其路径进行了研究。冯娟（2022）、高培勇等（2020）等从发展理念、质量与效益、动力变革、清洁高效等方面概括了制造业高质量发展的内涵特征。覃予和王翼虹（2020）指出高质量发展可由经济增长率、科技创新能力、人力资源水平、金融体系效率和市场资源配置五个维度组成。李新安（2021）研究发现，制造业发展仍面临绿色发展竞争力较弱、质量品牌建设相对滞后等问题，并提出了推动制造业高质量发展的关键是推行绿色制造和智能制造。

通过对以上文献的梳理发现，关于现有制造业高质量发展的研究主要集中于绿色低碳、能源效率等方面，但面向双碳目标下的制造业高质量发展指标体系构建，双碳目标下绿色技术创新驱动我国制造业高质量发展的内在机理及实证研究则较为鲜见。

5.1.2 理论分析假设

双碳目标既是我国应对全球气候变化和实现绿色发展提出的前瞻性、战略性目标，也是立足当前经济发展形势，对我国未来几十年经济社会发展转型所进行的长远战略考量。双碳目标以实现碳达峰为必要条件，实现双碳目标有利于高碳产业的高资源消耗模式向低碳产业的清洁发展方式转变。首先，这意味着产业发展在不增加化石能源消耗的基础上实现碳减排，并逐渐与碳排放完全脱钩，达到经济持续发展与产业结构优化升级且化石能源与碳排放不断下降的目标。从而必然要求通过加快低碳偏向的绿色技术创新研发，在尽量降低产业发展对化石能源依赖的同时，加强新能源、可再生清洁能源对化石能源的替代（李新安和李慧，2019），实现碳排放的提前达峰。其次，双碳目标有利于低碳发展模式形成。我国提出双碳目标，是把气候治理、环境保护与产业绿色发展摆在同样的战略位置，即以实现碳达峰为必要条件，提高产业绿色低碳转型，引导制造业高质量发展。再次，利用先进技术从产业源头上减少碳排放，使减碳贯穿整个产业发展过程，促使从末端治理向注重源头预防和源头治理的有效转变。最后，双碳目标作为外生约束机制，以实现碳减排为出发点，通过绿色技术创新推动行业技术进步，促进制造业高质量发展。基于此，本章提出以下假设：

假说1：双碳目标下碳减排引发绿色技术创新，进而对制造业高质量发展具有显著促进作用。

双碳目标将产生影响产业发展质量提升的结构优化升级倒逼机制，从而为我国制造行业结构变革带来深远影响。从世界碳排放量来看，我国是全球最大的温室气体排放国，能源消耗产生了较多的温室气体，特别是工业中的制造业碳排放占比较大。因此，为实现双碳目标，全面构建清洁低碳的生产体系是我国制造业提高产品绿色竞争力，实现高质量发展的重要途径。在未来，我国能源结构中清洁绿色能源、可再生能源的比重将大幅度提升，新能源产业链比重不断上升，必将引起相关设备制造向绿色智能转化。从当前产业布局来看，随着先进储能技术的应用和能源结构的逐步优化，煤炭等化石燃料的供应将逐渐减少，风能、电能、核能、氢能等新能源与可再生能源的利用率将会不断增加，制造业的绿色产生链和低碳价值链将逐步形成，并最终推进产业结构的低碳型优化。因此，应立足我国超大规模市场优势与现有一定低碳产业的优势，推动能源结构优化、产业结构调整、重点制造行业能效提升，使碳排放总量增速变缓。基于此，本章提出以下假说：

假说2：双碳目标有利于促进制造行业结构优化，实现清洁绿色转型。

基于假说1，本章其余部分将在设立实证分析模型基础上，通过构建相关综合评价指标体系对我国制造业发展质量进行测度，并运用所建模型对双碳目标驱动我国制造业高质量发展的内在机理进行实证分析。

5.2　实证研究设计

5.2.1　实证模型构建

为检验双碳目标下碳减排对制造业发展质量的影响，将碳排放强度纳入制造业高质量发展的研究框架。构建基础模型如下：

$$\ln MDL_{it} = \beta_0 + \beta_1 \ln CE_{it} + \sum \gamma_j x_{jit} + \delta_t + \varepsilon_{it} \tag{5-1}$$

式（5-1）中，i 代表地区，t 代表时间；MDL 是被解释变量，代表制造业发展质量；CE 是核心解释变量，代表碳排放强度；x_{jit} 代表选取的一系列控制变量；β_0 为截距项；δ_t 是时间固定效应；ε_{it} 是随机误差项，式（5-2）~式（5-5）相关变量意义相同。

在双碳目标下，碳减排会引起绿色技术创新，进而对制造业高质量发展有促进作用。因此，探究双碳目标下碳减排对制造业高质量发展的影响，可能存在以"绿色技术创新"为中介变量的相关效应。基于此，构建中介效应的检验模型如下：

$$\ln GTI_{it} = \beta_0 + \beta_1 \ln CE_{it} + \sum \gamma_j x_{jit} + \delta_t + \varepsilon_{it} \tag{5-2}$$

加入中介效应后的检验模型为：

$$\ln MDL_{it} = \beta_0 + \beta_1 \ln CE_{it} + \beta_2 \ln GTI_{it} + \sum \gamma_j x_{jit} + \delta_t + \varepsilon_{it} \tag{5-3}$$

式（5-3）中，GTI 代表绿色技术创新。

进一步地，为研究双碳目标下制造业结构优化升级的效应，设定如下模型进行检验：

$$\ln MSO_{it} = \gamma_0 + \gamma_1 CE_{it} + \gamma_2 \ln eco_{it} + \gamma_3 \ln lab_{it} + \gamma_4 \ln inv_{it} + \gamma_5 \ln exp_{it} + \delta_t + \varepsilon_{it} \tag{5-4}$$

式（5-4）中，i 代表地区，t 代表时间，γ_0、γ_1、γ_2、γ_3、γ_4、γ_5 代表变量系数。MSO 是被解释变量，代表制造业结构优化率；CE 是解释变量，代表碳排放强度；eco、lab、inv、exp 依次代表地区生产总值、劳动投入、固定资产投资和出口。

依照式（5-2）和式（5-3），构建双碳目标下碳减排影响制造业结构升级的中介效应检验模型如下：

$$\ln GTI_{it} = \gamma_0 + \gamma_1 CE_{it} + \gamma_2 \ln eco_{it} + \gamma_3 \ln lab_{it} + \gamma_4 \ln inv_{it} + \gamma_5 \ln exp_{it} + \delta_t + \varepsilon_{it} \tag{5-5}$$

$$\ln MSO_{it} = \gamma_0 + \gamma_1 CE_{it} + \gamma_2 \ln GTI_{it} + \gamma_3 \ln eco_{it} + \gamma_4 \ln lab_{it} + \gamma_5 \ln inv_{it} + \gamma_6 \ln exp_{it} + \delta_t + \varepsilon_{it}$$

$$\tag{5-6}$$

5.2.2 数据来源与变量设定

本部分以 2004~2020 年 30 个省区市的数据作为样本（西藏、港澳台地区数据缺失严重，故不予考虑）。原始数据来源于历年《中国统计年鉴》《中国能源统计年鉴》《中国科技统计年鉴》《中国城市统计年鉴》和国家知识产权局官网，以及各省统计年鉴。具体变量设定如下：

（1）被解释变量：制造业发展质量（MDL）。《中国制造2025》提出制造业高质量发展必须实现由低成本竞争优势向高质量效益竞争优势转变、由要素驱动向创新驱动转变、由粗放制造向绿色制造转变和由生产型制造向服务型制造转变。基于此要求，在参照江小国等（2019）等的基础上，我们从经济效益、技术创新、绿色发展、结构优化，以及社会效益五个方面，构建了制造业发展质量的综合评价指标体系，从而形成5个一级指标系统的16个测度指标体系（采用熵权法进行测度，此方法具有计算简单、客观准确的特点），如表5-1所示。

表5-1 我国制造业发展质量综合评价指标体系

评价目标	一级指标	二级指标	评价指标的衡量方法说明	指标属性
制造业高质量发展	经济效益	全员劳动生产率	工业总产值/全部职工人数	正向
		销售利润率	营业利润总额/主营业务收入	正向
		经济增长贡献率	工业增加值/GDP	正向
	技术创新	技术创新投入水平	制造业R&D支出/制造业主营业务收入	正向
		技术创新产出水平	有效发明专利数/制造业R&D经营支出	正向
		技术创新效益	新产品销售收入占新产品开发经费支出的比重	正向
	绿色发展	资源利用水平	工业能源消耗总量/工业增加值	负向
		环境治理水平	节能环保支出/一般公共预算支出	正向
		废弃物利用强度水平	固体废弃物综合利用量/固体废弃物产生量	正向
		绿色发展水平	绿色专利数/专利总量	正向
	结构优化	产业结构	高技术制造业主营业务收入/制造业主营业务收入	正向
		产品结构	工业新产品销售收入/工业主营业务收入	正向
		产业质量	产品优等品率	正向
	社会效益	税收贡献	税收收入/地区生产总值	正向
		就业贡献	工业企业就业人数/总就业人数	正向
		收入分配	从业人员平均工资	正向

制造业结构升级（mso）。党的十九届六中全会提出，要加快实施"十四五"系列规划，保持制造业比重基本稳定，提升产业创新能力，增强产业链供应链稳定性和竞争力，推进结构优化升级和工业领域碳达峰，奋力开创制造强国的新局面①。制造业结构优化升级是我国碳达峰的转折点，因此本部分参照郭晓蓓

---

① 中共十九届六中全会在京举行 [N].人民日报，2021-11-12（01）.

（2019）的指标测算，用高新技术制造业总产值在整个制造业总产值中的占比来衡量制造业结构升级程度，作为被解释变量。

（2）解释变量：碳排放强度（*ce*）。将碳排放强度作为碳减排影响制造业发展的核心解释变量进行测度，具体以单位 GDP 二氧化碳排放量来衡量。

（3）中介变量：绿色技术创新（*gti*）。借鉴李子豪和白婷婷（2021）的做法，在国家知识产权局的专利检索平台上获取各省区市不同年份的绿色专利数，用来衡量各地区绿色技术创新水平。

（4）控制变量：为了保证结论的一致性，对以下相关变量进行控制。人力资本水平（*edu*），选取人均受教育年限来衡量；政府支持力度（*gov*），选取一般公共预算支出占地区 GDP 的比重来衡量；经济发展水平（*eco*），选取地区生产总值来衡量；劳动力投入（*lab*），选取地区劳动力就业人数来衡量；固定资产投资（*inv*），选取地区制造业固定资产占地区总资产的比重来衡量；出口规模（*exp*），选取地区出口占地区 GDP 的比重来衡量。

考虑到变量间的差异，对以上指标均采用取对数的方法来衡量。变量的统计性描述如表 5-2 所示。

表 5-2　相关指标变量的统计性描述

变量	样本数	均值	标准差	最小值	最大值
ln*MDL*	510	-1.4592	0.3246	-2.4753	-0.6861
ln*mso*	510	-2.8664	1.0076	-6.0752	-0.3925
ln*ce*	510	0.8643	0.7271	-1.4835	4.3552
ln*gti*	510	6.6357	1.7612	1.6095	10.3548
ln*edu*	510	2.1641	0.1218	1.8536	2.9835
ln*gov*	510	-1.5882	0.4095	-2.5672	-0.4422
ln*eco*	510	9.3991	1.0336	6.1327	11.6151
ln*lab*	510	4.421	1.0447	1.9026	6.9283
ln*inv*	510	-1.1146	0.3218	-2.7242	-0.6068
ln*exp*	510	-2.4273	1.0076	-5.4732	-0.0049

5.3 实证检验与结果分析

5.3.1 碳减排对制造业发展质量的影响分析

为确保回归参数估计量表现出良好的统计性质，考虑到各解释变量与被解释变量间随机因素可能产生的影响，对碳排放与制造业发展质量间的关系采用最小二乘法回归分析，基准结果如表5-3所示。其中模型1和模型2分别是没有考虑控制变量的回归结果和考虑控制变量后的回归结果。通过对比发现，无论是否引入控制变量，碳排放均显著为负，且通过1%的显著性水平，说明降低碳排放量可显著促进制造业发展质量的提升。从控制变量来看，人力资本水平、政府支持力度、经济发展水平，以及出口均显著为正，说明这些变量有助于提高制造业的发展质量。

考虑到我国各省区经济发展、要素资源禀赋结构等相对差异及各地制造业所处发展阶段的不同，碳排放对各区域制造业发展质量的影响也表现出一定差异性。因此，将全国层面数据分为东部地区、中部地区和西部地区3个分样本，并利用模型3至模型5依次对3个分样本进行了回归检验，结果如表5-3的第4~6列所示。从表中可以看出，东部地区制造业发展质量的碳排放回归系数绝对值最高、中部地区和西部地区依次降低，表明碳排放对各地区制造业的发展质量影响呈现一定的空间分异特征。在政府支持力度方面，东部地区制造业发展质量的回归系数为0.6950，而中西部地区则分别仅为0.2892和0.0399，且西部省份未提高显著性检验，各地区差异性较为明显。在教育程度和出口规模等变量方面，也表现出地区差异较明显的特征，说明地区要素资源结构等方面差异的累积效应已成为影响制造业发展质量提升的关键因素，其可能原因与各地区经济社会发展等所处阶段有关。东部地区经济发达且多处于后工业化阶段，创新人才、政府研发资本支持等高端要素的聚集非常有利于制造业的发展质量提升；而位于经济相对落后的中西部地区多处于工业化中期阶段，高层次人才、政府研发资本支持等高端要素不足，导致经济发展对资源环境的过度依赖，从而对制造业的发展和质量提升造成负面影响。此外，一个地区的经济社会发展水平在较大程度上能够对区域绿色技术创新产生重大影响，具有较高经济水平的地区能够通过较大规模的政府研发资金等系列支持，提升地区制造业的技术水平（李新安和李慧，2021）；同时经济发达地区的贸易频繁往来及产业资金区际流动所产生的行业技术溢出，对推动地区行业技术水平提升等方面产生了重要影响；东部地区发达的金融市场，持续集聚的高新技术人才，规模巨大的政府研发投入等优势造就了该地区制造业发展质量高于其他地区。

表 5-3　碳减排对制造业高质量发展的影响结果

变量	模型 1	模型 2	模型 3	模型 4	模型 5
	$\ln MDL$	$\ln MDL$	$\ln MDL$	$\ln MDL$	$\ln MDL$
$lnce$	-0.3496 *** (0.0134)	-0.1963 *** (0.0169)	-0.2471 *** (0.0174)	-0.1765 *** (0.0133)	-0.1352 ** (0.0459)
$lnedu$		0.7091 *** (0.0897)	0.7873 *** (0.1174)	0.5546 *** (0.1623)	0.4182 *** (0.1492)
$lngov$		0.147 *** (0.0276)	0.6950 ** (0.0443)	0.2892 *** (0.0408)	0.0399 (0.0519)
$lneco$		0.0831 *** (0.0105)	0.6672 *** (0.0162)	0.1843 *** (0.0163)	0.1285 *** (0.0262)
$lnexp$		0.0970 *** (0.0103)	0.1182 *** (0.0128)	0.0948 *** (0.0885)	-0.0135 (0.0285)
$Constant$	-1.1593 *** (0.0142)	-3.1342 *** (0.2247)	-3.1574 *** (0.3691)	-2.7941 *** (0.3235)	-3.5092 *** (0.4236)
$Control\ Variable$	NO	yes	yes	yes	yes
$Observations$	510	510	187	170	153
R^2	0.6091	0.8105	0.8410	0.8726	0.6482

注：括号内是经 Robust 修正后的 t 统计量，*、**、***分别表示在 10%、5% 和 1% 的水平上显著，下同。

为检验以上结论的正确性，参照刘鑫鑫和惠宁（2021）的方法，从以下三个方面进行工具变量检验：首先，将碳排放滞后一期作为碳排放的工具变量，运用工具变量法来解决内生性问题；其次，截取 2006～2019 年的数据重新做回归分析；最后，对所有变量进行1%的双边缩尾处理。回归结果如表5-4所示。根据工具变量回归检验结果发现，加入控制变量后，其回归显著性明显下降，说明双碳目标下降低碳排放，促进制造业高质量发展的结论稳健性相对不强。其原因可能在于双碳目标下影响制造业发展质量的衡量指标具有多样性和不确定性。因本部分主要探究碳减排对制造业发展的影响，结果的显著性水平亦能够接受。在双碳目标下碳排放亦可促进制造业发展质量提升。

表5-4　工具变量法回归结果

变量	缩尾变量回归（未加控制变量）	缩尾变量回归（增加控制变量）
	ln*MDL*	ln*MDL*
Wlnce	−0.4402*** (0.0136)	−0.0886** (0.0372)
Wlnedu		0.1291 (0.0795)
Wlngov		0.1743*** (0.0312)
Wlneco		0.2285*** (0.0301)
Wlnexp		0.0586*** (0.0119)
Constant	−1.0783*** (0.0115)	−3.3874*** (0.3552)
Control Variable	No	yes
Observations	450	450
Number of pm	30	30

5.3.2　碳减排对制造业结构升级的影响

考虑到可能存在的内生性问题，对模型进行基本固定效应回归及加入滞后一期的工具变量回归后，具体回归结果如表5-5所示。

表 5-5　双碳目标对制造业结构升级的影响分析

变量	模型 6	模型 7
	lnMSO	lnMSO
lnce	−0.3016 ***	
	(0.0838)	
Wlnce		−0.4684 ***
		(0.157)
lneco	−0.2068 ***	−0.2509 **
	(0.0714)	(0.1183)
lnlab	0.351 ***	0.3561 ***
	(0.0870)	(0.0797)
lninv	−0.2715 ***	−0.2273 ***
	(0.0796)	(0.0712)
lnexp	0.4126 ***	0.3938 ***
	(0.0549)	(0.0521)
Constant	−1.5203 **	−1.0105
	(0.6792)	(1.1374)
Observations	510	480
R^2	0.1843	0.1627

根据表 5-5 的回归检验结果，可发现模型 6 和模型 7 中，双碳目标下碳减排对制造业结构升级均具有显著的促进作用，这与国家和各地区针对双碳目标制定的相关政策及产业调整措施有关。实际上，自 2020 年 9 月以来，我国已出台的涉及碳达峰、碳中和的政策超过 20 项，2021 年 10 月 24 日，《中共中央　国务院关于完整准确全面贯彻新发展理念做好碳达峰碳中和工作的意见》发布，同年 10 月 26 日，《2030 年前碳达峰行动方案》印发。此外，各地也持续出台碳减排相关政策，加大对双碳目标顶层设计的响应力度，在降低高碳产业规模的同时，通过政策引导产业绿色技术创新与经济结构优化，促进产业向清洁生产、绿色低碳发展，关于碳减排的双碳政策体系正在加快形成。

在模型 6 中，各控制变量均通过 1% 的显著性水平检验，其中劳动力投入和出口均对制造业结构升级具有正向促进作用，这与各地区近年来实行的人才引进政策和促进对外开放政策有关，而地区经济水平和固定资产投资对产业结构升级具有反向抑制作用，可能的原因是：近些年，经济发展出现了泡沫化，经济发展高的地区可能实体经济发展，只看重经济发展速度，而忽略了经济发展的产业结构优化；固定资产投资系数为负可能是由于固定资产前期投入较大，回报周期较长，短期内不利于行业结构的调整，对行业结构优化具有抑制作用。在模型 7 中加入滞后一期的碳排放作为工具变量进行回归，变量显著性水平与模型 6 相比基本无变化，均通过 1% 的显著性水平检验。

5.3.3 中介效应检验

基于上述的理论分析，本部分将沿着"碳减排—绿色技术创新—制造业发展"的思路进行中介效应检验，相关变量回归结果如表 5-6 所示。根据表 5-6 的实证检验结果可以发现，当绿色技术创新作为中介变量进行回归时，制造业发展质量和产业结构优化均通过 1% 的显著水平检验，且显著系数为正，表明存在以绿色技术创新为中介变量的中介效应，假说 1 得到证实。

表 5-6 中介模型检验

变量	因变量	因变量	因变量	因变量
	绿色技术创新	发展质量	绿色技术创新	结构优化
lngti		0.1145*** (0.0113)		0.4072*** (0.0492)
lnce	-0.3981*** (0.0425)	-0.1362*** (0.0115)	-0.3265*** (0.0487)	-0.6981*** (0.0553)
lnedu	2.2916*** (0.2371)	0.4082*** (0.0633)		
lngov	0.9426*** (0.1308)	-0.1342*** (0.0341)		
lneco	1.2917*** (0.0542)	-0.1372*** (0.0198)	0.7063*** (0.0975)	-0.7646*** (0.1116)
lnexp	0.2153*** (0.0316)	0.0784*** (0.0081)	0.1543*** (0.0348)	0.0515 (0.0385)
lnlab			0.3264*** (0.0862)	0.4673*** (0.0950)

续表

变量	因变量	因变量	因变量	因变量
	绿色技术创新	发展质量	绿色技术创新	结构优化
ln*inv*			-0.6148^{***}	-0.3392^{***}
			(0.1075)	(0.1209)
Sobel		0.0001		0.0001
observations	510	510	510	510
R^2	0.9242	0.8616	0.9091	0.6732

5.3.4 异质性分析检验

考虑到我国各区域受教育程度、出口规模等差异对碳排放存在具体不同影响的实际情况，本部分分别就高教育程度区域和低教育程度区域、高出口规模区域和低出口规模等进行异质性回归检验。参照焦帅涛等（2021）的做法，将低于总样本教育程度中位数的样本集中在低教育样本，高于总样本教育程度中位数的样本集中在高教育样本。高低出口规模和高低固定资产投资存量的回归处理方式与高低教育程度的处理方式一致。规模回归结果分别如表5-7、表5-8所示。

表5-7 碳排放与制造业发展质量异质性检验结果

变量	高教育程度	低教育程度	高出口规模	低出口规模
	ln*edu*	ln*edu*	ln*exp*	ln*exp*
ln*ce*	-0.0512^{***}	0.0057	-0.1746^{***}	-0.0108
	(0.0107)	(0.0091)	(0.0625)	(0.0493)
ln*gov*	0.0716^{***}	-0.0023	-1.2726^{***}	-0.8205^{***}
	(0.0169)	(0.0121)	(0.1161)	(0.0884)
ln*eco*	-0.0182^{**}	0.0281^{***}	-0.0836^{*}	-0.0772^{*}
	(0.0073)	(0.0059)	(0.0475)	(0.0461)
ln*exp*	0.0219^{***}	0.0041		
	(0.0152)	(0.0057)		
ln*edu*			2.2617^{***}	0.4553^{**}
			(0.4152)	(0.2126)

续表

变量	高教育程度	低教育程度	高出口规模	低出口规模
	lnedu	lnedu	lnexp	lnexp
Constant	2.6243 *** (0.0771)	1.8253 *** (0.0571)	−7.9346 *** (0.9182)	−4.6153 *** (0.5382)
Observations	255	255	255	255
R^2	0.1852	0.1768	0.3836	0.3415

表 5-8　碳排放与制造业结构优化异质性检验结果

变量	高固定资产	低固定资产	高出口程度	低出口程度
	lninv	lninv	lnexp	lnexp
lnce	−0.0178 (0.0372)	0.2165 *** (0.0278)	−0.1658 *** (0.0461)	0.0824 (0.0528)
lneco	−0.0350 *** (0.0114)	−0.1572 *** (0.0301)	−0.7456 *** (0.0651)	−0.1742 *** (0.0568)
lnlab	0.0054 (0.0127)	0.3327 *** (0.0386)	0.9516 *** (0.0646)	0.4037 *** (0.0618)
lnexp	−0.0208 ** (0.0103)	−0.0913 *** (0.0237)		
lninv			−0.8224 *** (0.1335)	−0.3442 ** (0.1693)
Constant	−0.6437 *** (0.0746)	−1.6526 *** (0.2483)	0.1000 (0.3972)	−3.6662 *** (0.5136)
Observations	255	255	255	255
R^2	0.1352	0.4735	0.4881	0.1693

　　表 5-7 中，在进行分样本异质性检验时，碳减排对制造业高质量发展的影响作用均体现在高教育程度区域和高出口程度区域，但个别变量对制造业发展的影响方向与前述分析不一致。在低教育程度区域、低出口程度区域不显著，因而需提高这些地区的教育和出口，加强碳减排对制造业高质量发展的影响。

　　表 5-8 中，在进行分样本异质性检验时，碳减排对制造业产业结构的影响体现在低固定资产投入区域和高出口程度区域，但个别变量对制造业发展的影响方向与前文分析不一致。在高固定资产、低出口程度区域不显著，因而需降低固定

资产率，提高出口程度，加强碳减排对制造业高质量发展的影响。

5.3.5 动态面板模型的 GMM 稳健性拓展分析

双碳目标可通过促进制造业发展质量提升和行业结构优化来影响制造业的碳排放，但碳排放量的大小对制造业发展质量与行业结构也有所影响，可能存在反向的因果关系。如果碳排放量比较大，在环境规制政策强化条件下，会引发制造业清洁生产技术的引进与研发，以及高碳产业过剩产能的淘汰，从而改变制造业中清洁技术的占比，导致行业结构变化。此外，面板数据中宏观变量间的互相影响或实证模型设定分析变量的遗漏及统计误差等均会造成内生性问题，使制造业发展质量和结构优化对碳减排的影响具有一定的滞后性。因此，为消除变量之间的内生性，本部分采取动态面板的 GMM 广义矩估计分析方法，对内生变量制造业发展质量与制造业行业结构加入二阶滞后项，采用时间固定效应，进行动态面板数据分析，检验结果如表 5-9 所示。

表 5-9　动态面板广义矩 GMM 估计检验结果

变量	制造业发展质量	制造业结构优化
	lnMDL	lnmso
L. lnMDL	0.8196 *** (0.0452)	
L. lnmso		0.9356 *** (0.0337)
lnce	−0.0352 *** (0.0112)	−0.0928 ** (0.0424)
lneco	0.0109 *** (0.0037)	−0.0132 (0.0224)
lnexp	0.0095 (0.0067)	−0.0143 (0.0327)
lnedu	0.0947 ** (0.0421)	
lngov	0.0018 (0.0153)	

续表

变量	制造业发展质量	制造业结构优化
	ln*MDL*	ln*mso*
ln*lab*		0.0188 (0.0422)
ln*inv*		−0.0136 (0.0337)
Constant	−0.4892*** (0.1436)	−0.1368 (0.3119)
Observations	480	480
Number of pm	30	30

表5-9中,通过GMM检验,发现制造业发展质量与制造业行业结构统计量均通过了1%的显著水平检验,同时,回归检验的另一个重要发现是制造业发展质量与行业结构的碳排放系数显著为负,但行业结构的绝对值要比制造业发展质量整体大,表明制造业结构的优化抑制碳排放的程度要大于制造业发展质量。其可能原因在于双碳目标下制造业整体发展质量提升相比结构优化是一个较为缓慢的过程,制造业通过绿色低碳、清洁生产的结构调整更容易实现碳减排。通过GMM稳健性拓展分析,可以看到双碳目标对制造业发展质量提升与行业结构优化的促进作用是显著的,并将从根本上实现制造业清洁生产,最终提升制造业发展质量。

5.4 基本结论与政策启示

5.4.1 基本结论

高质量发展是有目的地通过长期构建技术竞争优势,以持续技术创新支撑实现产业报酬递增的总括性制度与机制(高培勇等,2020)。根据双碳目标驱动制造业发展质量提升的内在机理分析,以我国2004~2020年30个省区市的面板数据进行实证研究，得出以下主要结论：其一，碳减排通过绿色技术创新的中介效应提升制造业发展质量，同时对制造业结构升级具有显著的促进作用，且通过1%的显著水平检验。其二，碳减排可显著促进制造业发展质量的提升。碳排放对各区域制造业发展质量的影响表现出一定的差异性，且对东部地区和中部地区的促进作用明显优于西部地区。由于地区差异性，在政府支持力度和出口规模方面，相对于东中部地区，西部地区的显著性不明显。碳减排对东部地区制造业发展质量的影响趋势要相对高于我国中西部地区。其三，在用动态面板模型的GMM方法进行稳健性分析时发现，制造业发展质量与行业结构的碳排放系数显著为负，但行业结构的绝对值要比制造业发展质量整体大，表明制造业结构优化对碳排放具有显著的抑制作用。本章边际贡献主要有：其一，制造业作为实体经济的主体和现代化经济体系建设的主要内容，其发展质量从根本上决定着我国"十四五"及未来较长一段时期的产业综合实力和国际地位。本章基于双碳目标深入揭示绿色技术创新驱动制造业高质量发展的内在机理，为该领域相关研究提供参考。其二，本章立足双碳目标构建制造业高质量发展的指标体系，并通过测度样本期我国30个省份的相关指标数据进行实证研究，使研究结论更具可靠性。其三，碳减排是实现双碳目标的关键步骤，本章以碳减排为切入点，提倡通过降低碳排放强度推动绿色技术创新，进而促进制造业高质量发展，在实践中更具可操作性。

5.4.2　政策启示

推动制造业绿色低碳转型和高质量发展，是我国实现双碳目标，适应经济社会新发展阶段变化与建设现代化经济体系的必然要求，也是提升我国制造业国际竞争力的重要路径。具体措施如下：

其一，坚持制造业低碳发展政策导向，着力引领行业智能化、绿色化、高端化发展。创新驱动是推动制造业高质量发展的首要因素，双碳目标对制造业发展质量提升具有很强的政策引导性。政府要完善创新创业支持政策，建立有效的创新激励制度，攻克制造业重点领域的前沿技术，以显著促进制造业发展质量的提升为目标，增加对重点制造业企业的科技研发投入，提高行业自主创新能力。因此，促进制造业高质量发展，一是要求制造行业聚焦节能减排、绿色低碳的新产品和新技术的创新研发，加快实现我国制造业向清洁生产和智能制造转型。二是要求加快经济结构的低碳化重构，这意味着促进我国行业结构的高碳产业向低碳型产业改变，构建现代产业体系。三是要求制造业在数字化、节能化和智能化方面取得重大突破，以结构低碳转型升级逐步实现零碳排和零污染，以绿色制造助力双碳目标的实现。

其二，加快行业绿色技术创新，通过创新创造实现制造业绿色化转型。在实现双碳目标的战略引领下，大力推进技术进步，坚持绿色技术创新，将绿色理念贯穿制造业全产业链，积极引导资本、资金流向高技术先进制造行业，构建节能减排、智能高端的绿色制造体系，加快推进制造业绿色化转型。通过政策支持和示范带动，全力攻克制造业"卡脖子"的行业前沿技术及瓶颈技术，开发绿色产品，创建绿色工厂，使各项污染物达标排放。同时持续对绿色制造企业进行激励，使我国制造业实现绿色发展。

其三，发挥各地区特色优势，因地制宜统筹制造业高质量协调发展。中国各地区发展极不平衡，所处发展阶段、行业结构及资源禀赋等存在显著差异，故碳排放对各区域制造业发展质量的影响表现出一定差异性。要结合各区域发展现状、区情特点统筹谋划，强化地区间的分工合作，通过构建更加有效的区域协调发展新机制，有序推动东部地区、中部地区、西部地区实现碳达峰，持续推动我国制造业高质量发展。具体来说，东部地区应发挥新兴产业、核心技术、关键零部件及装备的技术研发优势，加大自主知识产权研发和绿色技术创新力度，带动我国制造业全球价值链向中高端攀升，为实现国家整体碳达峰承担更多的责任。同时，东部地区要充分发挥我国的制度优势，采取相应政策措施，由政府相关部门统筹发展规划和空间产业布局优化，通过国内价值链的区域分工体系合理配置资源，扩大有效产出，提高中高端产品供给，实现效率、效益提升，从而提高制造业全要素生产率，为经济欠发达的中西部地区碳减排创造条件，扎实推进制造业发展质量提升，推动整体碳达峰。

其四，发挥市场配置资源的决定性作用，通过完善低碳市场政策体系倒逼制造业的高质量供给。发挥碳交易市场定价作用，实施以交易定价积极推动碳积分等政策，提高居民减排意识，助力双碳目标的实现。我国自2021年实行对用车企业平均燃料消耗量和新能源汽车"双积分"政策以来，积分交易价格上涨明显，为新能源汽车行业的稳定发展发挥了积极作用。碳积分也将运用到城市转型上，通过推动"碳普惠"，让居民享受到低碳行为的实惠，加强低碳与现实生活的交互，引导居民消费绿色产品，构建零碳社区。碳减排对制造业的结构优化作用受制于多方面，在政策引导下，多数行业的低碳转型需要一定时间，对各行业转型发展的影响程度的差异性也有待考量。因此，各地政府应立足双碳目标，加强制造业结构优化升级政策引导与低碳发展规划，实施制造业重点领域的减污降碳行动，加速建设现代化经济体系，推进制造业绿色高质量发展。

6 制造业高质量发展视域下绿色技术创新的碳排放效应

　　碳排放目前已成为全球共同应对气候变化的重大挑战。而我国作为尚处于工业化中后期阶段的发展中国家，能源总需求将在未来一段时期内持续增长，碳排放仍会呈一定的增长趋势。《中国能源发展报告2022》《BP世界能源统计年鉴2022》的数据显示，我国能源生产和消费总量均位居世界第一，其中能源消费总量达到52.4亿吨标准煤，且这种以煤炭为主的能源结构产生了大量二氧化碳，使我国经济转型与节能减排面临较大的压力。目前中国许多行业仍主要依靠资源和能源的消耗来实现发展目标，经济活动中"高投入、高消耗、低产出"的现象仍未得到根本改变。在我国能源消耗与碳排放中，制造业占据重要位置，促进制造业碳减排事关我国绿色转型发展及2030年前实现碳达峰，其关键是通过产业技术创新降低碳强度，以抵消经济增长带来的碳排放增加。促进绿色技术创新已成为我国未来较长一段时间实现绿色发展目标的重要支撑。随着"十四五"期间中国经济向绿色发展加快转型，在推进制造业高质量发展背景下，客观地识别和厘清绿色技术创新对区域环境的影响方式与作用机理，探究绿色技术创新作用于制造业碳减排的内在机制，对我国"十四五"乃至更长时期实现制造业碳减排和经济增长的双重目标寻找新的发展路径，建立绿色低碳、循环持续的现代产业体系，具有十分重要的理论价值和现实价值。

6.1 文献综述

绿色技术创新以减少资源、能源消耗和污染排放为目标。目前,关于绿色技术创新的国内外研究主要集中在影响因素和内在机理两方面。其一,影响绿色技术创新的因素主要集中在环境规制、技术溢出、政府补贴和研发投入等方面。王文普和陈斌(2013)引入波特假说,研究结果表明,随着环境规制强度的提高,企业为减少治污成本会寻求技术研发来降低排污量,从而促进绿色技术创新的发展。尤济红和王鹏(2016)研究发现,环境规制可通过引导技术研发偏向绿色创新方面,从而促进绿色技术创新进步。此外,部分学者从技术溢出的视角探究FDI 或 OFDI(对外直接投资)对我国绿色技术创新的作用机制。肖权和赵路(2020)研究发现,FDI 对绿色技术创新能力有提升作用,通过合理的政策消除技术溢出壁垒能够提升区域绿色创新能力的提升。学术界关于政府补贴和研发投入影响绿色技术创新的研究,目前结论尚不一致。Dimos 和 Pugh(2016)研究发现,没有实质性的证据证明政府补贴对绿色技术创新有影响。但是 Boeing(2016)研究的政府补贴分配对商业研发补贴的有效性,结果表明政府研发补贴挤掉了企业研发投入,减少了商业研发投资,抑制了企业创新。李广培等(2018)研究发现研发投入在环境规制对绿色技术创新的影响中起正向调节作用。其二,绿色技术创新的内在形成机理也是目前该领域的研究热点。徐建中等(2015)研究发现,企业的绿色技术创新受到企业自身的行为意愿及内在和外在控制因素两方面的影响,政府的低碳管制要对技术创新起到促进作用,并且与企业自身的创新意愿、投入能力和组织文化一起推动绿色技术创新。原毅军和戴宁(2017)通过联立方程模型实证分析了制造业绿色技术创新能力的攀升路径,结果表明,从制造业整体来看,绿色技术创新能力有助于产品或者服务质量的提升,也会增强中国制造业在国际分工的竞争力,从而提升产业附加值。

以上学者的相关论述,为研究制造业绿色技术创新的目标方向与转型路径提供了重要的思路借鉴与参考。由于我国不同地区及制造业细分行业技术创新水平的差异,发展过程中所引致的碳排放并不完全相同,突破点和措施也应有所差异。因此，有必要对具体地区和不同制造行业进行具体分析。此外，现有相关文献在实证方面，更多的是关注技术创新对碳排放的影响，没有兼顾绿色这一因素，或多将研究对象设定为绿色技术创新或制造业碳排放单一方面，在实践中具有较大的局限性。本部分建立了绿色技术创新与制造业碳排放之间的计量模型，选取 2009～2021 年中国制造业行业面板数据，通过实证研究分析绿色技术创新对制造业碳排放的影响，探寻绿色技术创新促进制造业碳减排的作用机理，为实现制造业行业绿色低碳转型和高质量发展提供借鉴，同时为相关部门制定合理有效的节能减排政策提供理论参考。

6.2　制造业绿色创新能力及碳排放的测度

6.2.1　绿色技术创新能力测算模型构建及指标选取

目前关于绿色技术创新的测算方法很多，主要有三类：一是通过数据包络分析法（DEA）和主成分分析法测算绿色技术全要素生产率。二是使用绿色专利统计数据来衡量，具体做法是收集国家知识产权局上公布的所有专利的申请信息，结合世界知识产权组织（WIPO）提供的绿色专利清单中列示的绿色专利国际分类编码，构建专利数据构造绿色技术创新指标。三是将绿色技术创新分为绿色工艺创新和绿色产品创新，分别用万元工业产值废水排放量和万元新产品产值综合能耗量来衡量。

基于研究主题，从制造业高质量发展的角度来看，绿色技术创新主要体现为在具有持续动态发展条件的情况下，减少发展对环境的不利影响与降低资源能源的消耗。而全要素生产率不仅体现出技术创新的效率，同时也代表了技术创新的质量，是判断可持续发展的重要衡量标准。基于数据可获得性，拟通过测算绿色全要素生产率来分析我国的绿色技术创新能力。DEA 是近年来评价全要素生产率的主流研究方法，因此本部分使用超效率 DEA 模型来解决相对有效决策单元的不可比问题。但实际研究中为解决超效率 DEA 模型难以求解样本数据量大等复杂线性规划问题的缺陷，一般将 DEA 模型与 Malmquist-Luenberger 生产率指数

（以下简称 ML 指数法）相结合，用于测度区域或产业的全要素能源效率。这样在引入方向性距离函数的基础上，纳入负向产出的投入产出关系的函数为：

$$\vec{D}_0(x,\ y,\ b;\ g) = \sup\{\beta:\ (y,\ b) + \beta g \in P(x)\} \tag{6-1}$$

$$P(x) = \{(x,\ y,\ b):\ (y,\ b)\} \tag{6-2}$$

式（6-1）、式（6-2）中，x 表示生产要素投入向量，y 表示正向合意产出向量，b 表示负向非合意产出向量，g 表示产出的方向向量，$P(x)$ 表示某一决策单元实际产出与生产前沿的距离，β 表示基于超效率 DEA 模型的生产前沿函数。

假设在 t 时期第 k 个决策单元的投入产出组合为 $\vec{D}_k^t$，根据超效率 DEA 理论可构造以下线性规划进行求解：

$$\vec{D}_k^t(x_k^t,\ y_k^t,\ b_k^t;\ g_k^t) = \max\beta$$

$$\text{s. t. } \sum_{k=1}^{K} a_k^t x_{km}^t \leqslant (1-\beta) x_{km}^t,\ m=1,\ 2,\ \cdots,\ M$$

$$\sum_{k=1}^{K} a_k^t y_{kn}^t \geqslant (1+\beta) y_{kn}^t,\ n=1,\ 2,\ \cdots,\ N$$

$$\sum_{k=1}^{K} a_k^t b_{kp}^t = (1-\beta) b_{kp}^t,\ p=1,\ 2,\ \cdots,\ P$$

$$a_k^t \geqslant 0,\ k=1,\ 2,\ \cdots,\ K \tag{6-3}$$

式（6-3）中，a_k^t 表示每一横截面观测值的权重。有了方向性距离函数，便可构造出 t 到 $t+1$ 期间的 ML 指数。

$$ML_t^{t+1} = \left[\frac{1+\vec{D}_k^t(x_k^t,\ y_k^t,\ b_k^t;\ g_k^t)}{1+\vec{D}_k^t(x_k^{t+1},\ y_k^{t+1},\ b_k^{t+1};\ g_k^{t+1})} \times \frac{1+\vec{D}_k^{t+1}(x_k^t,\ y_k^t,\ b_k^t;\ g_k^t)}{1+\vec{D}_k^{t+1}(x_k^{t+1},\ y_k^{t+1},\ b_k^{t+1};\ g_k^{t+1})} \right]^{\frac{1}{2}} \tag{6-4}$$

ML 指数可以进一步分解为技术效率变化（EFFCH）与技术进步变化（TECH）。技术效率变化表示由于生产者内部效率的调整引起的行业产出增长，主要源于纯技术效率变化和生产规模变化两部分，技术进步变化则表示由技术进步引起的产出增长。

$$EFFCH_t^{t+1} = \frac{1+\vec{D}_k^t(x_k^t,\ y_k^t,\ b_k^t;\ g_k^t)}{1+\vec{D}_k^{t+1}(x_k^{t+1},\ y_k^{t+1},\ b_k^{t+1};\ g_k^{t+1})} \tag{6-5}$$

$$TECH_t^{t+1} = \left[\frac{1+\vec{D}_k^{t+1}(x_k^t, \ y_k^t, \ b_k^t; \ g_k^t)}{1+\vec{D}_k^{t}(x_k^t, \ y_k^t, \ b_k^t; \ g_k^t)} \times \frac{1+\vec{D}_k^{t+1}(x_k^{t+1}, \ y_k^{t+1}, \ b_k^{t+1}; \ g_k^{t+1})}{1+\vec{D}_k^{t}(x_k^{t+1}, \ y_k^{t+1}, \ b_k^{t+1}; \ g_k^{t+1})} \right]^{\frac{1}{2}} \quad (6\text{-}6)$$

若 $ML_t^{t+1} > 1$，$EFFCH_t^{t+1} > 1$，$TECH_t^{t+1} > 1$，ML_t^{t+1}，$EFFCH_t^{t+1}$，$TECH_t^{t+1}$ 分别代表绿色全要素生产率提高、技术效率提高和行业的技术进步。

通过绿色全要素生产率测算，来衡量制造业绿色技术创新能力。在构建指标的过程中，通常包括投入、合意产出与非合意产出三部分，以考察分析地区层面的制造业绿色技术创新能力。因此，本部分选取 2009～2021 年 30 个省份（因西藏和港澳台地区的部分数据缺失，暂不考虑）的制造业投入产出变量进行测算，数据主要来源于历年《中国科技统计年鉴》《中国工业统计年鉴》《中国环境统计年鉴》，具体变量处理与说明如下：

（1）投入变量。投入一般包括资本投入与劳动投入。在资本投入指标的选取方面，目前国内学者通常用永续盘存法测算出的固定资产存量来衡量行业资本水平，该统计方法涉及各期资产存量与折旧率，但目前国内缺少对省级制造业层面的固定资本存量的统计。因此，本部分参考王唯朴（2015）的做法，用各省制造业固定资产净值与流动资产之和来衡量资本投入。在劳动投入指标的选取方面，采用目前大多数学者的做法，选取各省制造业的城镇单位就业人数来代表劳动投入。

（2）合意产出。经济产出是各地区各行业发展的共同目标，在衡量经济产出方面，大多数文献主要选用生产总值与工业增加值。由于各省制造业数据缺失的问题，本部分选取各省制造业销售产值来作为其中一项合意产出，以体现市场效益。同时，为了使生产率指标体现出制造业的创新能力，笔者通过梳理相关文献发现，专利申请量在一定程度上能够体现行业技术创新与成果创新水平，因此本部分加入制造业专利申请量来作为合意产出的补充。

（3）非合意产出。制造业行业在传统粗放型的经济发展模式下消耗大量资源，排放多种污染物，严重损害自然环境。在当前国家绿色发展的要求下，降低制造业行业污染物排放是制造业实施绿色技术创新的目标之一，因此本部分借鉴李丹青等（2020）的做法，选取工业废水、二氧化硫和固体废弃物排放量来作为非合意产出。

（4）制造业细分行业选取。本部分探究行业层面的制造业绿色技术创新能力时，选取了 2009~2021 年制造业 26 个细分行业的投入产出变量。计算处理中仍将规模以上制造行业企业作为研究对象，同时由于 2011 年前后的统计年鉴部分行业划分不同，为了统一口径，把部分年份里汽车、航天、铁路统一合并为交通设备制造业，塑料制造、橡胶制造合并为橡胶塑料制造业，剔除掉部分数据严重缺失的行业，最终选取 26 个制造行业进行统计分析。具体行业划分如表 6-1 所示。

表 6-1 制造业行业分类

编号	名称	编号	名称
（1）	农副食品加工业	（14）	医药制造业
（2）	食品制造业	（15）	化学纤维制造业
（3）	酒、饮料和精制茶制造业	（16）	橡胶和塑料制品业
（4）	烟草制造业	（17）	非金属矿物制品业
（5）	纺织业	（18）	黑色金属冶炼及压延加工业
（6）	纺织服装、服饰业	（19）	有色金属冶炼及压延加工业
（7）	皮革毛衣羽毛及其制品制造业	（20）	金属制品业
（8）	木材加工及木竹藤棕草制品业	（21）	通用设备制造业
（9）	家具制造业	（22）	专用设备制造业
（10）	化学原料和化学制品制造业	（23）	交通运输设备装置
（11）	印刷和记录媒介复制业	（24）	电气机械和器材制造业
（12）	石油加工炼焦和核燃料加工业	（25）	计算机、通信和其他电子制造业
（13）	造纸及纸制品业	（26）	仪器仪表制造业

6.2.2 绿色技术创新能力的测算结果与分析

由于 2011 年行业规模口径不一致，因此本部分将研究对象为规模以上制造业企业，但 2011 年统计年鉴中只有大中型制造业的相关数据，故采用等比取法计算出当年规模以上的制造业企业数据。

（1）制造业细分行业绿色创新能力测算结果。我国制造业各细分行业 2009~2021 年绿色创新全要素生产率数值如表 6-2 所示。从行业间来看，不同行业的绿色创新全要素生产率存在明显的差异。首先，烟草制造业绿色全要素生产率最高，主要是由于国家垄断、低排放、低污染、高利润及高投入等优势，而且面对的消费群体需求较大，技术创新速度较快。其次，专用设备制造业、通用设备制造业、仪器仪表制造业、电气机械和器材制造业的绿色全要素生产率均值较高，这类行业以技术要素投入为主，整体上高于以食品制造业、纺织业、皮毛等为主的劳动密集型制造业和有色金属、橡胶与塑料制造业、非金属制造业等为主的资源密集型制造业绿色全要素生产率。最后，木材加工及木竹藤棕草制品业、皮革毛衣羽毛及其制品制造业、家具制造业等绿色全要素生产率 ML 指数小于 1，表明这类行业原材料对自然资源依赖较大，创新水平较低；石油加工炼焦和核燃料加工业等资源型密集制造业，其绿色创新全要素生产率指数并不高，主要由于该行业加工过程中排放的污染物过大，而且能源消耗较多，技术创新更新较慢。

表 6-2　各细分行业绿色全要素生产率

年份 编号	2009~ 2010	2010~ 2011	2011~ 2012	2012~ 2013	2013~ 2014	2014~ 2015	2015~ 2016	2016~ 2017	2017~ 2018	2018~ 2019	2019~ 2020	2020~ 2021	几何均值
(1)	1.0081	0.9978	1.0013	1.0029	0.9999	1.0010	1.0007	1.0006	1.0013	1.0019	1.0016	1.0022	1.0016
(2)	0.9975	1.0039	1.0015	1.0024	1.0018	1.0016	1.0023	1.0020	1.0028	1.0026	1.0025	1.0022	1.0022
(3)	1.0075	0.9937	1.0033	1.001	1.0005	0.9984	1.0003	1.0010	1.0006	1.0020	1.0013	1.0015	1.0009
(4)	1.1455	1.2029	1.2985	1.5423	0.9768	1.3029	1.3754	1.2031	1.3621	1.3726	1.2625	1.3786	1.2991
(5)	1.0034	1.0031	0.9997	1.0002	1.0014	1.0541	0.9988	0.9997	1.0012	1.0010	1.0321	1.0134	1.0089
(6)	1.0498	0.9753	1.0401	0.9235	1.0896	1.2064	0.9096	0.9877	1.0216	1.0326	1.0292	1.2125	1.0372
(7)	1.0011	1.0047	1.0502	0.8939	0.9758	1.0224	0.9987	0.9928	1.0015	1.0107	1.0312	1.0106	0.9965
(8)	0.9324	1.1846	0.8803	0.8706	0.8448	1.0048	1.0019	1.0011	1.0018	1.0018	1.0018	1.0022	0.9731
(9)	1.4972	0.9279	0.8967	0.9665	0.8245	1.4899	0.9660	0.8459	0.9023	0.9219	1.0013	1.0021	0.9951
(10)	1.0024	0.9993	1.0008	0.9997	1.0011	0.9998	1.0008	1.0006	1.0012	1.0009	1.0010	1.0015	1.0007
(11)	0.9746	0.9813	1.0651	1.1268	0.9508	0.9800	0.9961	1.0305	0.9986	1.0318	1.0123	1.0236	1.0120
(12)	1.0008	1.0003	1.0005	1.0005	1.0004	0.9998	0.9998	1.0009	1.0006	1.0010	1.0006	1.0005	1.0004
(13)	0.9993	1.0064	1.0033	0.9982	1.0049	0.9997	1.0025	1.0024	1.0031	1.0026	1.0035	1.0033	1.0025
(14)	1.0133	1.0022	1.0054	1.0099	0.9987	0.9953	1.0044	1.0051	1.0027	1.0041	1.0032	1.0056	1.0042
(15)	1.0128	1.0006	1.0008	1.0044	0.9972	0.9984	1.0013	0.9998	1.0012	1.0008	1.0011	1.0021	1.0017
(16)	0.9924	1.0244	1.0103	1.0027	1.0317	0.9998	1.0191	1.0306	1.0423	1.0535	1.0324	1.0563	1.0232
(17)	0.9810	1.0149	1.0093	0.9769	1.0453	0.9981	1.0077	1.0172	1.0179	1.0253	1.0169	1.0326	1.0122
(18)	1.0031	1.0029	1.0064	0.9890	1.0164	0.9974	0.9984	1.0006	1.0009	1.0018	1.0039	1.0052	1.0022
(19)	0.9990	1.0123	1.0118	0.9815	1.0220	0.9992	1.0018	1.0046	1.0072	1.0112	1.0153	1.0138	1.0066

续表

年份 编号	2009~ 2010	2010~ 2011	2011~ 2012	2012~ 2013	2013~ 2014	2014~ 2015	2015~ 2016	2016~ 2017	2017~ 2018	2018~ 2019	2019~ 2020	2020~ 2021	几何 均值
（20）	1.0374	1.0195	0.9367	0.9769	1.0317	1.0143	1.0074	1.0323	1.0251	1.0196	1.0273	1.0261	1.0124
（21）	1.1601	1.0221	1.1406	1.1871	0.9625	1.2031	1.1508	1.1305	1.1261	1.1232	1.1423	1.1225	1.1775
（22）	1.2300	1.1500	1.1613	1.1803	0.9463	1.2052	1.1886	1.1674	1.1401	1.1512	1.1435	1.1621	1.1929
（23）	1.0533	1.0457	1.0337	1.0611	0.9934	1.0110	1.0208	1.0154	1.0132	1.0265	1.0162	1.0273	1.0259
（24）	0.9254	1.2084	1.1546	1.2147	1.1532	0.9677	1.0457	1.1557	1.1385	1.1328	1.2036	1.1528	1.1598
（25）	1.0054	1.0248	1.0106	0.9985	1.0438	0.9691	1.0076	1.0322	1.0152	1.0213	1.0238	1.0156	1.0132
（26）	0.9938	1.0521	1.2169	1.1061	10971	1.1348	1.1402	1.1573	1.0923	1.1265	1.1213	1.0972	1.1272

（2）各省份制造业绿色创新能力测算结果。由于部分省份制造业数据不全，本部分通过制造业在工业行业中的占比，根据工业数据计算出当地当年缺失的数据。据此可计算出我国 30 个省份制造业 2009~2021 年绿色全要素生产率（由于篇幅限制，具体数值不再列出）。

从我国 30 个省份制造业绿色全要素生产率的几何均值来看，大多数省份绿色全要素生产率都大于 1，表明绿色技术创新水平呈增长趋势，这得益于我国对绿色创新发展的重视，以及制造业企业节能减排研发水平的提升。从时间趋势来看，各省份制造业的绿色全要素生产率水平总体上呈现波动式上升，这是由于技术的驱动效应使制造业绿色技术创新能力不断提高。其中，北京、天津、福建、江苏、浙江、上海、安徽、广东等发达地区的指数高于其他地区，而部分省份如青海、新疆、黑龙江、山西等中西部省份及东北地区省份与东部地区相比指数较低，可看出绿色技术创新在我国仍存在较大地区差异。这表明一个地区较高的经济发展水平不仅能够对绿色创新提供研发投入等支持，同时发达的各类市场也极易加速外商投资及频繁贸易往来所带来的技术溢出，加之人才、技术储备充足，研发成果易于应用转化等因素都有利于绿色创新能力的提升。

我国制造业十余年的绿色技术创新效率可根据式（6-4）计算得出，经测算绿色技术创新效率平均增长率 ML 指数为 2.3%，其中绿色技术进步具有较大的促进作用。图 6-1 描绘了我国制造业 2009~2021 年整体绿色技术创新能力指数及其分解项变动情况。

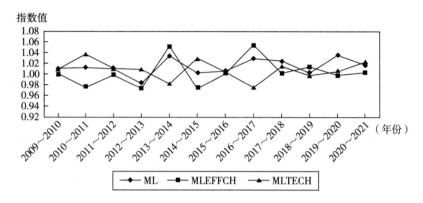

图 6-1　我国制造业整体绿色技术创新能力

从图 6-1 整体趋势来看，体现制造业绿色全要素生产率的 ML 指数变化值在 2012~2013 年是小于 1 的，表明该阶段制造业绿色技术创新水平下降；在其他时间段 ML 指数是大于 1 的，表明绿色技术创新水平呈上升趋势。在 2014 年后我国制造业绿色技术创新出现了快速增长，整体上呈上升趋势，说明我国制造业绿色技术创新能力逐渐加强。同时还可看出，随着 MLEFFCH（绿色技术创新指数）变化，MLTECH（绿色技术进步指数）相应发生变化，表明技术创新能力的提升对实现绿色创新有着重要的积极作用。因此，提升绿色全要素生产率，需要加大对制造业人力、物力和财力的投入，促进行业先进技术的研发与吸收，提升行业技术水平。我国制造业十年间绿色技术创新能力的浮动较大，原因可能在于我国对绿色技术的自主创新能力不强，部分关键核心技术需要从国外引进，并不能对其完全吸收转化。总体呈现上升的趋势，说明我国绿色技术创新能力正在增强，制造业正逐渐从粗放型发展转向创新型发展。

6.2.3　制造业碳排放测算及结果分析

6.2.3.1　碳排放测算方法选择

目前国际上关于排放核算体系主要有两种：一种是自下而上核算的二氧化碳排放量，基于企业具体项目和产品的二氧化碳排放情况，从社会向政府转移的体系，如 2006 年国际标准化组织颁布的《温室气体核证标准》，这种核算体系在测算地区整体的碳排放时有较大的局限性，很难对某个地区全部企业项目和产品的二氧化碳排放量进行统计；另一种是自上而下核算的二氧化碳排放量，目前主要依据《IPCC 国家温室气体清单指南》，通过对主要排放量来源进行层层分类来核算二氧化碳排放量，这种方法具有一定的广泛性、普适性和数据可得性，是目前公认的最常用的二氧化碳排放量计算方法之一。

根据《IPCC 国家温室气体清单指南》中给出的各种能源的二氧化碳排放系数对制造业二氧化碳排放量计算估算。具体计算公式为：

$$C_{it} = \sum_{i=1}^{n} \alpha_j E_{ijt} \tag{6-7}$$

式（6-7）中，C_{it} 表示第 i 行业第 t 年规模以上制造企业二氧化碳排放量，α_j 表示第 j 种能源的二氧化碳排放系数，E_{ijt} 表示第 i 行业 t 年第 j 种能源的消耗量。本部分所需的各种能源的二氧化碳排放系数如表 6-3 所示。

表 6-3　二氧化碳排放系数

能源类型	原煤	焦炭	原油	汽油	煤油	柴油	燃料油	天然气	电力
二氧化碳排放系数（kgCO$_2$/kg）	1.9	2.86	3.02	2.93	3.02	3.1	3.17	2.16	1.30

6.2.3.2　我国各省份制造业碳排放测算结果

在用 IPCC 法测算二氧化碳排放量的相关文献中，大多数都是以原煤等八种化石能源来进行核算，但从省级层面上来分析制造业二氧化碳排放现状时，历年《中国能源统计年鉴》只公布了各省工业能源消耗量，没有制造业能源消耗量；同时各省份的统计年鉴上虽公布有制造业能源消耗量，但能源种类不同。基于数据可得性，同时为了减少统计误差，本部分在我国整体及省级制造业碳排放的分析上按照 IPCC 国家温室气体测算方法进行。根据测算结果可知，我国制造业二氧化碳整体排放量，2007~2013 年呈现明显上升趋势，2014~2021 年增长开始放缓，并呈下降趋势。从制造业的 26 个细分行业来看，有 4 个行业碳排放量巨大，分别为：造纸及纸制品业、黑色金属冶炼及压延加工业、非金属矿物制品业、有色金属冶炼及压延加工业。这类行业能源消费量大，在生产过程中会产生大量温室气体，占制造业碳排放量的 80% 以上，而家具制造业和仪器仪表制造业等低能耗行业二氧化碳排放量最少。同时各行业二氧化碳排放在 2007~2013 年都呈增长趋势，在 2014 年后转为下降。其可能原因在于，国家《"十二五"控制温室气体排放工作方案》提出我国 5 年内将大幅度降低碳排放强度，通过调整能源结构及向清洁可再生能源的转移，带来能源消费量减少，从而降低二氧化碳排放量。

此外，根据测算结果还发现，我国 30 个省份 2009～2021 年制造业二氧化碳排放量总体呈上升趋势，自然资源储量丰富地区与经济发展快的地区碳排放含量高。其中，山西、山东、河南是我国制造业二氧化碳排放量最多的三个省份，江苏、广东及河北紧随其后，在这些地区中，制造业是推动其经济发展的重要支柱产业。海南省的制造业企业较少，其制造业二氧化碳排放量在 30 个省份中最少。2009～2021 年，从各地区二氧化碳排放量增长率来看，除部分地区略有下降，大多数地区表现出正增长。其中，新疆、陕西、宁夏及重庆的增长率最高，均在一倍以上。

6.3 绿色技术创新影响制造业碳排放的实证分析

本部分采用绿色全要素生产率 ML 指数衡量绿色技术创新能力，这个指数表示现期对基期效率的变化，为得出一个现期对于固定基期效率值，我们以 2007 年为基期采用逐步相乘法进行计算。由于现期值受基期值影响，所以滞后一期被解释变量包含在解释变量中。通常计量模型主要由两个方面出现内生性问题：一是被纳入误差项中遗漏变量的影响与其他解释变量有相关性，二是被解释变量与解释变量双方互为因果的交互影响。通过以上分析，被解释变量与扰动项存在内在关联性，且绿色技术创新能力与制造业价值链也存在因果关系。为研究被解释变量与解释变量的交互作用对实证结论稳定性的影响，在进行面板回归分析后，进一步采用动态 GMM 面板模型回归对结论进行考察。

6.3.1 计量模型设定

对表 6-1 选取的 26 个制造业细分行业的面板数据进行回归分析，由于考虑到绿色技术创新能力的长期效应，在研究绿色技术创新能力对制造业碳排放的影响时，建立以下面板数据回归模型：

$$Y_{it} = \alpha_0 + \beta_1 GTP_{it} + \beta X + \varepsilon_{it} \qquad (6-8)$$

式（6-8）中，i 表示行业，t 表示时间，α_0 表示常数项，ε_{it} 是随机误差项，Y_{it} 表示制造业二氧化碳排放量，GTP 表示绿色技术创新能力，X 表示控制变量，并选取企业规模、行业结构、外商直接投资和政府支持作为控制变量。

6.3.2 变量选取与数据来源

选取中国制造业 26 个细分行业 2009 ~ 2021 年的面板数据，作为研究对象并进行回归分析。根据所设定的实证分析模型，为消除价格因素的影响，将价格调整为 2007 年基期。

二氧化碳排放量（CO_2）。以制造业细分行业的煤炭、焦炭、原油、汽油、煤油、柴油、燃料油、天然气 8 种能源消费量为基准，根据 IPCC（Intergovernmental Panel on Climate Change）提供的估算化石燃料燃烧中二氧化碳排放量的公式，计算出碳排放量，并取对数来作为衡量标准。

绿色技术创新能力（GTP）。用 DEA 与 Malmquist-Luenberger 指数测算出绿色全要素生产率进行表示。测算出 ML 指数表示现期对基期效率的变化，为得出一个现期对固定基期的效率值，以 2009 年为基期采用逐步相乘法进行计算。

企业规模（$SIZE$）。在我国政府不断强化生态环境治理的背景下，规模以上工业企业更倾向于采用环保技术和措施以适应形势要求，而小型企业则也会据此提高自身的环保技术水平以免被淘汰，可见企业规模对减少行业碳排放具有极其重要的作用。基于数据可得性，借鉴李新安（2021）的方法，采用行业销售产值与企业个数之比来表征数据中的企业规模，数据来自历年《中国工业统计年鉴》。

行业结构（S）。行业结构表示方法分为两类：一类是用资本密集度指标，另一类是行业结构指数指标。本部分借鉴李小平和卢现祥（2010）的方法，采用行业的资本密集度来代表行业结构。制造业分行业资本密集度的计算方法为规模以上工业行业的年末固定资产净值除以分行业城镇单位就业人员年末人数。

外商直接投资（FDI）。采用历年《中国工业统计年鉴》中外商投资和港澳台投资工业企业固定资产净值占规模以上工业企业固定资产净值的比重来衡量。

政府支持（GOV）。政府支持一方面从资金渠道角度降低企业融资成本，提高企业技术的市场活力；另一方面有助于降低企业的研发风险，并且提高绿色技术创新主体的积极性，从而减少碳排放。采用研发经费支出中的政府资金占比，取对数来作为衡量标准。

根据数据的连续性和可获得性，所有的变量数据来源于历年《中国统计年鉴》《中国环境统计年鉴》《中国工业统计年鉴》《工业企业科技活动统计年鉴》《中国能源统计年鉴》。

6.3.3 实证结果分析

重点考察绿色技术创新能力对制造业碳排放的影响，模型变量的统计性描述如表 6-4 所示。

表 6-4　模型变量的统计性描述

变量	样本数	平均值	标准差	最大值	最小值
Y_{it}	338	7.53	1.67	11.82	4.26
GTP_{it}	338	1.53	0.38	3.86	0.82
$SIZE_{it}$	338	4.57	10.82	75.41	0.39
STR_{it}	338	4.25	2.98	19.27	0.61
FDI_{it}	338	0.31	0.18	0.96	0.001
GOV_{it}	338	0.96	1.87	4.96	−4.12

（1）变量数据的平稳性检验。在进行面板数据回归和 GMM 回归估计之前，需要对面板数据的平稳性进行检测，只有解释变量的面板数据都平稳，回归分析才真实有效。对数据进行面板单位根检验，本部分的面板单位根检验选择 LLC 检验和 IPS 两种检验，来考察变量的平稳性，检验结果如表 6-5 所示。

表 6-5　面板单位根检验

变量	LLC		IPS	
	水平统计量	一阶差分统计量	水平统计量	一阶差分统计量
Y_{it}	−7.5862***	−4.0326***	−2.0721**	−5.8532***
GTP_{it}	−3.6323***	−6.2872***	−3.7365***	−8.2732***
$SIZE_{it}$	−2.4365***	−15.4561***	5.0653	−1.9872**
STR_{it}	−6.9152***	−3.6579***	−0.9751	−3.6253***
FDI_{it}	0.1586	−1.9536**	0.4627	−3.5386***
GOV_{it}	−11.4526***	−9.7259***	−3.5237***	−4.8163***

注：*、**、***分别表示在 10%、5% 和 1% 的水平上显著，下同。

根据 LLC 检验和 IPS 检验的原理，使用 STATA 软件得到面板单位根的检验结果。从面板单位根检验结果来看，在原始数据中，*FDI* 没有通过 LLC 检验和 IPS 检验，*SIZE*、*S* 没有通过 IPS 检验，但在一阶差分数据中均通过检验，表示变量满足平稳性，可进行接下来的面板协整检验。

以下采用 KAO 检验对面板数据进行协整检验，KAO 检验的原假设为各个序列间没有协整关系，通过检验可知，结果处于 5% 的置信区间下。拒绝了原假设，因而存在协整关系，可以进行回归。

表 6-6　面板协整检验

	T 值	P 值
ADF	−1.9062	0.0285

（2）模型回归实证分析。通过平稳性检验后，将整理的数据按照设定的碳排放模型进行面板回归，在进行回归的时候本部分使用 Hausman 检验，结果显著通过，并以此进行固定效应模型回归，结果如下：

从表 6-7 结果可以看出，由方程的回归可以知道，绿色技术创新能力对制造业碳排放的影响的系数为负，且都在 5% 的水平上显著，说明绿色技术创新能力对制造业碳排放存在负向抑制作用，即绿色技术创新水平提升，制造业碳排放水平降低。其可能原因在于，绿色技术创新可以通过优化生产流程，改进高能耗生产方式，带来生产效率提升，从而降低环境污染与碳排放。

表 6-7　绿色技术创新影响制造业碳排放回归结果

变量　　编号	(1)	(2)	(3)	(4)	(5)
GTP_{it}	−0.3526*** (−5.86)	−0.2683*** (−3.85)	−0.2815*** (−4.06)	−0.2337*** (−3.17)	−0.2156** (−2.51)
$SIZE_{it}$		−0.0082* (−1.86)	−0.0113** (−2.51)	−0.0132*** (−2.83)	−0.1481** (−2.35)
STR_{it}			0.0278*** (2.72)	0.0393*** (3.36)	0.0582* (1.83)
FDI_{it}				0.4315** (1.98)	0.1632 (0.31)

续表

变量＼编号	(1)	(2)	(3)	(4)	(5)
GOV_{it}					0.0725 ** (2.18)
con	7.6368 *** (109.31)	7.5892 *** (101.36)	7.5126 *** (93.25)	7.2853 *** (53.71)	7.0382 *** (25.85)
Hausman					44.50 (0.000)

企业规模在固定效应模型中，系数显著为负，制造业整体企业规模的提升，显著降低了碳排放，表明企业规模的扩张会带来规模经济，降低制造业碳排放，规模经济下，企业单位产品成本降低，节约能源，提高能源使用效率，降低二氧化碳排放。

行业结构的回归系数为负，且统计量显著。表明资本密集度（资本劳动比）的提高会降低碳排放。因为资本密集度的提高，要素投入比相应改变，资本投入增加，机器设备和生产规模扩大，效率提升，劳动投入减少，能源消耗减少，碳排放量随之减少。

FDI 的回归系数为正值，且统计量显著。可能原因在于：FDI 的流入大多数作用于我国劳动密集型产业或者低技术环节，而它最重要的核心技术却没有被本土吸收转化，FDI 的技术溢出作用受限，无法促使生产效率提升，使碳排放降低。

政府支持的回归系数显著为正，表示政府资金投入会增加制造业二氧化碳的排放量。原因可能在于：样本期间政府对企业的补贴大多集中于国有企业及部分大中型企业，这类企业市场占有率高，对提高自身研发能力，改善生产效率与减少污染的意识不强，政府资金支持的目的没有发挥出来，导致无法积极促进碳减排。

6.3.4 动态面板模型的 GMM 拓展分析

制造业不同行业之间的要素密集度相差较大，在这个前提下，绿色技术创新对制造业碳排放的影响可能会有所不同。为进一步验证上述实证结果，本部分参照刘英基（2016）的分类方法，将制造行业分为资本密集型和劳动密集型两类。

表6-1中的酒、饮料和精制茶制造业，烟草制造业，石油加工炼焦和核燃料加工业，造纸及纸制品业，医药制造业，黑色金属冶炼及压延加工业，有色金属冶炼及压延加工业，交通运输设备装置和计算机、通信和其他电子制造业这9个行业划分为资本密集型行业，其余17个为劳动密集型行业。接下来分别进行GMM计量回归，实证结果如表6-8所示。

表6-8　分样本动态 GMM 面板模型检验

变量	制造业整体行业	资本密集型行业	劳动密集型行业
$L.Y$	0.8539 *** (12.68)	1.0153 *** (17.85)	0.8017 *** (3.53)
GTP_{it}	−1.5135 ** (−2.62)	0.2936 * (1.68)	−0.2781 ** (−2.32)
$SIZE_{it}$	0.0131 (0.87)	−0.0156 * (−1.78)	−0.1382 (−0.78)
STR_{it}	−0.0525 ** (−1.86)	−0.0338 ** (−2.36)	0.1357 (1.18)
FDI_{it}	−1.1973 ** (−1.87)	−0.3982 (−1.58)	1.8865 ** (1.98)
GOV_{it}	0.1352 ** (2.23)	−0.0538 * (−1.87)	0.1295 * (1.72)
con	3.1925 *** (3.13)	0.0886 (0.25)	0.8582 (0.56)
Hansen 检验	25.35 (0.387)	6.13 (0.528)	14.68 (0.562)

由表6-8的回归结果可以看出，制造业整体及劳动密集型行业的绿色技术创新能力对制造业碳排放的影响系数为负，且都在5%的水平内显著，说明绿色技术创新能力对制造业碳排放存在负向抑制作用，即绿色技术创新水平提升可以降低制造业碳排放水平。而资本密集型行业绿色技术创新能力对制造业碳排放的影响的系数显著为正，绿色技术创新能力对资本型制造业企业碳排放存在促进作用，可能原因为：劳动密集型行业对能源需求量低，当绿色技术创新水平提升后，通过机器设备来代替劳动，导致企业生产效率提升，企业有更多的资本和劳动力投入到环保低碳环节中去，降低企业的碳排放；资本密集型行业对资本需求

量大，技术创新更多地表现为经济效应，生态效应没有被发挥出来，而经济发展的规模效应，使碳排放水平提高；从制造业总体来看，劳动密集型行业多于资本密集型行业，绿色技术创新对碳排放的抑制作用大于促进作用，从而推动了制造业整体的碳减排。

企业规模方面，资本密集型制造业中，企业规模的提升显著降低了碳排放，与在固定效应模型中的结果一致；在劳动密集型行业中，企业规模对碳排放的作用不显著，表明企业规模的改变不能改善企业绿色发展现状，由于劳动密集型行业较多，在企业规模对整体制造业的影响中分散了资本密集型企业所起的作用。行业结构方面，制造业整体及资本密集型行业的系数显著为负，且统计量显著，表明提供资本密集度有利于降低碳排放。综上所述，制造业行业应加大资金投入力度，发展绿色技术创新，对降低碳排放提供技术依托和手段。

6.4　基本结论与政策启示

6.4.1　基本结论

其一，我国制造业十余年的绿色技术创新效率平均增长率 ML 指数为2.32%，整体呈上升趋势，尤其在 2014 年后制造业技术效率指数出现了快速增长。东部地区的绿色技术创新指数显著高于中西部地区与东北地区。技术密集型制造业绿色全要素生产率整体上高于劳动密集型制造业和资源密集型制造业。其二，样本期间，制造业能源消费总量保持持续增长，碳排放量也呈明显上升态势，但自 2014 年后开始出现下降趋势。自然资源储量丰富地区与经济发展较快的地区碳排放含量相对较高。制造业因行业与区域差异碳排放存在较大差距。其三，绿色技术创新对制造业整体及劳动密集型制造业的碳排放存在显著抑制作用，对资本密集型制造业的碳排放则存在正向作用。

6.4.2　政策启示

（1）健全与完善环保法律法规体系，推动制造业绿色转型。各级政府在激励企业走低碳清洁可持续发展道路时，应将经济发展具体落实到法律政策上，强调绿色技术创新概念，制定绿色技术创新标准，强化制造业环保力度，确保研发、生产、销售等各个环节都有法可依。各级政府可根据当地的经济发展与生态环境建设目标，针对不同制造业企业制定不同的规章制度。对违规生产排放与超额排放的企业，处以经济及行政处罚，严重者勒令其停业整顿。提高市场准入门槛，加强宣传执法，确保政策落实到位。此外，通过政策引导，加大绿色资金投入。通过建立碳账户、出台"绿色贷款"政策，鼓励商业银行等金融机构实行低碳资金政策，充分发挥绿色信贷、绿色债券、绿色保险等金融产品的作用，加大对绿色制造的资金投入，引导资金要素流向高效、节能、环保等领域的制造行业。同时，要利用好产业投资引导基金，积极支持技术密集型制造业绿色技术研发，尤其是高技术行业中的基础研究和共性知识的开发，让所有的企业都能够共享，以对共性薄弱环节提供资源配置和支持，强化行业整体绿色升级。

（2）加大绿色技术研发，提供清洁生产核心动力。为实现制造业节能减排目标，一方面要调整能源消费结构，从源头上减少能源的消耗；另一方面要更新污染物清洁技术，减少生产环节二氧化碳的释放。为此应加大创新研发投入，发挥绿色技术的经济效益与生态效益。一是健全并完善创新科研平台。政府出台相关政策积极引导，推动校企合作，建立技术研发与成果转化合作平台，提高企业对低碳节能技术的研发积极性与研发能力。二是政府提供研发创新补贴。依托国家发展战略，给予绿色创新企业税后优惠、奖金激励等措施，激发企业主动参加节能减排，同时对新技术进行专利保护，保障企业权益。三是畅通融资渠道，鼓励社会多元主体参与绿色技术投资活动。政府鼓励倡导企业、社会资本流入到企业绿色技术研发领域及各个环节，缓解研发资金面临的融资约束难题。

（3）发挥绿色技术溢出效应，实现区域协同发展。制造业产业布局取决于成本效应和聚集效应。例如，某地区将一部分产业转移至周边地区，该地区依靠成本与规模效应赢得新的比较优势，带动周边地区发展。同样，在生态绿色发展层面，绿色技术创新具有溢出效应，各地区从邻近地区带来的技术进步中获益后，应尽快提高本地绿色技术水平，缩小区域间经济发展的技术差异，推动制造业绿色转型。政府在制定环境政策时要考虑到地理因素的影响，同时应注意到各制造业细分行业间存在的异质性特征，使政策制定更具针对性。对劳动密集型产业、资本密集型产业，强化绿色技术创新研发效能发挥，对高污染产业进行干预指导；而对创新能力强的技术密集型产业，政府要减少干预，依靠市场活力实现高增长率，加快制造业碳减排目标的落实。此外，地方政府要因产制宜制定区域发展策略，充分接受并带动邻近区域的绿色技术创新，提高绿色全要素生产率，实现共同进步。

（4）深化外商投资体系改革，强化绿色低碳技术交流合作。我国目前大多制造行业处于全球价值链的中低端，与发达国家的先进技术仍有较大差距，亟须通过加强与国外绿色低碳技术交流合作来促进我国制造业绿色转型。其一，加大政府扶持力度。建立国际绿色新兴技术信息交流合作平台，给予企业绿色低碳研发技术补贴与项目扶持，鼓励企业引进清洁设备，学习国外先进技术，强化企业的环保意识，共同推动绿色低碳进步。其二，深化"放管服"改革，持续完善外资管理体制。鼓励外商对绿色技术创新投资，通过绿色技术合作，优化制造行业生产流程，改进更新生产方式，淘汰高污染低效率设备，使生产结构绿色化，从而降低环境污染，节约能源，降低碳排放。

7 绿色低碳转型影响制造业全球价值链升级的内在机制

为应对全球气候变化和有效推动经济社会全面绿色转型与高质量发展，我国于 2020 年 9 月提出了实现碳达峰、碳中和这一重大战略目标。随着绿色发展国家战略的深入实施，我国制造业所面临的"低端锁定""高端封锁"双重风险及其作为碳排放的重要来源等现实问题日益引起各界关注。双碳目标的提出对制造业绿色低碳转型提出了更高要求。绿色低碳转型意味着大规模的产业变革和全球价值链的重新分工，制造业绿色低碳发展的实质在于通过更少的能源资源消耗，更低的污染与碳排放，获得更多经济产出和更高的产业发展效益，实现经济发展和碳排放脱钩。中国制造业作为全球价值链的重要一环，长期被禁锢在发达国家作为链主的全球价值链（GVC）低端加工环节，陷入"低端高碳锁定"，目前正面临周边国家低端产业吸纳和发达国家再工业化的双重挤压。此外，再加上受中美贸易摩擦影响，中国"缺芯"事件等"卡脖子"技术带来的产业链、供应链问题日趋严重。在全球低碳化发展的趋势下，绿色低碳转型为我国制造业突破全球价值链低端锁定困境提供了一个可行的突破口，优先掌握低碳技术创新的国家势必会成为低碳经济发展模式下的新链主。因此，提高我国制造业绿色技术核心能力，严控重化产业污染排放，培育一批以 5G、新能源、绿色环保等为核心的战略性新兴产业，将从根本上改变我国制造业在全球价值链中的地位。而绿色低碳的制造业高质量发展也必将构建我国现代化产业链条，改善制造业出口贸易结构，提升我国对外贸易的自主可控能力，从源头上推动我国制造业 GVC 升级。制造业通过绿色低碳转型突破"低端高碳锁定"，促进 GVC 升级的理论机制是什么？双碳目标背景下从哪些维度衡量我国制造业绿色低碳转型的现状特征？绿色低碳转型与制造业 GVC 升级两者之间存在什么样的直接效应与间接影响效应？基于我国制造业突破双重锁定和产业低碳转型升级的重大需求，应采取什么样的发展路径推进制造业 GVC 攀升？本章将利用 2006~2018 年我国 30 个省份（因西藏、香港、澳门、台湾的数据缺失，暂不考虑）的面板数据对这些问题展开探讨，并通过设定基准回归模型与中介效应模型进行实证检验。这可以深化读者对我国制造业绿色低碳转型与 GVC 升级之间的影响机制的了解，为推进我国绿色低碳转型与制造业高质量发展政策制定提供理论支撑。

7.1 文献综述

制造业 GVC 是在全球国际分工体系下，各国不同产业链条通过自身要素禀赋嵌入全球生产网络体系，并从事制造业相关产品的研发、生产、销售、管理等活动，实现生产要素在全球范围内的流动和产品效益的最大化。发达国家资本要素、技术要素匹配优势明显，掌控着 GVC 的高端环节，发展中国家受要素层次和要素质量制约，大多锁定在"微笑曲线"中产品附加值低的低端生产环节。因此，对发展中国家而言，制造业 GVC 的升级意味着这些国家要改变依靠参与 GVC 分工"低端高碳"的传统发展模式，通过绿色技术创新、资源能源结构优化、突破性低碳创新等提高制造业资源配置效率，解决低端锁定困境，实现行业国际竞争力提升。

相关学者基于绿色低碳的视角研究我国制造业 GVC 攀升的成果，主要集中在三个方面：其一，绿色低碳转型通过提升行业国际竞争力，推进我国制造业全球价值链升级。张峰（2016）通过研究发现，清洁能源消费比重的提升会推动制造业国际竞争力的提升。李新安（2020）的研究认为，创新型企业集聚的突破性低碳创新，是实现制造业 GVC 升级的重要手段。屠年松和余维珩（2020）实证分析了征收碳关税对制造业 GVC 升级的影响，结果表明一国碳排放量越大，就会在可能面临的新型贸易壁垒制约下，倒逼制造业加快绿色低碳转型。其二，绿色创新转型对我国制造业 GVC 升级产生着重大影响，但在区域和行业上表现出较大差异性。殷宝庆等（2018）从绿色研发投入的角度研究制造业 GVC 升级，发现绿色研发投入对制造业 GVC 升级的影响存在区域差异，且其中 GVC 嵌入度程度、资本密集度对 GVC 升级具有正向作用。韩孟孟和闫东升（2020）分析了环境规制对我国制造业 GVC 分工地位的影响，结果表明环境规制能显著提升我国制造业在国际分工体系中的地位，这种影响在不同要素密集度和污染密集度的行业呈现差异化。其三，我国制造业绿色创新转型与 GVC 升级存在门槛效应，具有不确定的复杂性关系。宋培等（2021）基于对分行业世界投入产出数据的研究，发现绿色技术创新与制造业 GVC 升级存在门槛效应，只有跨越一定门槛才能从整体上推动制造业 GVC 升级，上游主导型行业升级趋势与制造业总体一致，而下游主导型行业则正好相反。

综上所述，制造业实现绿色低碳转型既是大势所趋，也是我国高质量发展的内在需求。发达国家的绿色发展经验和我国发展的实践均表明，制造业是技术创新最活跃、成果最丰富的领域，也是推动加快产业链迈向中高端，减少高碳能源消耗的主战场。当前，全球低碳经济发展竞争日益激烈，其发展趋势表现为各国在政治上抢占应对全球气候变化进程的领导者地位，在经济上试图成为新一轮工业革命的领跑者，在技术上追求低碳技术的制高点。制造业绿色低碳化转型不但已经成为全球各个国家（地区）的共识，而且已经被许多国家（地区）践行并列为发展战略。我国学术界现有研究更多关注绿色低碳转型对制造业 GVC 升级影响的具体分析，但对制造业如何借助绿色低碳转型突破"低端高碳锁定"进而实现 GVC 升级的理论机制鲜有涉及，更缺乏对绿色低碳转型与制造业 GVC 升级两者之间所存在的直接影响与间接影响效应进行实证研究。针对现有研究存在的问题与局限，本章立足我国实现双碳目标的现实需求。力求对相应理论机制进行探究并进行实证检验，从而为政府相关部门制定政策提供理论支持。

7.2 理论机制分析与研究假说

7.2.1 产业结构低碳化、技术创新绿色化与制造业 GVC 升级

制造业绿色低碳转型过程中，产业结构低碳化将推动低耗高效的产业体系形

成。我国制造业发展仍面临着发达国家"纵向资本技术锁定"与发展中国家"横向成本优势挤出"的困境。在目前全球贸易绿色低碳方向引领下，价值链升级不再局限于追逐产品附加值所得，低耗高效低排放的国际分工环节已成为产业实现 GVC 升级新的角逐点。在此情形下，通过制造业内部结构的低碳化转型，实现对我国低附加值环节过多资源投放的重新整合，并将其配置在清洁高效的生产环节，必将推动产业结构高级化、合理化变动。生产结构决定着一国的贸易结构，产业结构优化势必带来出口贸易改善。制造业内部结构的低碳转型必将推动我国行业向低碳模式下国际分工体系的高端环节移动，实现 GVC 升级。综上分析，提出如下假说：

假说 1：产业结构低碳化有助于制造业嵌入低耗高效低排放的国际分工环节，将正向影响制造业 GVC 升级。

在我国高质量发展目标下，绿色技术创新成为经济发展与环境污染脱钩的重要驱动力。近年来，在应对全球气候变化与经济可持续发展问题层面，绿色技术创新能力已成为一国在 GVC 中拥有绝对话语权的核心战略资源。发达国家在国际分工体系中依靠技术优势掌握了产品研发环节，成为全球价值链的"链主"，中国制造业要摆脱 GVC "低端高碳锁定"环节必须提高绿色技术创新能力。新一代绿色研发、节能减排技术正在产品迭代中形成市场优势，逐渐形成绿色化、清洁化、低碳化的产业空间集聚，进而提升整个行业的绿色技术含量和产品的绿色化水平。国际贸易结构与 GVC 升级的本质就是产品技术含量比值的增加。因此，绿色技术创新将推进我国制造业从高污染、高能耗、低附加值的生产环节转向低污染、低能耗、高附加值的工序环节，形成出口产品质量提升和贸易结构改善的新动态比较优势。综上分析，提出如下假说：

假说 2：技术创新绿色化将极大地提升制造业出口产品质量和技术复杂度，形成国际贸易新优势，从而正向影响制造业 GVC 升级。

7.2.2 能源消费清洁化、减污降碳协同化与制造业 GVC 升级

行业能源利用效率、能源消费清洁化水平已成为衡量一国行业竞争力的重要因素。我国制造业能源利用效率较低，单位产品能耗居高不下，资源的不可再生性和传统能源的高排放、高污染问题已成为制造业绿色低碳转型和 GVC 升级的短板。加快制造业绿色低碳转型，培育产品绿色竞争新优势要求亟须转变资源能

源利用方式与结构,提升清洁能源消费占比,以降低制造业出口产品增加值的隐含碳排放,削减环境贸易壁垒。综上分析,提出如下假说:

假说3:能源消费清洁化在降低出口产品隐含碳的贸易环境壁垒时,表现出明显的竞争优势,将对制造业 GVC 升级产生正向影响。

在制造业减污降碳双重目标驱动的背景下,上下游企业加大绿色研发投入,引进并推广与其自身匹配的污染治理技术与清洁生产技术。制造业作为污染与碳排放的重要来源,在双碳目标与低碳贸易的大背景下,其绿色低碳转型与碳关税对清洁生产和碳减排、碳消纳的需求更为迫切。相关部门既要落实减污降碳协同增效目标,也要持续加强对产品的能源资源消耗及污染排放的规制,以提升企业绿色生产水平和出口产品竞争力。总的来看,在政府规制、企业创新等的共同作用下,制造业产品生产、流通、销售等环节的绿色化水平显著提升,高碳产品出口占比降低,有效应对碳关税贸易规则下的出口限制,增加了我国在国际低碳贸易分工体系中的话语权。综上分析,提出如下假说:

假说4:减污降碳协同化有助于增强国际低碳贸易出口产品的竞争力,从而影响制造业 GVC 升级。

7.2.3 出口贸易结构改善、绿色贸易壁垒削减与制造业 GVC 升级

制造业绿色低碳转型有助于形成出口贸易结构的优化效应。出口贸易结构是指不同类别出口产品占出口总额的比重。制造业绿色低碳转型背景下,清洁型产业比重上升,制造业结构低碳化变动带来了劳动、资本、技术等生产要素向清洁部门流动,赋能制造业绿色低碳属性,从而影响我国制造业参与 GVC 的方式和分工地位,产业结构高级化对出口贸易结构变动存在正向拉动作用,降低出口贸易隐含碳,对出口产品质量提升和 GVC 升级产生积极影响。

制造业绿色低碳转型在不存在贸易保护的情况下,有助于产生绿色贸易壁垒削减效应。绿色贸易标准通过影响进出口厂商成本和消费结构推动环境保护目标的部分达成。在双碳目标背景下,制造业企业通过加大低碳技术研发力度,培育具有更强创新力,更高附加值,更安全可控的产业链、供应链,推动制造业向绿色集约转变,提升出口产品质量,摘除"碳标签",可有效应对制造产品出口遭受的绿色贸易壁垒限制,提升制造业出口产品竞争力和增长率,提高抵抗国际市场风险的能力,实现我国制造业向 GVC 高端环节攀升。综上分析,提出如下

假说：

假说5：绿色低碳转型通过出口贸易结构改善、绿色贸易壁垒削减的中介效应间接影响制造业 GVC 升级。

7.3 计量模型构建及变量数据来源

7.3.1 模型构建

7.3.1.1 基准回归模型设定

为更好地衡量绿色低碳转型与制造业全球价值链升级之间的关系，构建以下基准回归模型：

$$GVC_{it} = \alpha_0 + \alpha_1 LowCarbon_{it} + \beta X_{it} + \varphi_i + \mu_t + \varepsilon_{it} \qquad (7-1)$$

式（7-1）中，i 代表省份，t 代表年份，GVC 代表制造业全球价值链升级，$LowCarbon$ 代表制造业绿色低碳转型，X 为控制变量集合，φ_i 和 μ_t 分别代表省份和年份控制效应，ε 为随机误差项，α_0 为常数项，α_1、β 为各变量前的系数。为减少回归中可能出现的异方差问题，对所有变量进行对数化处理。

参照耿晔强和白力芳（2019）等的做法，为避免变量遗漏而在扰动项里带来回归结果误差，选取如下控制变量：$Infra$ 代表基础设施水平，衡量各省的基础设施建设和储备能力；$Open$ 代表对外开放程度，衡量各省的对外开放水平；$GDPP$ 代表经济发展水平，衡量各省的经济繁荣程度；$Capital$ 代表资本存量，衡量各省产业的生产规模和技术水平。

为厘清制造业绿色低碳转型的构成指标对制造业全球价值链升级的影响，构建如下回归模型：

$$GVC_{it} = \alpha_0 + \alpha_1 Z_{it} + \beta X_{it} + \varphi_i + \mu_t + \varepsilon_{it} \qquad (7-2)$$

式（7-2）中，Z 为指标集合，包括产业结构低碳化（$Instruct$）、技术创新绿色化（$Tech$）、能源消费清洁化（$Energy$）、减污降碳协同化（$Environment$），分别对应假说1、假说2、假说3和假说4，其余各变量与式（7-1）一致。式中的 m_0、v_0 和 u_0 均为常数项。为减少回归中可能出现的异方差问题，对式（7-2）

中的变量进行对数化处理（*Environment* 数据负数居多，在此不做对数处理）。

7.3.1.2 中介效应模型设定

自变量通过某一变量间接影响因变量的行为被称为中介效应。参照耿晔强等（2019）的做法，构建如下的中介效应模型，从绿色低碳转型间接影响制造业 GVC 升级的角度进行研究。

$$GVC_{it} = m_0 + m_1 LowCarbon_{it} + \beta X_{it} + \varphi_i + \mu_t + \varepsilon_{it} \qquad (7-3)$$

$$M_{it} = v_0 + v_1 LowCarbon_{it} + \beta X_{it} + \varphi_i + \mu_t + \varepsilon_{it} \qquad (7-4)$$

$$GVC_{it} = u_0 + u_1 LowCarbon_{it} + u_2 M_{it} + \beta X_{it} + \varphi_i + \mu_t + \varepsilon_{it} \qquad (7-5)$$

式中，M 是中介变量集合，包括出口贸易结构（*Exstruct*）和绿色贸易壁垒（*Barrier*），其余各变量与式（7-1）一致，式中的 m_0、v_0 和 u_0 均为常数项。为减少回归中可能出现的异方差问题，对式（7-3）、式（7-4）、式（7-5）的所有变量都进行对数化处理。

检验上述模型是否存在中介效应的方法如下：第一步，检验 H_0：$m_1 = 0$，若结果拒绝原假设，则进行下一步检验，否则停止中介效应检验；第二步，检验 H_0：$v_1 = 0$ 和 H_0：$u_2 = 0$，若结果拒绝原假设，则意味着 *LowCarbon* 对 *GVC* 的影响至少是有一部分是通过中介变量 *Instruct* 和 *Barrier* 实现的；第三步，检验 H_0：$u_1 = 0$，若结果拒绝原假设，则意味着存在部分中介效应，即 *LowCarbon* 对 *GVC* 的影响只有一部分是通过中介变量实现的，若结果接受原假设，则意味着存在完全中介效应，即 *LowCarbon* 对 *GVC* 的间接影响完全是通过中介变量实现的。

7.3.2 变量说明及数据处理

7.3.2.1 变量选取

（1）被解释变量：制造业全球价值链升级（GVC）。依照贸易结构反映生产结构的逻辑，一国或地区的出口复杂度变动可反映出该国或地区在全球价值链中地位的动态变化，故本部分选取制造业出口技术复杂度对制造业全球价值链升级进行衡量。借鉴周茂等（2019）等的思路，并考虑到样本选择的一致性，参照李俊青和苗二森（2018）等一些学者的做法，将 Hausmann 的出口技术复杂度测算延展到省级层面，对 2006~2018 年我国 30 个省份的制造业出口技术复杂度进行测算，并将其作为衡量我国各省份制造业全球价值链升级状态的重要依据。具体测算步骤如下：

首先，计算各产业（产品）的出口技术复杂度，其公式为：

$$PRODY_{it} = \sum_{p=1}^{m} \frac{X_{ipt}/X_{pt}}{\sum (X_{ipt}/X_{pt})} Y_{pt} \tag{7-6}$$

式（7-6）中，p 代表省份，$p=1$，2，3，…，m；i 代表产业（产品），$i=$ 1，2，3，…，n；t 代表年份，$t=1$，2，3，…，h；$PRODY_{it}$ 代表第 t 年第 i 个产业（产品）的出口技术复杂度；X_{ipt} 为第 t 年 p 省第 i 个产业（产品）的出口额，X_{pt} 为第 t 年 p 省总出口额；Y_{pt} 为第 t 年 p 省的人均生产总值。

其次，计算各省份的出口技术复杂度，其公式为：

$$PRODY_{pt} = \sum_{i=1}^{n} \frac{X_{ipt}}{X_{pt}} PRODY_{it} \tag{7-7}$$

式（7-7）中，$PRODY_{pt}$ 代表第 t 年 p 省出口技术复杂度，X_{ipt} 为第 t 年 p 省第 i 个产业（产品）的出口额，X_{pt} 为第 t 年 p 省总出口额；$PRODY_{it}$ 代表第 t 年第 i 产业（产品）的出口技术复杂度。$PRODY_{pt}$ 值越大，代表该省份在全球价值链中的地位越高，升级效果最显著。

（2）解释变量：制造业绿色低碳转型（$LowCarbon$）。制造业绿色低碳转型的衡量需要综合经济发展、产业结构变动、环境保护、资源利用等多方面因素。本部分从产业结构低碳化（$Instruct$）、技术创新绿色化（$Tech$）、减污降碳协同化（$Environment$）、能源消费清洁化（$Energy$）四个维度通过指标体系构建、熵值法测算对制造业绿色低碳转型进行衡量。

中介变量：其一，出口贸易结构（$Exstruct$）是反映制造业出口贸易结构变动的核心指标，用"制造业资本技术密集型产品出口额/劳动密集型产品出口额"表示；其二，绿色贸易壁垒（$Barrier$）是体现制造企业生产的产品在国际市场竞争力的重要指标，考虑到碳关税的实施尚未有明确标准，而国内的环境税从2018 年起实施，数据可参考性较小，因此选取各省排污上缴费用作为制造业企业生产污染排放的代价，以此来度量企业产品可能面临的进口国施加的绿色贸易壁垒程度。

（3）控制变量：其一，基础设施水平（$Infra$）关系着地区贸易成本的大小，影响地区产业发展和进出口贸易。这里用路网密度对基础设施水平进行衡量，即用各省每平方千米铁路、公路、内河航运里程数对其进行测算。其二，对外开放程度（$Open$）越高，该地区参与国际分工的可能性越大。这里用各地区进出口总额占 GDP 的比重对其进行衡量。其三，经济发展水平（*GDPP*）影响一个地区的产业发展、技术水平、出口结构变动，这里用各省人均 GDP 对其进行衡量，单位为万元。其四，资本存量（*Capital*）可以较好地反映一个地区现有的企业发展规模和技术水平，在制造业全球价值链升级的背景下，一个地区资本存量越高，产品革新、技术含量提升的基础和动力越大，出口结构升级的可能性越高。参照李新安（2022）的做法，运用永续盘存法对各省的资本存量进行测算，单位为亿元。

7.3.2.2 数据处理

（1）数据来源。本部分选取我国 2006~2018 年 30 个省份（因西藏和香港、澳门、台湾数据缺失，暂略）的面板数据，取样本量为 390，对所有变量进行分析。对制造业全球价值链升级的测度中，涉及的各省份制造业细分行业的出口交货值来源于历年《中国工业统计年鉴》，各省份的人均 GDP 和出口总额来源于 EPS 数据平台；制造业绿色低碳转型通过指标体系构建进行测度，包含产业结构、绿色技术、能源消费和碳排放四个方面，数据来源于历年《中国工业统计年鉴》《中国环境统计年鉴》《中国经济普查年鉴》《中国能源统计年鉴》、国家知识产权局官网、各省份统计年鉴、CEADs；控制变量的原始数据来源于 EPS 数据平台、中经网统计数据库；中介变量中出口贸易结构计算所需的各行业出口额来源于历年《中国工业统计年鉴》，计算绿色贸易壁垒所需的各省排污上缴费用来源于 Wind 数据库。各变量的最终数据都是在上述原始数据来源基础上，根据相关公式计算得来。

（2）描述性统计。根据相关变量的数据处理过程，各变量的主要特征值描述统计结果如表 7-1 所示。

表 7-1　相关变量描述统计

变量名称	样本数	平均值	最小值	最大值	中位数	标准差
GVC	390	2.690	0.058	9.105	2.438	1.743
LowCarbon	390	15.227	2.952	72.682	13.872	9.347
Instruct	390	1.119	0.090	6.520	0.959	0.894
Tech	390	0.128	0.037	1.000	0.122	0.053
Energy	390	0.062	0.001	0.406	0.039	0.068

续表

变量名称	样本数	平均值	最小值	最大值	中位数	标准差
Environment	390	−0.383	−357.111	119.991	−0.043	23.069
Exstruct	390	9.915	0.000	71.205	3.991	13.343
Barrier	390	6.224	0.180	28.734	4.583	5.074
Infra	390	0.936	0.071	2.513	0.892	0.536
Open	390	0.314	0.018	1.711	0.146	0.362
GDPP	390	4.025	0.610	15.310	3.430	2.495
Capital	390	37883	2230	161501	30921	30496

注：西部个别省份受发展水平制约，部分年份资本技术密集型制造业出口值为0，故出口贸易结构（*Exstruct*）的最小值为0。以上变量（*Environment* 除外）均进行了对数化处理。

从表7-1对制造业全球价值链升级的相关变量测度中，可以发现体现价值链升级的核心指标的出口技术复杂度具有明显差别，最大值为9.105，但最小值仅为0.058。而制造业绿色低碳转型（*LowCarbon*）指标的差距则更为明显，最小值仅为2.952，但最大值为72.682。其他指标也都存在诸如此类的问题，这与我国各省份所拥有的资源禀赋、地理区位与经济发展水平等因素密切相关。

7.3.3　制造业绿色低碳转型的测度

参照陈婕（2018）、高赢（2019）和宋鹏等（2022）的相关研究，按照理论与实践相结合，全面和重点相结合的原则，本部分对制造业绿色低碳转型的指标体系分别从产业结构低碳化、技术创新绿色化等四个方面进行了构建。产业结构低碳化是贯彻新发展理念、实现国家"双碳"战略的重要抓手，制造业内部结构的低碳转型必将促进我国制造业融入全球低排高效的国际分工环节，推动GVC升级；技术创新绿色化既是制造业结构高级化的动力来源，也是我国保障产业链、供应链安全可靠的核心战略资源；能源消费清洁化是转变我国用能方式结构，调整高排放传统能源消费占比过高的重要举措，有助于削减制造业出口产品隐含的碳排放；减污降碳协同化是适应低碳转型与碳关税对出口产品碳减排、碳消纳的需求，更是应对碳关税贸易规则下高碳产品出口限制，增强我国在国际低碳贸易分工体系中的话语权的现实需求。综合考虑以上因素，构建如表7-2所示的评价指标体系。

表 7-2 制造业绿色低碳转型综合评价指标体系及数据来源说明

指标	指标计算	数据来源	备注
产业结构低碳化[①]	制造业清洁行业产值/制造业污染行业产值	《中国工业统计年鉴》《中国经济普查年鉴》	借鉴原毅军和陈喆（2019）的分类方法将制造业分为清洁行业和污染行业两大类
技术创新绿色化	制造业绿色专利数/制造业专利总数	国家知识产权局	按照世界知识产权局的绿色专利标准，对国家知识产权局各省份制造业绿色专利数和专利总数进行筛查
能源消费清洁化	制造业清洁能源消费量/制造业能源消费总量	《中国能源统计年鉴》、各省市统计年鉴	清洁能源选取天然气，1 万立方米天然气＝13.3 吨标准煤
减污降碳协同化[②]	$ELS = \dfrac{\Delta_{LAP}/LAP}{\Delta_{CO_2}/CO_2}$	CEADs、《中国环境统计年鉴》、各省市统计年鉴	$LAP = \dfrac{1}{0.95}SO_2 + \dfrac{1}{0.95}NO_X + \dfrac{1}{2.18}TSP$

注：①在对产业结构低碳化指标测算时，因 2017 年数据缺失，本部分采用 Matlab 线性插值法根据历年数据对 2017 年数据进行补全。②考虑到数据的可获得性，参照宋鹏等（2022）的方法，选用二氧化硫（SO_2）、氮氧化物（NO_X）及烟粉尘（TSP）作为除二氧化碳（CO_2）以外的其他局部大气污染物（Local Air Pollutants，LAP）。若 $ELS<0$，则代表 LAP 和 CO_2 只有一种污染物实现减排，减污降碳协同效果较差；若 $ELS>0$，分为两种情况：第一种，Δ_{LAP} 和 Δ_{CO_2} 均为负，则代表 LAP 和 CO_2 均实现减排，减污降碳协同效果好；第二种，Δ_{LAP} 和 Δ_{CO_2} 均为正，则代表 LAP 和 CO_2 均没有实现减排，减污降碳协同效果差。

对指标体系进行综合评价有许多方法。其中，熵值法作为客观赋权法的一种，是基于客观数值的内在联系计算得出指标权重的赋权方法。该方法在很大程度上降低了由于笔者主观判断而带来的数据测算结果的误差，增强了结果的客观性。为了更直观准确地说明我国制造业绿色低碳转型的发展状况，借鉴张璨（2021）利用改进熵值法对制造业绿色低碳转型指标体系进行公式化处理，对 2006~2018 年我国 30 个省份制造业绿色低碳转型指标体系的综合评价值进行测算，并参照国家发展和改革委员会发布的区域划分标准[①]。我国各区域制造业绿色低碳转型的发展态势如图 7-1 所示。

从图 7-1 中可以看出，我国各区域制造业绿色低碳转型的总体发展水平呈上升趋势，其中东部地区制造业绿色低碳转型的综合评价值最高，中西部地区次之。其原因在于东部地区在研发投入、技术创新水平和产业结构高度化等方面有

---

① 东部地区为辽宁、河北、北京、天津、山东、江苏、上海、浙江、福建、广东、海南 11 个省份，中部地区包括吉林、黑龙江、山西、安徽、江西、河南、湖北、湖南 8 个省份，西部地区包括内蒙古、陕西、青海、宁夏、新疆、甘肃、贵州、云南、四川、重庆和广西 11 个省份。

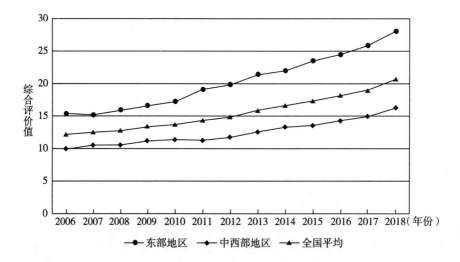

图7-1 我国各地区制造业绿色低碳转型的发展态势

较多优势，而中西部地区受制于现有发展水平，制造业绿色低碳转型更多依靠政府环境规制，其自主创新、产业创新等方面能力较弱。从研发投入和产业结构来看，东部地区改革开放以来凭借地理位置优势，在政策导向、资本集聚等加持下优先促进制造业结构的转型升级，随着劳动力成本的提高、政府企业的环境意识增强，东部地区逐渐淘汰落后产能，实现"腾笼换鸟"和制造业低碳转型，着力发展高资本技术密集型制造业。而中西部地区受经济发展水平制约，制造业发展更多承接来自发达国家或地区的劳动密集型产业转移和资源密集型产业转移，故其产业结构更多呈现出高污染、高耗能和低附加值特征。从技术创新视角来看，东部地区经济发展水平较高，技术资源和资本实力雄厚，企业绿色研发创新的目的在于利用清洁生产，实现投入低成本换来高效产出。而中西部地区现有研发资本结构中，绿色研发投入占比低，且更多用于污染治理技术的创新，创新产出和效益较弱。从能源消费和减污降碳视角来看，东部地区制造业产业结构低碳化时间较中西部地区更早，在清洁能源使用、碳排放方面规制力度更大。

7.4 实证检验与结果分析

7.4.1 基准回归检验

在模型构建和指标测算基础上，采用基准回归模型进行实证检验。表7-3是绿色低碳转型对制造业全球价值链升级影响的基准回归结果。

表7-3 绿色低碳转型影响制造业 *GVC* 升级的基准回归结果

变量	(1)	(2)	(3)	(4)	(5)
	GVC	*GVC*	*GVC*	*GVC*	*GVC*
LowCarbon	0.280***	0.306***	0.327***	0.300***	0.339***
	(0.087)	(0.076)	(0.074)	(0.070)	(0.073)
Infra		1.846***	1.702***	2.051***	2.168***
		(0.406)	(0.408)	(0.406)	(0.413)
Open			0.570***	0.774***	0.688***
			(0.154)	(0.179)	(0.181)
GDPP				−0.316**	−0.397***
				(0.123)	(0.130)
Capital					0.232**
					(0.107)
Constant	0.030	−2.141***	−2.530***	−2.573***	−4.896***
	(0.258)	(0.473)	(0.474)	(0.451)	(1.133)
N	390	390	390	390	390
R^2	0.882	0.891	0.894	0.896	0.898
Province	yes	yes	yes	yes	yes
Year	yes	yes	yes	yes	yes

注：*、**、***分别表示在10%、5%和1%的水平上显著，下同。

具体来看，列（1）是不包含控制变量的情况下，制造业绿色低碳转型（*LowCarbon*）对制造业全球价值链升级（*GVC*）的回归结果，*LowCarbon* 的系数显著为正,表明在其他因素保持不变的情况下,制造业绿色低碳转型变动1%,会带来制造业全球价值链升级同方向变动0.28%。列(2)至列(5)是加入控制变量后的回归结果,*LowCarbon*的系数在依次加入控制变量基础设施水平(*Infra*)、对外开放程度(*Open*)、经济发展水平(*GDPP*)、资本存量(*Capital*)后依旧显著为正,表明我国制造业绿色低碳转型显著促进了制造业全球价值链升级。其可能原因在于,制造业绿色低碳转型过程中,高污染、高耗能的劳动密集型产业逐渐被依靠技术创新、清洁能源驱动、优质资本加持的高资本技术密集型产业取代,依照贸易结构反映生产结构的逻辑,产业结构的优化必将作用于出口结构的改善,拥有低耗高产的制造体系的经济体在低碳发展模式下的国际分工体系中逐渐形成新优势,甚至成为"新链主",从而实现制造业全球价值链升级。

结合控制变量的回归结果来看,资本存量、基础设施水平、对外开放程度对制造业全球价值链升级的影响显著为正,对经济发展水平的影响显著为负。其可能原因在于,资本存量为地区产业发展提供了重要保障,资本存量越高,产业发展的可持续性后劲越强,在国际竞争中越具优势;较高的基础设施水平可以通过提高资源调度的效率,通过成本效应和技术扩散效应推动制造业全球价值链升级;而对外开放是一个经济体开展国际贸易的重要前提和保障,对外开放水平越高,国际贸易成本越低,获取前沿科技和外商投资的机会越大,实现制造业全球价值链升级的动力越强。对经济发展水平的衡量是通过人均生产总值得来的,考虑到人均生产总值的高低与各地产业发展的类型密切相关,部分地区的经济发展是通过现代服务业,如旅游业、现代物流等第三产业带动的,对制造业出口的资源投入势必会挤压地区优势产业的发展空间,从而带来负面波动。

7.4.2 影响渠道检验

7.4.2.1 直接影响机制检验

本部分针对绿色低碳转型与制造业全球价值链升级的影响理论机制进行实证检验。表7-4是制造业绿色低碳转型对其全球价值链升级的直接影响机制检验结果。

表7-4　制造业绿色低碳转型对其全球价值链升级的直接影响机制检验结果

变量	(1)	(2)	(3)	(4)
	GVC	*GVC*	*GVC*	*GVC*
Instruct	0.387***			
	(0.147)			
Tech		0.626***		
		(0.213)		
Energy			0.082***	
			(0.022)	
Environment				0.001**
				(0.004)
Infra	2.348***	1.918***	2.141***	0.933***
	(0.414)	(0.403)	(0.403)	(0.095)
Open	0.661***	0.727***	0.775***	−0.681***
	(0.196)	(0.183)	(0.185)	(0.129)
GDPP	−0.460***	−0.420***	−0.470***	0.149*
	(0.139)	(0.140)	(0.137)	(0.084)
Capital	0.186*	0.084	0.137	0.125***
	(0.108)	(0.101)	(0.101)	(0.028)
Constant	−4.014***	−2.238**	−2.635***	0.336***
	(1.127)	(0.975)	(0.974)	(0.066)
N	390	390	390	390
R²	0.892	0.891	0.893	0.608
Province	yes	yes	yes	yes
Year	yes	yes	yes	yes

列（1）至列（4）分别是产业结构低碳化（*Instruct*）、技术创新绿色化（*Tech*）、能源消费清洁化（*Energy*）、减污降碳协同化（*Environment*）四个指标变量对制造业全球价值链升级（*GVC*）的回归结果。其中，*Instruct*、*Tech*、*Energy*、*Environment* 的系数均显著为正，证实了制造业绿色低碳转型通过产业结构效应、技术创新效应、能源消费结构效应、减污降碳效应推动其全球价值链升级，假设1至假设4得到证实。

具体来看，在产业结构低碳化进程中，更多涉及生态化、生产清洁化和废弃物资源化的产业成为制造业绿色发展的领跑者，逐渐形成规模化的绿色发展模式，从源头上打造绿色低碳的产业链、供应链，不断提高产业生产效率和可持续发展水平，实现我国制造业在全球价值链中地位攀升。当然，产业结构的优化离不开技术创新的发展，产业结构低碳化体现为绿色技术创新带来的边际效率改善和绿色全要素生产率提升，在制造业全球价值链中，技术创新成为重塑各国贸易产品竞争力和全球竞争格局的重要因素。就能源消费而言，粗放型生产方式依然存在，单位产品能耗居高不下，这也要求制造业企业不断挖掘清洁能源潜能，利用低碳能源技术创新突破传统能源消耗困境，以更好地增强产业链的韧性和弹性，实现制造业全球价值链升级。对减污降碳协同化这个指标变量而言，在其他条件保持不变的情况下，一个地区碳排放量的大小与碳生产力水平的高低成反比，碳生产力是衡量一个国家和地区物质资源消耗和财富资本积累的重要指标，碳排放量越小，碳生产力水平越高，产业发展的受制约性越低，对突破我国制造业"低端锁定"的困境越有利。

7.4.2.2 间接影响机制检验

在对产业结构低碳化、技术创新绿色化、能源消费清洁化和减污降碳协同化四个直接效应检验的基础上，借助中介效应模型对出口贸易结构和绿色贸易壁垒两个中介变量进行间接影响机制检验。表 7-5 为绿色低碳转型对制造业全球价值链升级的间接影响机制检验结果。

表 7-5　绿色低碳转型对制造业全球价值链升级的间接影响机制检验结果

变量	(1) GVC	(2) Exstruct	(3) GVC	(4) Barrier	(5) GVC
LowCarbon	0.339*** (0.073)	0.296** (0.140)	0.286*** (0.064)	-0.464*** (0.057)	0.351*** (0.069)
Exstruct			0.177*** (0.028)		
Barrier					-0.135*** (0.031)
Infra	2.168*** (0.413)	0.019 (0.854)	2.165*** (0.403)	0.107 (0.109)	1.995*** (0.391)

续表

变量	(1)	(2)	(3)	(4)	(5)
	GVC	*Exstruct*	*GVC*	*Barrier*	*GVC*
Open	0. 688***	2. 552***	0. 235	−1. 293***	0. 444***
	(0. 181)	(0. 411)	(0. 170)	(0. 257)	(0. 170)
GDPP	−0. 397***	−0. 096	−0. 380***	0. 266**	−0. 310**
	(0. 130)	(0. 280)	(0. 116)	(0. 130)	(0. 126)
Capital	0. 232**	−0. 463**	0. 315***	0. 954***	0. 254**
	(0. 107)	(0. 232)	(0. 111)	(0. 040)	(0. 105)
Constant	−4. 896***	4. 975**	−5. 779***	−6. 524***	−4. 752***
	(1. 133)	(2. 285)	(1. 106)	(0. 438)	(1. 096)
N	390	390	390	390	390
R^2	0. 898	0. 895	0. 912	0. 719	0. 904
Province	yes	yes	yes	no	yes
Year	yes	yes	yes	yes	yes

列（1）至列（3）是检验模型是否存在出口结构优化中介效应的回归结果。从列（1）来看，*LowCarbon* 对 *GVC* 的回归系数显著为正，代表绿色低碳转型促进了制造业全球价值链升级；从列（2）来看，*LowCarbon* 对 *Exstruct* 的回归系数显著为正，证实了绿色低碳转型与出口贸易结构优化之间的正向作用关系；列（3）表明 *LowCarbon*、*Exstruct* 对 *GVC* 的回归系数均显著为正，证实绿色低碳转型确实通过改善出口贸易结构来推动制造业全球价值链升级。以上回归结果表明，我国通过制造业绿色低碳转型，实现了出口产品向高资本技术密集型转变，贸易结构呈现高级化；在绿色技术创新的加持下，产品生产运营全链条呈现清洁化、集约化，有效降低了"中国制造"被锁定在附加值低、微利化、能耗高的价值链低端生产环节的风险，推动中国制造业向价值链中高端环节迈进。

列（1）、列（4）、列（5）是检验模型是否存在绿色贸易壁垒削减效应的回归结果。*LowCarbon* 对 *Barrier* 的回归系数显著为负，表明在不存在贸易保护的情况下，制造业绿色低碳转型确实会减少商品出口可能遭遇的绿色贸易壁垒限制，而列（5）中 *Barrier* 对 *GVC* 的回归系数也证实削减绿色贸易壁垒对制造业全球价值链升级有显著促进作用。综合以上回归结果来看，绿色低碳转型通过破除绿色贸易壁垒限制，推动制造业全球价值链升级。中国制造业产品出口因"碳标签"长期以来受到发达国家贸易制裁，在绿色低碳转型导向下，政府优化环境监管体系，企业利用绿色技术创新不断助力生产链条低消耗、低排放，这样原本用于应对贸易制裁的成本可以转化为企业创新资金，形成产品清洁生产—出口贸易质量效益提升的良性互动，有效推动我国制造业在全球价值链体系中的地位攀升。

参照 Hayes 和 Preacher（2014）提出的 Bootstrap 方法进行中介效应检验，使用 SPSSAU 软件，在 95% 的置信区间下，中介检验的结果的确没有包含 0（LLC = −1.7168，ULC = −0.1572），表明绿色低碳转型间接影响制造业 GVC 升级的中介效应显著，且中介效应大小为 −0.8465。

根据以上实证结果，在假设 5 中所提出的制造业绿色低碳转型，通过出口贸易结构改善、绿色贸易壁垒削减的中介效应间接影响 GVC 升级的理论假设得到证实。

7.4.3 异质性分析

前面对绿色低碳转型与制造业全球价值链升级两者之间的关系进行了基准回归和影响渠道检验，下面将在此基础上，进一步考察绿色低碳转型对制造业全球价值链升级影响的区域性差异。表 7-6 为东部、中部、西部地区绿色低碳转型对制造业全球价值链升级影响的异质性检验结果。

表 7-6　我国东部、中部、西部制造业绿色低碳转型影响

GVC 升级的异质性检验结果

变量	（1）东部地区	（2）中部地区	（3）西部地区
	GVC	GVC	GVC
LowCarbon	0.784***	0.520***	0.194
	(0.114)	(0.086)	(0.122)
Infra	2.367***	−0.895	4.132***
	(0.616)	(0.727)	(0.833)
Open	0.261	0.615***	0.508
	(0.365)	(0.197)	(0.406)
GDPP	0.126	−0.154	−1.271***
	(0.186)	(0.181)	(0.275)

续表

变量	（1）东部地区	（2）中部地区	（3）西部地区
	GVC	*GVC*	*GVC*
Capital	0.159 （0.189）	1.196*** （0.221）	0.623** （0.304）
Constant	−6.104*** （1.961）	−12.312*** （1.906）	−6.904** （2.946）
N	143	104	143
R²	0.916	0.948	0.901
Province	yes	yes	yes
Year	yes	yes	yes

列（1）至列（3）分别是东部地区、中部地区、西部地区的回归结果。从结果来看，东部地区、中部地区绿色低碳转型对制造业全球价值链升级存在影响，西部地区影响不显著。具体来看，东部地区回归系数 0.784 明显大于中部地区回归系数 0.520，表明东部地区绿色低碳转型对制造业全球价值链升级的促进作用大于中部地区。

从现实角度对回归结果进行分析。具体来看，对东部地区而言，受经济发展水平、资本密集度、要素禀赋、技术创新等因素影响，制造业发展领先于中西部地区，在污染治理、环境规制和绿色技术创新等方面力度更大，制造业绿色低碳转型更彻底，绿色化、专业化产品在国际市场中更具优势，更利于产业向价值链中高端推进。中部地区经济发展水平对比东部地区相对落后，自然资源禀赋特性形成了大规模的高耗能、高污染产业聚集，通过绿色低碳转型，制造业产品质量提升和产业结构优化的边际效用显著，对改善地区制造业在价值链中低附加值、高碳排放的分工地位有积极推动作用。对西部地区而言，受遵循成本效应影响，环境规制会导致企业治污成本增加，抑制企业进行绿色技术创新。而技术创新对企业出口产品质量提升和出口结构改善有着至关重要的作用，西部地区发展受水平制约，尚处于创新补偿效应小于遵循成本效应的阶段，对制造业出口升级的作用不显著。

7.4.4 稳健性检验

为使实证研究结论具有稳定可靠性，从以下两方面进行稳健性检验：

7.4.4.1　更换衡量指标

通过替换制造业绿色低碳转型衡量指标来检验估计结果的可靠性。本书对制造业绿色低碳转型的衡量是通过指标体系构建的方法进行，为了增强稳健性检验结果的准确性，本部分对表7-2中构成制造业绿色低碳转型指标的原衡量方法进行替换。其中产业结构低碳化指标用"制造业资本技术密集型产业产值/制造业劳动密集型产业产值"表示，技术创新绿色化指标用"制造业绿色全要素生产率"表示，减污降碳协同化用"污染治理投资总额"表示，考虑到能源消费清洁化指标针对性较强，此处不做更换。在新构成的指标体系的基础上，利用熵值法对制造业绿色低碳转型综合评价指标进行重新测算。

表7-7显示了对变量进行替换后的检验结果。其中，列（1）至列（5）分别是制造业绿色低碳转型及其四个构成指标对制造业全球价值链升级影响的回归结果，检验结果与基准回归结果一致，表明制造业绿色低碳转型、产业结构低碳化、技术创新绿色化、能源消费清洁化、减污降碳协同化对制造业全球价值链升级都起着正向促进作用，不会因为测算方式不同而有较大改变。

表7-7　指标替换的回归检验结果

变量	（1）	（2）	（3）	（4）	（5）
	GVC	GVC	GVC	GVC	GVC
LowCarbon	0.186*** (0.058)				
Instruct		0.145** (0.061)			
Tech			0.100** (0.051)		
Energy				0.082*** (0.022)	
Environment					0.080*** (0.026)
Infra	2.270*** (0.415)	2.088*** (0.392)	2.159*** (0.402)	2.141*** (0.403)	2.166*** (0.407)

续表

变量	(1)	(2)	(3)	(4)	(5)
	GVC	*GVC*	*GVC*	*GVC*	*GVC*
Open	0.699***	0.659***	0.771***	0.775***	0.470**
	(0.181)	(0.179)	(0.179)	(0.185)	(0.183)
GDPP	−0.488***	−0.545***	−0.527***	−0.470***	−0.432***
	(0.137)	(0.145)	(0.143)	(0.137)	(0.132)
Capital	0.134	0.172	0.177	0.137	0.132
	(0.102)	(0.109)	(0.108)	(0.101)	(0.113)
Constant	−3.413***	−3.304***	−3.519***	−2.635***	−2.949***
	(1.041)	(1.059)	(1.102)	(0.974)	(1.028)
N	390	390	390	390	390
R^2	0.893	0.892	0.891	0.893	0.896
Province	yes	yes	yes	yes	yes
Year	yes	yes	yes	yes	yes

7.4.4.2 内生性检验

内生性问题主要分为两类：一是遗漏变量。检验有效控制了年份和省份层面的固定效应，但考虑到研究角度的差异，模型中仍可能缺失了影响制造业全球价值链升级的重要变量；二是被解释变量与解释变量之间互为因果关系。本部分从绿色低碳转型的角度探究其对制造业全球价值链升级的影响，但在全球低碳发展模式的引领下，制造业全球价值链升级也可能会倒逼产业绿色低碳转型。基于此，参照耿晔强和白力芳（2019）的做法，选取内生解释变量的滞后一阶作为工具变量，并运用面板两阶段最小二乘法和迭代 GMM 进行回归，以进一步缓解内生性问题。表 7-8 是内生性检验的回归结果，制造业绿色低碳转型的系数显著为正，证实了研究结论的稳健性。

表 7-8　内生性检验的回归分析结果

变量	第一阶段	第二阶段
	LowCarbon	*GVC*
L1. LowCarbon	0.824***	
	(0.042)	

变量	第一阶段	第二阶段
	LowCarbon	*GVC*
LowCarbon		0.466 ***
		(0.084)
Infra	−0.064	1.801 ***
	(0.221)	(0.412)
Open	0.092	0.709 ***
	(0.096)	(0.196)
GDPP	−0.002	−0.376 ***
	(0.074)	(0.130)
Capital	−0.070	0.268 **
	(0.065)	(0.115)
Constant	1.499 *	−4.774 ***
	(0.776)	(1.383)
N	360	360
R^2	0.981	0.901
Province	yes	yes
Year	yes	yes
F 统计量	934.29	

7.5 基本结论与政策启示

7.5.1 基本结论

其一，本章根据构建的指标体系对我国制造业绿色低碳转型及制造业全球价值链升级指标进行测度，发现两者都呈逐年优化趋势。同时依据制造业绿色低碳转型指标测算结果发现：产业结构低碳化、技术创新绿色化、能源消费清洁化、减污降碳协同化四个指标都呈现出逐年向好趋势，且产业结构低碳化、技术创新绿色化两个指标优化力度明显大于其他指标；从地区发展水平来看，我国制造业绿色低碳转型水平具有明显异质性，东部地区、中部地区、西部地区呈现阶梯化发展态势，东部地区水平最高，中西部地区次之。

其二，制造业绿色低碳转型促进制造业全球价值链升级的四个假设得到了证实。其中，产业结构和技术创新对制造业全球价值链升级的影响大于清洁能源消费和减污降碳，且都为正向促进作用。此外，基于出口贸易结构改善效应和绿色贸易壁垒削减效应作用于制造业全球价值链升级的间接影响效应，也通过中介效应检验得到了证实。

其三，绿色低碳转型对制造业全球价值链升级的影响因区域不同而存在差异性。东部地区产业发展基础、科研力度、环境规制等都强于中西部地区，绿色低碳转型对制造业全球价值链升级的促进作用最大；中部地区因地理位置和资源优势承接了较多污染密集型制造业，要加强产业转型和污染治理制造业通过绿色技术创新实施绿色化转型是新型工业化的必然要求，也是实现中国式现代化的应有之义。我国尚处于工业化、城镇化的快速发展进程中，产业转移还待循序渐进，产业结构仍未跨越高消耗、高排放阶段，要突破资源环境约束瓶颈，必须坚持走新型工业化道路，加快构建资源节约、环境友好的绿色制造体系，打造绿色新动能。制造业绿色化还要基于我国产业结构和资源现状，立足当前发展阶段，和产业布局的区域实际。我国各地资源分布不同，产业分工各异，绿色化方向也不尽相同。比如，东部地区虽然高技术产业和先进制造业占比较大，但资源环境约束压力也更大，更需作出绿色低碳转型表率；中西部地区是原材料供应的重要区域，不少地方长期以来产业结构单一，绿色化转型还得久久为功。建议中西部地区可优先通过制造业智能化改造与绿色化发展有效结合，以数字化转型驱动生产方式变革，用数字技术提升能源、资源、环境管理水平，在绿色低碳领域形成新的经济增长点，实现企业经济效益和社会效益的协同，让绿色化打开产业提质增效的新空间，推动企业在发展中推动转型，在转型中促进发展，以最大限度激发制造企业绿色化转型的动力。

7.5.2 政策启示

其一，延长清洁能源产业链，打造绿色低碳制造体系。借助绿色低碳技术，提高风电、水电、光伏等清洁能源占比，改变传统能源体系的高耗能、高排放耗属性，有效降低产业能源使用造成的污染排放，提高能源资源利用效率，延长清洁能源产业链，强化能源供应体系的自主可控能力。优化制造业结构布局，采用先进技术改造传统产业，淘汰高耗低产的落后生产力，增强制造业供给体系与需求体系的匹配度，严控污染企业产能规模，推进清洁化、轻量化、绿色化、低碳化产业体系形成与战略性新兴产业发展。健全优质制造企业梯度培育体系，大力培育"专精特新"中小企业和具有绿色技术主导力、核心竞争力的产业链龙头企业，打造一批具有国际竞争力的制造业集群，深度融入国际产业链、供应链，推动中国制造业迈向全球价值链中高端。

其二，统筹各地区制造业发展优势，促进减污降碳协同增效。结合各地产业发展实际及碳减排、碳达峰目标的要求，健全制造业减污降碳协同机制。完善碳排放核算标准，利用大数据对制造业重点地区与细分行业碳排放进行监测，加强对污染排放的监管力度。建立健全全国碳交易统一市场，通过设定碳排放价格增强制造行业低碳转型的内在动力，用市场调节机制推进能源结构和高碳产业实现根本改变，助推双碳目标实现。加大各地区信息技术、现代服务业与传统制造业的融合力度，提高制造业产品设计、生产等环节的节能水平和绿色低碳标准，扩大低碳化高附加值制造业产品在出口贸易结构中的比重，推进制造业向 GVC 高端迈进。

8 环境规制、绿色技术创新与制造业价值链攀升

在当前逆全球化、中美博弈和全球经济低迷的背景下，实现制造业低碳转型既是中国迈向全球价值链中高端环节的关键，也是迈向制造强国的必经之路。《中国制造 2025》强调的"绿色制造""实现全球价值链攀升"为我国实施制造强国战略与制造业低碳转型提供了基本遵循。继《增强制造业核心竞争力三年行动计划（2018—2020 年）》后，在 2022 年的两会上，李克强总理强调，必须提高制造业核心竞争力，促进制造业低碳转型，加快推进先进制造业集群建设，培育"专精特新"企业。我国 2023 年政府工作报告对制造业低碳转型作出了重要部署，明确要围绕制造业重点产业链，集中优质资源合力推进关键核心技术攻关。制造业作为中国实体经济发展的主体，既是减污降碳的重点产业领域，也是经济绿色低碳转型实现高质量发展的重心。因此，各地为实现绿色创新发展目标，依据自身产业结构，因地制宜出台环境规制相关政策，旨在通过政策引导各种资源要素流向低碳产业，以倒逼高碳产业转型升级。在产业向绿色清洁化发展成为既定目标的条件下，通过环境规制促进绿色技术创新，就成为制造业低碳转型的突破点。中国从制造大国向制造强国迈进的关键也在于绿色技术创新，通过绿色技术创新提升清洁技术含量与产业竞争力，最终实现制造业价值链向中高端升级。

制造业全球价值链中高端攀升目标将对中国经济转型升级、区域产业协调发展、能源结构调整和技术创新水平的提高产生深远影响。随着"十四五"期间中国经济向绿色发展加快转型，在推进制造业高质量发展的背景下，加快在百年未有之大变局及复杂的国内外环境中实现制造业绿色创新发展，探究环境规制政

策、绿色技术创新与中国制造业向中高端攀升三者之间的内在机理，不仅有利于加快实现制造业高碳模式转型，提高产业核心竞争力，促进实体经济蓬勃发展，同时对我国生态文明建设及资源环境生态的绿色永续发展具有重要理论意义与现实意义。

8.1　文献综述

学术界探究环境规制对制造业价值链的影响，主要从国际或省际层面视角集中于制造业国际竞争力、绿色技术创新及制造业价值链攀升等方面展开相关研究。

8.1.1　环境规制与制造业价值链攀升

随着全球贸易的迅速发展，制造业已成为全球经济的重要支柱产业。然而环境问题的日益凸显，使制造业在快速发展的同时，也更注重绿色环保问题。现有文献中对两者之间的研究比较多，但是具体研究环境规制与制造业价值链攀升的则相对少些，因此本节从这两方面影响的视角进行完善。

过去的学术研究中，有学者认为，环境规制主要是通过遵循成本效应来影响价值链攀升。换言之，严格的环境规制将加大一国在环境保护方面的成本投入，对其他生产经营活动的发展和提升不利，继而影响到一国的国际竞争力。Ollivier（2016）认为环境规制会内化企业外部成本，减少利润空间，这就降低了企业的国际竞争力，使发达国家在严格的环境规制中不再拥有贸易比较优势，通过外商直接投资将其直接转让给发展中国家，而发展中国家环境规制约束能力较弱，因此具有污染密集型商品的贸易比较优势，自然变成了"规避天堂"。谢波等（2018）选取45个国家2001~2011年的面板数据，探讨环境规制和服务业全球价值链两者之间的关系，研究发现，环境规制强度提升使一国服务业在全球价值链中的相对位置下降，对"污染避难假说"进行检验。胡浩然（2019）分析、研究了2006年发布的清洁生产行业标准案例，结果显示，环境规制发挥挤出效应将提升运营成本，因而使企业生产率下降，产品质量下降，减少了产品附加值。侯方森等（2022）运用空间计量模型探究我国省域环境规制强度的提高会对相邻地域加工木材业产生"污染避难所假说"，对相邻省域全球价值链产生负向影响。

然而，有学者提出，环境规制主要通过创新补偿效应来促进价值链攀升。也就是说，严格的环境规制通过刺激企业生产技术创新，采用更加先进的清洁环保设备，减少环境规制带来的消极影响。因此，产品成本的提高可通过企业技术创新来补偿，从而增强企业产品竞争力水平。因此，在环境问题日益突出的今天，环境规制能否促进价值链提升成为国内外学术界关注的焦点之一。高静和刘国光（2014）对环境规制和污染品出口总量两者之间的关系进行实证研究，发现一个国家的环境规制越强，该国出口的污染品就越低。张永旺和宋林（2019）以中国工业企业和海关进出口企业的微观数据为例，分析环境规制在出口贸易产品升级中的作用，结果发现提高环境规制强度可以激励企业创新研发动力，提升技术改造水平、产品质量和附加值。韩孟孟和严东升（2020）利用 WIOD 投入产出数据测算了中国制造业全球价值链地位指数，并从行业角度分析了环境规制对其影响，结果是两者之间具有正向促进作用；同时，全球价值链分工地位受到行业要素密集度与污染程度的影响。

此外，还有学者认为在遵循成本效应和创新补偿效应这两种机制的协同作用下，环境规制对制造业全球价值链地位呈非线性影响。蒋伏心等（2013）以两步GMM 模型对环境规制的直接作用和间接效用影响进行分析，结果发现，在环境规制约束程度逐步提高的情况下，技术创新与企业竞争力之间的作用也从"抵消效用"向"补偿效用"过渡。肖晓军等（2019）以门槛模型为基础，研究了环境规制对出口技术复杂度的门槛效应，结果显示不同环境规制强度对出口技术的影响作用不同，两者之间呈非线性关系。盛鹏飞和魏豪豪（2020）利用面板自回归分布滞后模型，从短期效应和长期效应检验环境规制如何影响制造业全球价值链指数，结果发现环境规制短期和长期的影响均呈现"U"型非线性关系。总的来说，环境规制对全球价值链地位存在非线性关系，从发展的角度分析，环境规制对全球价值链地位的攀升呈正向促进作用（许冬兰和张敏，2020）。

8.1.2 环境规制与绿色技术创新

自 Porter（1992）提出"波特假说"后，国内外学者一直围绕环境规制与绿色技术创新的关系展开研究。从现有的研究分析，主要观点归纳为以下三类：

第一，环境规制推动了绿色技术创新。引入环境变量来考察两者之间的关系。吴超等（2018）构建 DEA-RAM 联合效率模型，构建重污染行业绿色创新效率提升模式，发现环境规制是提升绿色创新效率的关键。陶锋和王余妃（2018）表示，环境规制对企业研发偏向具有导向作用，因此促进绿色生产率的提高。以省级面板数据为例，实证分析环境规制在不同区域绿色技术创新中的作用，其结果一直显著为正，从而佐证了"波特假说"。Peng 等（2021）研究表明环境规制有利于激发企业绿色技术创新意愿，进一步推动绿色技术创新的投资与实现。

第二，环境规制明显抑制绿色技术创新。在经济增长方面，环境规制通过直接和间接两个渠道抑制技术进步率，从而降低企业绿色技术创新的积极性。高强度环境规制在提高企业环境保护成本的同时，还以挤出效应对研发投资产生影响，并且管理者的行为受到环境规制的约束，因而抑制企业绿色技术创新（谢荣辉，2017）。伍格致和游达明（2019）从财政分权的角度研究，命令与控制型、市场型、治理投入型和公众自愿型四种不同类型环境规制工具在全国层面上都对技术创新产生了抑制作用，因而不支持"波特假说"。牛美晨和刘晔（2021）以重污染企业为研究范围，运用双重差分法，研究发现征收排污费标准的提升整体上抑制企业绿色技术创新。

第三，两者之间的关系具有不确定性。从宏微观视角分析，环境规制与绿色技术进步之间呈"U"型关系（张娟等，2019）。从区域、行业、环境规制工具等不同方面对两者关系进行研究，结果发现呈"U"型非线性关系，并且环境规制对绿色技术创新具有一定的门槛作用（陈宇科等，2022）。基于区域竞争力的视角，李香菊和贺娜（2018）发现企业绿色技术创新表现出明显的空间相关性，环境税、排污费对企业绿色技术创新均呈非线性关系。邝嫦娥和路江林（2019）使用成本最小化理论模型，说明环境规制强度的不同水平对绿色技术创新产生差异，并表现出显著的"V"型门槛特征。朱泽钢（2022）构建层级回归模型，从短期和长期两个层面探究了环境规制对绿色技术创新的影响，继而得出短期两者之间存在倒"U"型关系，长期则存在"U"型关系。

8.1.3　绿色技术创新与制造业价值链攀升

近年来，伴随着国内外各类环境污染、气候灾害等问题的出现，绿色经济走进了人们的视野，它是一种推动经济增长、生态环境保护和协调发展的经济发展方式。本部分以制造业为研究切入点，分析绿色技术创新对制造业全球价值链提升的作用机制。在中国，存在着绿色技术创新研究起步晚，没有形成一个系统的理论研究体系等问题，因此关于两者直接之间的研究，已有的理论主要分为以下两类：

第一，绿色技术创新可以有效推动制造业价值链的攀升。学者通过梳理国内外相关文献，总结出制造业全球价值链攀升的路径和机理，认为绿色技术创新对提升产业价值链增值有重要作用。Kaplinsky（2000）指出，价值链附加值的本质既是实施主体收益报酬的取得，也是通过多样化方式获取经济租金，这些经济租金与低碳绿色环保的要求是密切联系在一起的，相互影响。Gereffi 等（2012）认为中国目前仍然处于制造业全球价值链的低端，要提高产品附加值必须依靠绿色技术创新，进而提升在国际上的竞争力。颜青等（2022）选取省际面板数据，使用多种实证方法研究两者之间的关系，结果显示，以节能减排的方式促进制造业从数量增长转向结构优化、系统性发展模式，倒逼制造业以纵向深化、横向拓展等方式，助推制造业向"微笑曲线"两端攀升，提升制造业全球价值链分工地位。屠年松和龚凯翔（2022）建立双向固定效应模型检验技术创新对制造业价值链攀升的影响，研究表明，技术创新显著促进了制造业价值链的攀升。

第二，绿色技术创新和制造业价值链的攀升表现为非线性。韩军辉和闫姗娜（2018）采用系统 GMM 方法，对两者的关系进行了实证研究，结果显示两者之间不只是简单的线性关系，还存在着非线性"U"型关系。在短期内，绿色技术创新能力弱，给制造业价值链的攀升带来不利影响，但从长远看，绿色技术的创新水平逐步提高，在制造业价值链攀升过程中将发挥积极作用。徐盈之和顾沛（2019）对我国 2005~2017 年省际绿色经济效率进行测度，建立面板 Tobit 模型和面板门槛阈值模型，对两者之间的非线性进行实证研究，结果呈"U"型关系。宋培等（2021）基于世界投入产出表，选择中国作为研究对象，测算 43 个经济体关于制造业的相关指标来重新界定制造业行业升级方向，并以中国作为研究对象，实证检验了绿色技术创新对制造业全球价值链升级的影响，结果显示，两者之间存在"U"型关系，即绿色技术创新只有跨越一定的门槛才可推动制造业全球价值链升级。

本节围绕环境规制、绿色技术创新和制造业价值链攀升三个关键词，对现有相关研究进行了系统梳理。可以看出，当前研究环境规制、绿色技术创新与制造业价值链攀升两两关系的文献比较翔实，但仍存在一定的局限，可以完善。在双碳目标的引领下，绿色技术创新显然已经成为产业竞争和实现经济高质量发展的关键因素，那么环境规制约束是否对绿色技术创新作用于制造业价值链攀升产生影响呢？其方向、路径是怎样的？这是一个值得深入研究的问题。

基于以上分析，本部分尝试在以下三方面有所拓展：第一，现有文献主要集中于对以上要素的两两关系、影响因素研究，本部分基于三者之间的关系进行探究，进一步丰富了该领域的相关研究。第二，从全局和局部两个层面，实证分析了绿色技术创新对制造业价值链攀升的影响作用，并进一步探讨了绿色技术创新和环境规制交互项对制造业价值链攀升的影响作用。第三，构建阈值效应模型，将环境规制纳入其中，从理论和实证两个角度，研究不同强度的环境规制对绿色技术创新影响制造业价值链攀升的作用机制。

8.2　理论基础与机制分析

8.2.1　概念辨析与内涵界定

（1）环境规制。从隶属关系分析，环境规制属于规制的范畴。因此，在分析环境规制之前，我们先了解规制的内涵。

其一，规制的含义。规制来源于市场失灵，以市场机制为基础，一些经济行为主体对社会公众效用产生负外部性，损失公共利益，因此要求社会公共利益委托人，制定和执行规则制度（即规制），由此实现公共利益最大化。规制的主体是国家和政府，客体主要是指包括企业在内等各类经济组织。就规制的基础与方式而言，主要有各类法律法规、行业规范与风俗习惯、社会规范等。规制可以大致划分为两种类型，一种是公众规制，另一种是个人规制。公众规制是社会公共部门通过对市场经济中从事具有负外部性的经济活动的特定主体施加特定的规章，对其进行规范，以达到管理的目的，从而实现公共利益的最大化。按照性质分，公共规制又可进一步分为社会性规制和经济性规制。个人规制是指对个人活动进行规制的行为，例如父母对子女行动的限制行为。

基于以上分析，我们认为规制的含义是为应对市场失灵，社会公共利益委托者为了实现整体利益最大化，避免在市场经济下经济主体给社会公共利益造成负外部性，对特定经济主体施加相应规章制度和措施，进行纠偏的过程。

其二，环境规制的内涵。环境规制具有公众性，是社会性规制与经济性规制的统一，为了解决在市场失灵的情形下由于环境污染所造成的负外部性，从而使人们产生改善环境的迫切需要。最初，环境规制是政府通过制定制度和执行政策来规范控制环境资源市场，从而达到提高环境质量的目的，主要包括许可证制度、环境禁令等规制手段。但是，在现实生活中，以市场化为导向的环境税、环境补贴，以及排污费等环境规制工具的制定和实施，应在利用政府行政手段的基础上，将其扩展到以市场为导向的经济方式。实现既有政府"有形的手"直接或间接干预环境污染，又有市场机制"无形的手"，调节和控制环境资源。随着人们对环保认识的不断提高，与政府强制性的行政手段、市场机制下的间接规制和调控等显性的环境规制相比，一些依靠经济社会主体的环保意识、素养等隐性的环境规制也越来越引起人们的重视。近年来，随着互联网的发展和大众环保意识的增强，公众更加关心环境污染问题的曝光和社会环境污染现状，这以无形的方式向政府和企业增加了巨大的压力，这就是隐性的环境规制的一种表现形式。

环境规制的含义可总结为：以实现环境保护与经济社会可持续发展为目的的主体，包括社会组织、企业在内的机构和个人，通过拟定并实施一切有形的、无形的环境治理与保护的规则制度，对导致环境污染的组织及个人的行为活动进行约束和调控的行为。

（2）绿色技术创新。绿色技术创新是 20 世纪 90 年代英国学者 E. B 和 D. Wield 首次提出的。所谓绿色技术，就是要减少环境污染，提高自然资源与能源使用效率，减少原料所用产品、工艺和技术的统称（齐绍洲等，2018）。它在本质上是一种新的技术观，强调人与自然的和谐相处，追求人类社会与自然环境的共同进化。

绿色技术就是为了达到生态与经济之间的平衡，以实现可持续发展为宗旨，主要以污染控制和预防技术为主，包括源头削减技术、废弃物最少化技术等。Caracuel 和 Ortiz-de-Mandojana（2013）将绿色技术创新划分为产品设计、绿色工艺、绿色材料等细分领域。近年来，国际社会越来越关注绿色技术创新问题。

国内学者提倡把绿色技术创新划分为"二分法""三分法"两大模型。按照"二分法",绿色技术创新可以划分为绿色产品创新与绿色工艺创新(原毅军和陈喆,2019);按照"三分法",绿色技术创新可以进一步细分为末端治理技术创新、清洁工艺创新和绿色产品创新三个层面。除此之外,相比传统的技术创新,绿色技术创新存在着双重外部性,即创新知识外溢正外部性和污染排放负外部性(张慧智和孙茹峰,2023)。

绿色技术创新的含义。界定为以生产为基础、消费和产品回收利用的工艺、管理和非技术理念与方式的创新,将生态环境保护这一理念纳入创新之中,然后在整个产品生命周期中资源创新消耗与生态环境质量,均达到综合最优化创新的活动之统称。

(3)制造业价值链攀升。制造业隶属于第二产业,以市场消费需求为导向,把各种生产要素经过一定制造工艺,转化成可供人们使用的产品,是国民经济的支柱行业。制造业在一国经济中占有极其重要的地位,是一个国家生产力水平的直接反映,主要涉及产品制造、设计、原材料采购、设备组装、仓储运输、订单处理、批发零售等。

价值链的概念最早是由迈克尔·波特提出的。在波特之后,寇加特也对价值链进行了分析,进一步明晰了垂直分离的价值链会对全球空间再分配产生显著影响。在价值链的提升中,企业将通过增强自身创新能力,提高管理水平,推出或发展新产品、新技术,优化产品设计等,从而达到增强其核心竞争力,改进生产技术效率,减少自身生产成本,最终实现高额利润。与此同时,伴随着企业产出效率不断提升,行业内生产要素资源亦会由劳动密集型转向资本密集型、技术与知识密集型的过渡。此外,在企业内部技术水平不断提升、管理经验不断积累的情况下,很可能使企业出现技术性的突破,由此步入全新的、拥有较高附加值的产业链环节。价值链攀升可以划分为过程攀升、产品攀升、功能攀升及跨价值链攀升四类。

综上所述,制造业价值链的攀升意味着企业通过资源的持续优化配置、新产品的研制或推出、生产工艺流程的完善、技术创新能力的提高、产品质量的强化等途径,由低技术水平、低附加值的价值链"低端"部分向高技术水平、高附加值的价值链中"高端"部分攀升的趋势与进程。

8.2.2　价值链攀升中制造企业的纵向生产联系与合作

在全球价值链中，制造企业与上下游企业之间有什么联系，制造企业如何利用这种联系提高自己的能力？制造企业的行为会对制造业的升级产生什么影响？本部分讨论的是产业内升级，即单个产业价值创造能力的提升。本部分假设全球价值链的结构是稳定的，上下游产业之间、不同的生产环节和企业之间，其相互联系和约束是给定的、不变的。

（1）制造企业间的纵向关联关系。本书将价值链中上下游企业之间的纵向联系称之为纵向关联。所谓纵向关联是指以企业间纵向生产性联系为结构性特征，以企业间契约性联系为行为性特征的上下游产业之间的综合联系。纵向关联的内涵比所谓"产业关联""纵向关系"更为丰富，如图8-1所示。

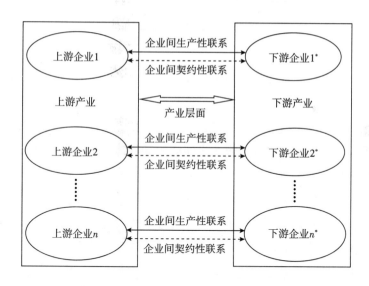

图8-1　纵向关联的内涵：两个层面、双重性质

首先，纵向关联包括产业和企业两个层面，企业之间的纵向联系是产业关联的微观基础；其次，它包括生产性联系和契约性联系（或制度性联系）两方面的内容，以下分析将要指出，生产性联系是契约性联系的基础；最后，从"结构—行为—绩效"的角度来看，生产性联系在本书中被看作产业间联系的结构性特征，契约性联系是为最小化企业间合作的交易成本而产生的。

（2）价值链企业间的纵向生产性联系。与研究横向企业之间的合作不同，纵向企业之间的资源和能力表现出显著的差异，替代性低。在分工细化的背景下，纵向企业存在着对资源和能力的依赖。具体来讲，上下游企业之间为生产目的而发生的结构性联系，主要从以下三个方面进行描述：

其一，投入产出关系。投入产出关系在产业层面上用投入产出比来衡量，在企业层面上用生产函数来衡量。投入产出关系是纵向企业之间的基本联系，构成企业生产经营活动的基本约束，如图8-2所示。纵向企业之间的其他联系，如知识、技术和能力的联系，以及企业间发生的各种合作行为，都以投入产出为前提。

图8-2　价值链投入产出

投入产出关系除了用数量联系进行描述外，也可以用价格联系来描述，即上下游产业和企业之间的市场交换关系。价格联系使不同产业之间的产品或服务联系可以用统一的标准进行度量，并在替代性产业和企业之间引入了竞争关系。投入产出关系也是供求关系，纵向企业之间的相互依赖可用需求弹性和供给弹性来描述。需求弹性反映了下游厂商对中间品的替代品的可获得程度，供给弹性反映了中间品的多用途性。上下游企业之间的投入产出关系进一步引起了纵向企业之间业务和工艺的关联性，并主要由中间品的性质所决定。

其二，价值链技术联系。技术联系主要用技术可分性来描述，即上下游企业之间在技术上的依赖关系，如能否独立生产、研发。当上下游企业完全可以独立生产研发，彼此技术的改进不需要协调时，具有完全技术可分性；否则，可分性较低。将价值链上下游企业应用的技术分为两类：一类是专用技术，仅与本产业或本企业的生产有关，同样，技术的改进也只会使企业自身或处于同一产业内的其他企业受益，不存在直接的纵向外部性或溢出效应。技术的改进在产业内就能实现，不涉及上游或下游企业。另一类是共性技术或可称为"接口技术"。它同时关乎上下游企业生产，技术的改进至少需要另一方的配合才能实现。

其三，价值链知识联系。技术是知识的一部分，但知识包含的范围更广，涉及价值链企业生产经营的各个方面，是企业能力的基础。从知识的角度探讨纵向企业之间在生产上的联系是必要的，并对企业纵向生产性联系具有更普遍的意义。按照知识在价值链的分布及其对上下游企业的影响，将其分为两类：专业知识和系统知识。和技术的划分一样，知识的属性同样是根据其服务范围来划分的。比如，上游企业拥有的知识如果同时对下游企业有用，那么不管下游企业是否拥有该知识，都属于共性知识。

企业知识体系的不可分割性是加深纵向企业间知识依赖的另一个原因。从静态角度来看，虽然我们对共性知识和专用知识作了理论上的区分，但实际上两者是相互嵌入的。就具体知识片段的获取来说，知识与企业能力和绩效存在因果模糊性，存在着高度的信息不完全（或有限理性）。从动态角度来看，知识的变化是非线性的。这就使企业很难把对方知识体系中对自己有用的部分清楚区分出来，加大了学习与模仿的难度。

纵向生产性联系具有非对称性。在上下游衔接的两个厂商之间，一方可能掌握所有共性技术和知识，因此并不依赖于另一方。纵向企业之间的生产性联系函数为：

$$d_{i \to j} = (P, \ T, \ K) \tag{8-1}$$

式（8-1）中，P 表示投入产出联系；T 表示技术可分性；K 表示知识依赖程度。注意它们是三个向量，投入产出联系有时间、地理位置等属性，技术和知识可以区分为不同的类型，如生产技术、辅助技术、商业知识、组织知识等。

纵向生产性联系的存在，价值链企业获取自身边界之外的资源成为必要，而这种资源根植于上下游企业之中，不可能通过市场交易方式获取，只能通过纵向合作为自身所用。因此，从企业能力和价值创造的角度出发，企业纵向合作的实质是资源共享。

8.2.3 理论机制与研究假设

制造业价值链攀升是一个长期的、复杂的动态过程。环境规制一方面将通过直接提高产业内部的治污费用影响生产成本的变动，这样极可能会排挤产业研发资金，阻碍价值链迈向中高端；另一方面环境规制强度提高将迫使制造业技术创新，提高产业竞争优势，促进中国制造业企业向价值链中高端发展。因此，从整体上看，由环境规制引发的各种经济主体的博弈，将对制造业价值链攀升的正负作用产生影响。在目前的环境约束和竞争压力下，我国企业在产业升级过程中，如何有效进行环保调控，向产业链中高端迈进，是一个亟须解决的问题。本部分从环境规制的壁垒效应、创新补偿效应和转移效应三个方面，讨论了绿色技术创新对制造业价值链攀升的理论机理、调节机制与门槛效应，为后续的实证研究提供理论基础。

8.2.3.1 环境规制对制造业价值链攀升的作用机制

（1）壁垒效应。从"遵循成本假说"角度来看，环境规制的壁垒效应有以下两方面的影响：一是政府强化环境治理标准，直接提高排污费、环境税等其他外部费用，在严格的环境约束下，企业将会采购清洁机器设备，实现绿色生产，促进经济与环境的协调发展，这将使企业资金投入增加，生产成本加大，额外负担加重，形成"资金约束"。治理污染排放将花费更多资金，给企业其他投资产生"挤出效应"，不利于制造业价值链攀升。二是随着人们环保意识的不断增强，绿色发展理念也逐步深入人心，政府已经制定并颁布了更加严格的环境保护政策，大众对绿色产品消费的意愿与需求也在不断扩大，这对现有企业及新进企业都是一个较大的考验。政府要推动企业朝向优化生产工艺、改进生产技术、革新生产线的目标发展，但严格的环境约束对技术标准提出了更高的要求，给企业形成"绿色壁垒"。受制于企业规模、技术水平等异质性影响，各产业在环境约束背景下的效用也一定有所不同，如"三高"行业无法发挥良好的环境规制效应，致使企业无法负担高昂的成本，从而降低生产率，最终在市场竞争中被淘汰。环境规制以优胜劣汰为机制，给产业带来了"进入壁垒"，影响产业发展类型，严格的环境规制能推动产业内部结构优化，提升产业价值链。

（2）创新补偿效应。从静态角度分析"波特假说"，结论是短期内环境规制强度增加，企业污染治理费等各项支出相应提高，生产成本加大，企业负担加重，创新投资活动受限，发展动力受阻，因而抑制产业价值链的提升。但是，从发展的角度来讲，适当的环境规制会倒逼企业进行技术创新。环境约束持续加强，企业积极寻求生存与发展空间，创新绿色产品、工艺，提升降污减排能力和生产效率，形成竞争优势，扩大产品生产规模，提高自身盈利率，增强综合实力，发挥品牌效应，实现可持续发展。此时，环境规制的补偿效应会超过成本效应，推动产业升级。以可持续发展为驱动力，累积的技术进步刺激位于"微笑曲线"底部的加工装配制造业，使其向两端延伸，打破核心技术瓶颈，获得高技术含量、高附加值,推动产业向价值链中高端发展。

(3)转移效应。环境规制的成本转移指各区域在生产方式、环节及要素价格等方面的不同,使生产中的环境成本从某一地区转移到另一地区的现象。依据"污染避难所"假说,地区吸引外商直接投资是为了促进经济增长和产业发展,这很容易引发环境规制"向底线赛跑",即降低投资准入门槛,产生引资大战,致使污染密集型产业集聚。严格的环境规制将大幅提高生产成本,为获取最大化效益,高污染行业往往选择直接迁移到环境规制较宽松的地区,避免高成本,产业迁入区成为"污染避难所",而产业转移区则优化产业结构,推动产业价值链攀升。此外,通过竞争、示范和模仿、人员培训和流动等方式,外商直接投资对技术创新产生显著的外溢作用。同时,地区环保意识的加强,有利于提高技术创新水平和管理能力,吸引更多资本密集型、技术密集型行业进入,从整体上优化产业结构布局,加强上下游产业链之间的联系,从而实现制造业价值链的攀升。环境规制对制造业价值链攀升的作用机制如图8-3所示。

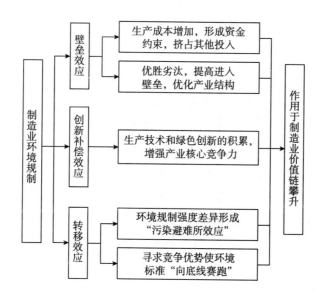

图8-3 环境规制作用于制造业价值链的机制分析

由以上论述可知,环境规制的壁垒效应、创新补偿效应、转移效应等决定对制造业价值链攀升的影响,其作用可能会随着时间、强度的变化而不同。因此,

提出以下假设:

假设1.1:环境规制对制造业价值链攀升发挥正向作用。

假设1.2:环境规制对制造业价值链攀升发挥负向作用。

8.2.3.2 绿色技术创新对制造业价值链攀升的作用机制

绿色技术创新通过创新补偿效应和节能减排效应,对制造业绿色环保生产和产业升级具有积极作用,能够促进制造业价值链的攀升。首先,绿色技术创新可以优化生产流程,更新生产方式,淘汰高污染、低效益的设备并将其更换为绿色清洁环保设备,提高产品质量,优化产业结构,进而促进生产效率的提升。其次,绿色技术创新还可以带来节能减排效益,降低生产成本,提高企业竞争力,增加利润空间。再次,绿色技术创新也能够提高企业在环保领域的声誉,增加消费者对企业的信任和忠诚度,进一步推动企业的发展。最后,通过绿色技术创新,企业可以掌握核心技术,提高自主创新能力,缩小与发达国家的技术差距,从而在国际市场上具有更强的竞争力。这将有助于推动制造业的升级和转型,提高产业附加值,进一步推动制造业价值链的攀升。

绿色技术创新还会对制造业价值链攀升造成消极影响。一是低端锁定效应。大型跨国公司凭借对全球市场的影响,设置技术壁垒和市场准入门槛,加剧了产业集中度和企业间的竞争关系。通过批量订单迫使发展中国家的企业保持廉价和高污染、高能耗的代工方式,遏制创新,将发展中国家的企业禁锢在低端的代工方式中,使其无法形成核心竞争力,只能在制造业价值链的低端环节进行生产,无法实现产业升级和技术创新的跨越。二是创新挤出效应。当制造业发展由高污染向环保方向转变时,更新技术设备等要素资源需要高额支出,这意味着增加固定成本,减少利润。此外,绿色技术的研究和开发需要大量人力、财力、物力的保障,若企业流通资金一定,投入绿色技术研发必然会挤占其他生产资金,不一定获得相应的收益,但如果导致利润减少,对制造业价值链的攀升虽然是不利的。三是技术研发风险效应。在研发过程中,企业由于理论与技术融合还不成熟,无法获取新技术的整体信息,因而加大了研发实践难度,提高了经营风险和财务负担。在生产过程中,新技术需要与之匹配的生产设备、流程工艺,但最终是否取得预先结果,还是未知;生产完成后,还存在着是否顺利地交付给客户,是否被市场认可,是否按预期抢占市场份额等。这些不确定性因素越强,企业进行绿色技术创新的风险就越大,在综合考虑成本、收益和风险的情况下,企业可能会选择缩短研发周期，减少研发成本，以期在市场上更快地获得回报。这种情况下，企业可能会更倾向于开发低风险、低技术含量的产品，使其在产业价值链中的附加值减少，从而被锁定在低端环节。绿色技术创新对制造业价值链攀升的影响机制如图8-4所示。

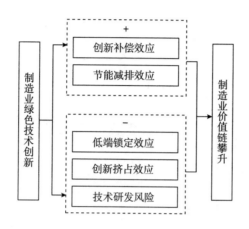

图8-4 绿色技术创新对制造业价值链攀升的影响机制

通过以上分析可知，绿色技术创新对制造业价值链攀升的影响是不确定的。在一定范围内，绿色技术创新水平提高会促进制造业价值链的攀升，其他情况下，可能会对制造业价值链的攀升产生逆向作用。因此，提出以下假设：

假设2.1：绿色技术创新促进制造业价值链攀升。

假设2.2：绿色技术创新抑制制造业价值链攀升。

8.2.3.3 环境规制与绿色技术创新对制造业价值链攀升的相互作用

绿色技术创新是生态文明发展的必由之路，是在保护环境和可持续发展的基础上推动社会经济发展的有效途径。绿色技术创新采用先进、环保的技术和生产方式，可以减少传统技术的机械性和非自然性，从而降低生产过程对环境的污染和破坏。同时，绿色技术创新能够抵制传统技术对生态环境所带来的负面影响，推动生态文明建设和可持续发展。囿于传统发展模式与路径的约束，市场失灵，企业的社会责任意识不强，缺乏有效外部激励，投资大、风险高等特征，致使企业内部难以形成创造积极性，阻碍企业绿色技术创新。因此，仅仅依靠市场本身的力量还不足以完全推动企业开展绿色技术创新，借助有关环境规制工具十分必要。在此背景下，通过对相关文献梳理，研究发现环境规制不仅具有作用于绿色技术创新和制造业价值链攀升关系的补偿效应，还存在一种抵消效应。环境规制与绿色技术创新对制造业价值链攀升的影响效应如图 8-5 所示。

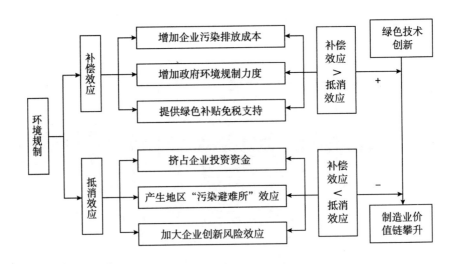

图 8-5　环境规制与绿色技术创新对制造业价值链攀升的影响效应

"补偿效应"具体表现在：首先，通过制定更加严格的环境规制标准，可以促使企业采用更加环保的生产技术和工艺，降低污染排放，提高资源利用率和能源利用效率，从而推动绿色技术创新的发展和应用。其次，环境规制政策的提高也会增加企业的污染治理成本，降低企业的盈利能力。这将推动企业对原有工艺进行改良，引进先进的减排技术或者开发绿色清洁产品，以提高生产效率和收入水平，从而实现绿色技术创新水平的提升，促进制造业价值链攀升。再次，运用环境规制工具，造成政府监管力度加大，从而倒逼企业实施清洁生产工艺和治污改革。企业通过减少污染排放末端的废弃物，开发末端治理技术，从而提高污染排放达标率。这是实现绿色技术创新和推动清洁绿色环保产业发展的重要途径之一。最后，增加环境规制强度，国家不可避免地给予企业绿色环保补贴，旨在鼓励企业加大对绿色技术研发和应用的投入，提高企业的环保意识和绿色发展水平，进而推动制造业价值链攀升。

"抵消效应"产生的原因有三：一是环境规制挤占了投资资金。环境规制是一个外部性问题，会导致企业内部资源的消耗而增加生产经营支出，引起资金预算受限，污染治理成本增加，挤占绿色技术创新投资资金，从而降低企业对技术的吸收，影响创新能力，继而抑制制造业价值链的升级。二是环境规制可能带来"污染避难所"问题。中国幅员辽阔，各地生产资源禀赋都不同，企业从成本收益率的角度考虑，将污染密集产业向环境政策较为宽松地区转移，借此摆脱绿色技术创新的干扰，对制造业价值链攀升产生消极影响。三是环境规制政策会加大企业风险。企业在推进环保技术创新和应用的过程中，可能面临技术经验不足、资金链断裂等困难和挑战，从而导致创新失败，加大企业的风险和损失。

由此可知，环境规制对制造业价值链的影响具有双重效应，即绿色技术创新的"补偿效应"和环境成本的"抵消效应"，其影响作用取决于时间、强度和企业创新能力等因素的变化。基于此，提出以下假设：

假设3.1：环境规制与绿色技术创新对制造业价值链攀升的影响是协同的。

假设3.2：环境规制与绿色技术创新对制造业价值链攀升的影响不是协同的。

绿色技术创新提升制造业价值链的作用受环境规制影响较大，各区域环境规制强度存在差异。在东部地区，由于环境规制要求高，公众意识与产业结构等方面比较强烈，环境规制对绿色技术创新影响制造业价值链的提升发挥着更为显著的促进作用。同时，环境规制在绿色技术创新促进制造业价值链升级中存在门槛效应，即在环境规制强度达到某一阈值时，推动绿色技术创新效果更为明显。这进一步说明了环境规制对促进绿色技术创新，推动制造业价值链升级具有重要作用。环境规制对绿色技术创新具有阶段性影响效果，间接作用于制造业价值链攀升，绿色技术创新与制造业价值链攀升之间的关系会受到环境规制水平的影响，基于此提出研究假设：

假设4：当环境规制强度达到一定门槛后，环境规制对绿色技术创新的促进作用更为显著，从而对制造业价值链的提升产生更大的影响。

8.3 环境规制、绿色技术创新与制造业
价值链的测算方法及现状分析

8.3.1 环境规制的测度和现状分析

由于环境规制问题本身的多维性，再加上获取相关数据的局限性，学者们对环境规制强度的测量没有统一的指标测度。现有研究基本上是有针对性地选择相应指标进行测度；大多数是从排污费用角度、污染物治理成本或投资、环境机构对法律法规、行政条例的制定和执行力度，以及实际污染物排放量或污染去除率四种方法衡量的。

8.3.1.1 环境规制的测度

本部分参考李新安（2021）的做法，考虑数据的获得性，选取各类污染物去除率数据，使用综合指数法来测度环境规制强度。采用固体废弃物利用率、废水排放达标率、烟尘去除率、粉尘去除率及二氧化硫去除率五个指标计算环境规制强度 ER，具体测算方法如下。

假如有 n 个省份，m 个单项指标，t 年时间，单项指标矩阵可以表示为 $X = (x_{ij})_{n \times m}$，$i = 1, 2, \cdots, n$，$j = 1, 2, \cdots, m$。

第一步，对每个单项指标进行无量纲化处理，以消除单位不同带来的影响，计算每个指标在所有省份中每年的最大值和最小值，利用式（8-2）将各个单项指标的原始值转化为标准值。

$$x_{ij}^s = \frac{x_{ij} - \min(x_j)}{\max(x_j) - \min(x_j)} \tag{8-2}$$

第二步，计算 i 省份第 j 个指标的调整系数，对各省份的不同指标赋予不同的权重，真实地反映各省份不同指标的重要程度。具体而言，利用式（8-3）计算每个省份中指标的调整系数，其中全国同类指标值的总和和全国工业增加值是固定的。

$$w_{ij} = \left(\frac{E_{ij}}{\sum_i E_{ij}} \right) \left(\frac{Y_i}{\sum_i Y_i} \right) \tag{8-3}$$

式（8-3）中，w_{ij} 为 i 省份中指标 j 的调整系数，E_{ij} 为 i 省份中指标 j 的值，$\sum_i E_{ij}$ 为全国同类指标值的总和，Y_i 为 i 省份的工业增加值，$\sum_i Y_i$ 为全国工业增加值。

第三步，将各项指标的标准化值与调整系数相乘，计算各省份环境规制的综合指数，具体计算公式为式（8-4），其中各项指标的标准化值和调整系数是由前两步计算得到的。

$$ER_i = \frac{1}{m} \sum_{j=1}^{m} w_{ij} \times x_{ij}^s \tag{8-4}$$

通过以上步骤，可以得到各省份每年的环境规制综合指数矩阵，用于评估各个省份的环境规制水平。

$$ER = (ER_{ij})_{m \times t} \tag{8-5}$$

8.3.1.2 环境规制强度现状分析

运用综合指数法，选取固体废弃物利用率、废水排放达标率、烟尘去除率、粉尘去除率，以及二氧化硫去除率五个单项指标，计算我国 2005~2019 年 30 个省份及东部、中部、西部地区的环境规制强度 ER。

从图 8-6 可知，分区域看环境规制强度大小依次是东部、中部、西部地区，并且从 2014 年开始我国中西部地区的环境规制强度在逐渐提高，且与东部地区的差距在明显缩小，主要是因为国家对中西部地区发展的重视和产业向中西部地区转移的趋势导致中西部地区加工组装等低端密集型产业增加，进而增加环境污染程度。由于环境污染程度加大，对环境规制的约束也在提高，以保护当地的生态环境和人民的健康。因此，中西部地区需要加强环境保护和治理，促进经济发展和环境保护的协调发展。

环境规制强度变化趋势、环境规制强度变化综合指数分别如图 8-6、表 8-1 所示。

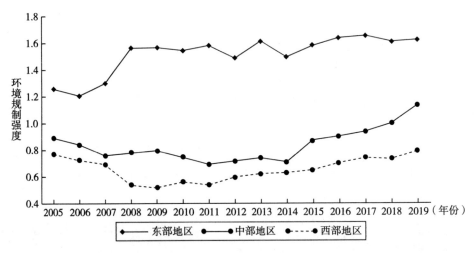

图8-6 东部、中部、西部地区环境规制强度变化趋势

表8-1 我国各地区环境规制强度综合指数

地区	2005年	2012年	2019年	地区	2005年	2012年	2019年
北京	1.6178	2.7710	2.4344	河南	0.2920	0.2721	0.3886
天津	1.5716	1.6122	1.2564	湖北	0.7417	0.4497	0.7297
河北	0.4502	0.7844	1.1078	湖南	0.6738	0.4792	0.5356
山西	0.8214	0.7920	0.9113	广东	0.0893	0.1543	0.2003
内蒙古	0.7080	1.4364	1.7169	广西	1.0793	1.4438	1.3131
辽宁	0.5266	0.7012	1.3960	海南	7.8851	8.4155	9.7038
吉林	0.6584	0.8121	3.0475	重庆	0.9234	1.0229	1.0184
黑龙江	0.4309	0.2769	0.9193	四川	0.4114	0.4675	0.4780
上海	0.3473	0.6064	0.7820	贵州	2.6848	2.7252	1.5020
江苏	0.2365	0.2166	0.2211	云南	2.6992	1.5757	2.2350
浙江	0.3556	0.3370	0.3495	陕西	0.6033	0.7243	1.0534
安徽	1.3274	0.7443	0.7178	甘肃	2.1693	1.8041	3.8941
福建	0.7071	0.5297	0.4147	青海	7.4375	4.9486	7.9964
江西	2.3701	1.1984	1.2688	宁夏	5.6384	4.0821	4.7710
山东	0.2124	0.2893	0.3322	新疆	0.5128	0.5053	0.7965

通过计算发现，东部、中部、西部地区环境规制强度平均值依次为1.52、

0.84、0.65，这表明发展较快的地区环境规制强度较高，而发展较慢的地区环境规制强度较低，与实际情况相符。这可能是因为发展较快的地区在追求经济发展的同时，更加注重环境保护和治理，促进经济和环境的协调发展。而发展较慢的地区更加关注短期经济利益，环境保护和治理的投入相对较少，导致环境规制强度较低。因此，需要加强对发展较慢地区的环境保护和治理，促进经济发展和环境保护的协调发展。

从时间变化趋势上来看，2005~2019年中国大部分地区的环境规制强度在提升。其中，东部地区除了河北和辽宁，其他地区的环境规制强度变化都不大，这表明东部地区的发展相对比较成熟，河北和辽宁主要以钢铁、煤矿和重工业为主，因此环境规制强度变化较大。而中部地区以内蒙古、吉林和黑龙江三省的环境规制强度变化最大，这三个地区的产业发展也主要以重工业为主，再加上地广人稀，发展重工业时对污染物排放达标率的要求相对较低，因此环境规制强度的提升对重污染产业的发展影响冲击较大，可能导致重工业发展的转型升级或者清洁化改造。西部地区中，发展相对较快的重庆、四川、陕西环境规制强度提升，说明近些年三个省份在提高经济发展水平的同时，越来越注重绿色环保，特别是重庆和四川，环境规制强度变化不大，说明地区经济增长和生态环境保护协调发展。而甘肃、青海、新疆的环境规制强度都相对上升，主要是因为近些年东部、中部地区的污染密集型产业向资源丰富的西部地区转移，加上西部地区的环境规制强度相对较弱，使西部地区成为污染的聚集区域。这种现象可能会导致西部地区的环境污染程度加大，刺激环境规制约束的提高。

8.3.2 绿色技术创新测度的方法选择与结果分析

8.3.2.1 绿色技术创新测度方法

创新活动是经济研究的热点问题，不同文献切入的角度不同，衡量创新指标的方法也多种多样。结合本部分的研究角度，参考李新安（2021）的研究成果，根据历年《中国绿色专利统计报告》中的绿色专利分类和申请量状况，中国的绿色科技创新活动主要在四大科技领域中最为活跃。四大科技领域依次是污染控制与治理、环境材料、替代能源，以及节能减排。因此，以四大科技领域为关键词，在国家知识产权局专利检索平台上获取各地不同年份的绿色专利申请数量，以此来衡量不同省份的绿色技术创新水平（*GTI*），该方法可以有效地衡量创新活动的产出，同时还可以衡量绿色技术创新活动的数量和质量，GTI 越高，表明各地区绿色技术创新水平越高。GTI 的计算公式如下：

$$GTI_{it} = \sum_{j=1}^{4} Pat_{ijt} \tag{8-6}$$

式（4-6）中，Pat 表示专利申请数量，j 表示不同的专利类别，i 表示各省份，t 表示年份。

8.3.2.2　各省份绿色技术创新发展趋势

图 8-7 显示了东部、中部、西部地区在研究期内绿色技术创新的变化情况。东部、中部、西部地区的绿色技术创新发展分为三个阶段：2005~2010 年绿色技术创新水平相对较低，维持在 100 以下。2011~2015 年，绿色技术创新的发展逐渐升级，是前期的 4 倍多，这与我国在"十二五"规划中首次将"每万人发明专利拥有量"列入国民经济与社会发展综合考核指标体系（张涛和王广凯，2017）有关，各省域普遍实施的支持性政策有关。到了 2016 年以后，这又是前阶段的两倍多，表明绿色技术创新水平又进入一个新的发展阶段，中国经济进入创新驱动发展的"快车道"，创新已经成为推动中国供给侧改革的第一驱动力。进入"十四五"期间，推动经济社会发展绿色化、低碳化已成为实现高质量发展的关键环节。为了推动创新引领高质量发展，"十四五"规划明确提出了我国"十四五"期间全社会研发经费投入年均增长 7% 以上，基础研究经费投入占研发经费投入比重提高到 8% 以上，战略性新兴产业增加值占 GDP 比重超过 17%，以适应我国经济高质量发展阶段的现实需求。[①] 目前，绿色低碳技术创新是中国实现"双碳"战略目标的基础。为此，国家知识产权局 2022 年 12 月印发了《绿色低碳技术专利分类体系》。同时，2022 年中央经济工作会议强调，要引导金融机构加大对绿色发展的支持力度，加快绿色低碳前沿技术研发和应用推广。紧接着，国家发展和改革委员会和科学技术部印发了《关于进一步完善市场导向的绿色技术创新体系实施方案（2023—2025 年）》，确定加快绿色技术转化应用等 9 项重点任务。生态环境部也表示，2023 年要在促进经济社会发展全面绿色转型上展现新作为。近年来，中国绿色低碳专利授权量年均增长 6.5%，成为拉动绿

---

① "十四五"规划绘就中国创新发展画卷［J］．陕西教育（综合版），2021（4）：59-60.

色低碳技术创新的重要力量。① 从不同地区的绿色技术创新水平来看,东部地区、中部地区、西部地区依次递减。这一现状表明,绿色技术创新的发展程度会受到区域经济发展水平和要素禀赋的影响。

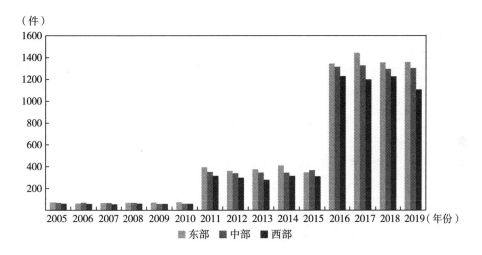

图 8-7 东部、中部、西部地区绿色技术创新的变化情况

图 8-8 显示了 2005 年、2012 年和 2019 年各地区绿色技术创新的变化趋势。从各时期比较来看,在研究期内所有地区的绿色技术创新水平均有显著提升。其中,提升幅度最高的是云南、浙江和吉林,分别增长了 28.3 倍、27.2 倍、25.2 倍。从各年度提升幅度最高的平均数值来看,2005 年、2012 年、2019 年分别为 58.13、283.2、1070.1,表明我国绿色技术创新发展明显进步。从区域差异来看,东部地区绿色技术创新水平较高,中部地区与东部地区的差距在缩小。西部地区的绿色技术创新水平处于相对落后地位。相邻地区之间的绿色技术创新呈现出"高高聚集""低低聚集"效应,但多数邻近地区之间的差距还是比较明显的。由于地区之间绿色技术创新存在明显差异,这种差异性还可能会随着地区政策和经济水平的发展而不断扩大,因此研究区域内绿色技术创新水平可以促进价值链攀升,这与现实需要是相符合的。

---

① 叶见春. 中国成为拉动全球绿色低碳技术创新的重要力量 [J]. 中国对外贸易,2023,681 (3):32-34.

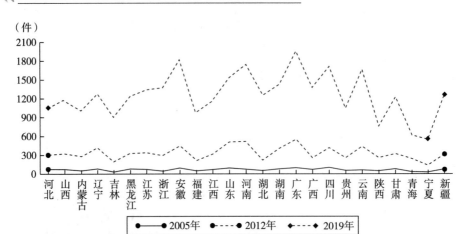

（件）

图8-8　不同年份我国部分省份绿色技术创新的变化趋势

通过进一步分析可以发现研究期间部分城市绿色技术创新水平的变化情况。研究期间绿色技术创新水平平均较高的城市有北京、天津、石家庄、上海、重庆。其中，仅重庆为西部城市，其余均是东部城市，中部城市平均绿色技术创新水平排名较高的为南昌、太原、哈尔滨，但与西部地区的贵阳、重庆相比，创新水平有待提高。研究城市中西宁、兰州的技术创新水平较低，近些年的提升速度也较缓慢。从绿色创新水平来看，东部城市并非绝对高于中西部城市，这一现象与区域间经济发展有密切联系。发达城市的绿色技术创新水平相对优于欠发达地区，但其差距在缩小，可能是因为发达城市在技术研发、人才引进等方面的起步较高，从而更有利于发达城市绿色技术创新水平的发展；而相对来说，欠发达地区资源优势较为薄弱，绿色技术创新发展水平相对较缓慢，但近些年各项政策的扶持、人才培养及创新观念的逐步确立，使欠发达地区与发达城市的差距在逐渐拉近，其技术创新水平的差距也在缩小。随着国家把创新水平纳入发展战略，地方也越来越注重创新水平，各个地区的政策也在向创新倾斜，因此绿色技术创新已成为各个地区可持续发展的关键一步。

8.3.3　制造业价值链的测度与结果分析

衡量国家或地区制造业价值链的指标有很多，其中常见的是垂直专业化、GVC指数、出口复杂度以及构建相应指标度对制造业价值链进行衡量。对于价值链而言，出口商品复杂度既包括劳动技能，又反映价值链状况，可以衡量一个国家或地区在全球价值链中所处的位置。

8.3.3.1 制造业价值链的测算

结合本部分研究的内容，借鉴石喜爱等（2018）的做法，测算各省份制造业出口复杂度。

首先，测算制造业行业出口复杂度：

$$Prody_{jt} = \sum_{i=1}^{n} \frac{\dfrac{x_{ijt}}{X_{it}}}{\sum\limits_{i=1}^{n}\left(\dfrac{x_{ijt}}{X_{it}}\right)} \times pgdp_{it} \qquad (8-7)$$

其次，计算 i 省份制造业出口复杂度：

$$MVC_{it} = \sum_{j=1}^{m} \frac{x_{ijt}}{X_{it}} Prody_{jt} \qquad (8-8)$$

式（8-7）、式（8-8）中，i 代表省份，j 代表行业，t 代表年份，$Prody_{jt}$ 代表 j 行业第 t 年的出口复杂度，$pgdp_{it}$ 为 i 省第 t 年的人均 GDP，MVC_{it} 为 i 省份第 t 年的制造业出口复杂度，x_{ijt} 为 i 省份 j 行业第 t 年的出口额，X_{it} 为 i 省份第 t 年的出口额，x_{ijt}/X_{it} 为 i 省份 j 行业第 t 年出口额在我国 j 行业出口额中所占的比重，权重 $(x_{ijt}/X_{it})/\sum\limits_{i=1}^{n}(x_{ijt}/X_{it})$ 为 i 省份 j 行业出口方面的比较优势。

参照制造业分类的变化，为保证最终计算结果的对比性，借鉴王慧敏（2020）测算的 21 个细分行业的相关数据[①]。以上计算出口复杂度所需的数据来源于《中国工业统计年鉴》和国家统计局，在样本选择上，由于西藏自治区的工业统计值缺失较多，为保证测算的准确性，未将西藏列入计算范围。

8.3.3.2 各省制造业价值链发展态势

（1）细分制造业出口复杂度。表 8-2 列举了 21 个细分行业部分年份计算的

---

① 这里的 21 个细分行业分别指：农副食品加工业，食品制造业，饮料制造业，烟草制造业，纺织业，纺织服装、鞋、帽制造业，造纸及纸制品业，石油加工、炼焦及核燃料加工业，化学原料及化学制品制造业，医药制造业，化学纤维制造业，非金属矿物制造业，黑色金属冶炼及压延加工业，有色金属冶炼及压延加工业，金属制品业，通用设备制造业，专用设备制造业，交通运输设备制造业，电气机械及器材制造业、计算机、通信及其他电子设备制造业，仪器仪表及文化办公用品机械制造业。其中，劳动密集型行业有纺织业，纺织服装、鞋、帽制造业；资本密集型行业包括农副食品加工业，食品制造业，饮料制造业、烟草制造业，造纸及纸制品业，石油加工、炼焦及核燃料加工业，非金属矿物制造业，黑色金属冶炼及压延加工业，有色金属冶炼及压延加工业，金属制品业；其余为技术密集型行业。

出口复杂度,可以看出,2005~2019 年,这 21 个行业的出口复杂度是稳步提升的,表明我国的制造业行业在全球价值链中的地位不断提升。按行业类型看,资本密集型行业、劳动密集型行业到技术密集型行业出口复杂度呈现依次递增的趋势,其中,技术密集型行业的出口复杂度最高,均值为 4.32 万元;劳动密集型行业次之,均值为 4.00 万元;资本密集型行业最低,均值为 3.52 万元。

表 8-2 我国 21 个细分制造业的出口复杂度   单位:万元

行业 ＼ 年份	2005	2008	2011	2014	2017	2019
农副食品加工业	1.25	1.96	3.06	3.96	4.85	5.68
食品制造业	1.25	2.05	3.00	4.26	5.15	6.09
饮料制造业	1.00	1.63	2.41	3.41	4.11	4.98
烟草制造业	0.88	1.50	2.22	3.21	4.58	5.84
纺织业	1.46	2.42	3.81	4.60	5.81	6.56
纺织服装、鞋、帽制造业	1.74	2.66	3.37	4.65	6.16	6.96
造纸及纸制品业	1.52	2.84	4.04	5.11	6.52	7.63
石油加工、炼焦及核燃料加工业	1.56	2.08	3.05	3.97	5.61	6.19
化学原料及化学制品制造业	1.14	1.89	2.87	4..17	5.41	6.36
医药制造业	1.29	2.17	3.32	4.42	5.50	6.55
化学纤维制造业	1.30	2.17	4.13	5.04	6.06	6.91
非金属矿物制品业	1.36	2.20	3.10	4.16	5.29	6.15
黑色金属冶炼及压延加工业	1.27	2.08	3.39	4.45	5.24	5.86
有色金属冶炼及压延加工业	0.95	1.74	2.94	3.47	4.60	5.41
金属制品业	1.83	3.05	4.42	5.54	6.93	7.83
通用设备制造业	1.75	2.76	4.00	5.85	7.52	9.08
专用设备制造业	1.44	2.35	3.83	4.99	6.83	8.58
交通运输设备制造业	1.38	2.39	3.68	4.87	6.14	7.44
电气机械及器材制造业	1.89	2.85	4.05	5.61	6.85	7.66
计算机、通信及其他电子设备制造业	2.82	4.32	5.05	5.87	6.75	7.38
仪器仪表及文化、办公用品机械制造业	2.22	3.40	4.68	5.80	7.54	9.24

各个细分行业中,从 2005~2019 年均值最大的 5 个行业中只有 1 个是资本密集型行业,均值最小的两个细分行业均是资本密集型行业,依次是烟草制造业及

有色金属冶炼及压延加工业。2005~2019 年我国 21 个细分制造业出口复杂度的均值如图 8-9 所示。

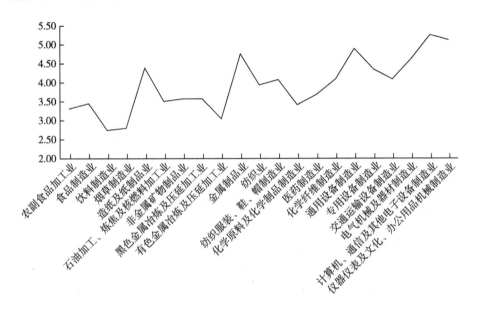

图 8-9 2005~2019 年我国 21 个细分制造业出口复杂度的均值

（2）各地区制造业出口复杂度。表 8-3 反映了各地区制造业出口复杂度的数据，可以看出，在整体上各地区制造业出口复杂度都有上升的趋势，表明我国制造业正在不断提升附加值和技术含量，竞争力进一步提高。从区域上看，东部地区的出口复杂度一直较高，表明其产业结构更加复杂，技术含量更高，附加值更大，处于制造业价值链的高端。中部地区和西部地区虽然出口复杂度较低，但也在不断提高，表明其制造业发展水平也在逐步提高，但仍需要加大技术创新和产业升级的力度，提高制造业附加值和竞争力。

表 8-3 我国 2005~2019 年各区域制造业出口复杂度 单位：万元

年份 省份	2005	2008	2011	2014	2017	2019	平均排名
北京	2.38	3.71	4.37	5.35	6.43	7.46	1
天津	2.17	3.04	4.10	5.02	5.70	6.17	6
河北	1.17	2.14	3.36	4.22	5.11	5.75	19

年份 省份	2005	2008	2011	2014	2017	2019	平均排名
山西	0.76	1.68	3.48	5.25	6.27	6.91	9
内蒙古	1.60	2.08	3.25	4.15	5.51	6.12	16
辽宁	1.54	2.42	3.44	4.42	5.60	6.60	11
吉林	1.08	1.67	2.65	3.03	3.46	3.91	30
黑龙江	1.15	1.70	3.26	4.12	5.59	6.62	17
上海	2.11	3.34	4.26	5.19	6.33	7.22	2
江苏	2.01	3.15	4.16	5.09	6.12	6.90	3
浙江	1.34	2.22	3.14	4.06	5.06	5.81	20
安徽	1.21	2.03	3.12	4.28	5.42	6.30	18
福建	1.51	2.35	3.14	3.74	4.55	5.21	26
江西	1.28	2.08	3.02	3.79	4.75	5.42	27
山东	1.28	2.36	3.19	3.92	4.77	5.50	24
河南	0.92	1.59	3.38	5.07	5.81	6.46	13
湖北	1.51	2.55	3.75	4.41	5.93	6.67	8
湖南	1.31	2.16	3.29	4.53	5.81	6.59	12
广东	1.89	3.08	3.92	4.68	5.79	6.43	7
广西	1.06	2.01	3.23	4.25	5.21	5.90	22
海南	1.26	2.24	3.35	4.17	5.63	6.33	15
重庆	1.36	2.34	4.24	5.57	6.52	7.24	5
四川	1.47	2.67	4.39	5.30	6.39	6.92	4
贵州	1.21	1.81	2.64	3.50	5.56	6.47	28
云南	1.14	1.95	2.88	3.87	5.65	6.66	21
陕西	1.00	2.44	3.69	4.49	5.87	6.58	10
甘肃	1.13	2.05	3.23	4.43	5.85	6.62	14
青海	1.10	1.92	3.78	3.97	4.66	5.95	25
宁夏	1.09	1.98	3.02	4.19	5.16	6.00	23
新疆	0.87	1.89	0.92	3.91	5.04	5.93	29

　　为了更加精确地观察，参考袁梦成（2016）用人均GDP的变化幅度与出口复杂度的变化幅度之比构建dif指标（即人均GDP与制造业出口复杂度的变化率

之比），dif 值越高，说明该地区的人均 GDP 提升速度相对出口复杂度的提升速度更快，反之则说明该地区的出口复杂度提升速度相对人均 GDP 提升速度更快。通过 dif 指标的计算，可以更加精确地观察各地区制造业的发展情况。从中可以发现，内蒙古、吉林、江苏、安徽、福建、江西、湖北、广东、四川、贵州、青海这些地区的人均 GDP 增长幅度远大于出口复杂度增长幅度，而天津、河北、山西、辽宁、黑龙江、河南、甘肃、新疆省份的人均 GDP 增长幅度明显小于出口复杂度增长幅度，其余省份两者的变化相当。从 2005～2019 年我国各地区的 dif 指标来看，出口复杂度增长幅度大于人均 GDP 增长幅度的地区更多为收入中等甚至是收入偏少的地方。而收入较高的地区，比如北京、上海、浙江、山东等地的人均 GDP 和制造业出口复杂度的增长率大致相等。这表明我国制造业整体出口复杂度偏低，这主要是出口结构不合理、高附加值产品在出口产品中的比重较少等因素导致的。为了提高出口复杂度，我国制造业需要不断推动产业升级和技术创新，进一步提高高附加值产品的比重，提高附加值和竞争力。此外，一些较为发达的城市还有很大的提升空间，可以充分利用自身资源进行技术创新，提高生产率，从而提升在国家分工中的地位，推动制造业的高质量发展。

表 8-4 反映了我国 2005～2019 年各省份人均 GDP 与制造业出口复杂度变化率之比。

表 8-4　我国各省份人均 GDP 与制造业出口复杂度变化率之比

省份	出口复杂度			人均 GDP			dif (2019 年)
	2005 年	2019 年	增长幅度	2005 年	2019 年	增长度	
北京	2.38	7.46	2.13	4.72	16.42	2.48	1.17
天津	2.17	6.17	1.84	3.82	9.04	1.37	0.74
河北	1.17	5.75	3.93	1.47	4.63	2.15	0.55
山西	0.76	6.91	8.05	1.27	4.57	2.60	0.32
内蒙古	1.60	6.12	2.83	1.47	6.79	3.62	1.28
辽宁	1.54	6.60	3.30	1.72	5.72	2.32	0.70
吉林	1.08	3.91	2.60	1.02	4.35	3.25	1.25
黑龙江	1.15	6.62	4.76	1.25	3.62	1.90	0.40
上海	2.11	7.22	2.42	4.94	15.73	2.19	0.90
江苏	2.01	6.90	2.44	2.40	12.36	4.15	1.70

续表

省份	出口复杂度			人均GDP			dif (2019年)
	2005年	2019年	增长幅度	2005年	2019年	增长度	
浙江	1.34	5.81	3.33	2.63	10.77	3.10	0.93
安徽	1.21	6.30	4.19	0.92	5.85	5.36	1.28
福建	1.51	5.21	2.46	1.81	10.71	4.92	2.00
江西	1.28	5.42	3.24	0.92	5.32	4.80	1.48
山东	1.28	5.50	3.29	1.73	7.07	3.08	0.94
河南	0.92	6.45	5.98	1.10	5.64	4.14	0.69
湖北	1.51	6.67	3.42	1.13	7.74	5.82	1.70
湖南	1.31	6.59	4.03	1.02	5.75	4.64	1.15
广东	1.89	6.43	2.40	2.40	9.42	2.92	1.22
广西	1.06	5.90	4.55	0.81	4.30	4.33	0.95
海南	1.26	6.33	4.03	1.08	5.66	4.25	1.06
重庆	1.36	7.24	4.33	1.23	7.58	5.15	1.19
四川	1.47	6.92	3.69	0.88	5.58	5.32	1.44
贵州	1.21	6.47	4.37	0.52	4.64	7.90	1.81
云南	1.14	6.66	4.87	0.80	4.79	5.08	1.04
陕西	1.00	6.58	5.57	1.04	6.66	5.44	0.98
甘肃	1.13	6.62	4.86	0.73	3.30	3.50	0.72
青海	1.99	5.95	1.99	0.92	4.90	4.30	2.17
宁夏	1.09	6.00	4.49	0.98	5.42	4.53	1.01
新疆	0.87	5.93	5.84	1.27	5.43	3.28	0.56

8.4 环境规制、绿色技术创新对制造业价值链攀升的实证研究

8.4.1 模型设定及变量选取

本部分采用基准回归模型来考察绿色技术创新对制造业价值链攀升的内在关系，具体方程如下：

$$\ln MVC_{it} = \alpha_0 + \alpha_1 \ln GTI_{it} + \alpha_2 Z_{it} + \delta_i + \psi_t + \upsilon_{it} \tag{8-9}$$

为考察环境规制下绿色技术创新对制造业价值链攀升的调节机制，可以在基准回归模型的基础上，引入绿色技术创新与环境规制的交互项，构建面板数据模型如下：

$$\ln MVC_{it} = \alpha_0 + \alpha_1 \ln GTI_{it} + \alpha_2 \ln ER_{it} + \alpha_3 \ln GTI_{it} \cdot \ln ER_{it} + \alpha_4 Z_{it} + \delta_i + \psi_t + \upsilon_{it} \tag{8-10}$$

式（8-9）、式（8-10）中 i 和 t 分别表示地区和年份，δ_i 和 ψ_t 分别表示地区固定效应和年份固定效应，υ_{it} 为随机扰动项。被解释变量 $\ln MVC_{it}$ 表示 i 地区第 t 年的制造业价值链指数，解释变量为 $\ln GTI_{it}$，表示 i 地区第 t 年的绿色技术创新水平，$\ln ER_{it}$ 表示 i 地区第 t 年的环境规制，这三个变量指标的具体测算过程在 8.3.3 节中做了具体的阐述。此外，Z_{it} 代表控制变量，本部分主要选取了外商直接投资（$\ln fdi$）、基础设施建设（$\ln inc$）、要素禀赋（$\ln fae$），以及人力资本水平（$\ln hcl$）这 4 个指标作为控制变量。

各控制变量的选取主要从以下几个方面进行考虑：外商直接投资可以带来技术溢出效应，促进制造业技术水平的提高，从而帮助产业升级。基础设施建设可以通过空间溢出效应和蒂伯特机制推动产业结构升级，提高制造业的竞争力（张人中等，2022）。要素禀赋是制造业研发和生产的基础投入，其变化会影响制造业出口复杂度和价值链地位。人力资本是制造业生产的主要载体，高素质人才能够带来更高的人力资本水平有助于产业结构升级和价值链提升（王鹏和王玲，2022）。这些因素的作用可以通过经济学模型和计量分析进行研究和评估。为增加实证结果的稳健性，减少数据的波动性，本部分对各变量取对数进行统计，并针对各个变量的具体情况在表 8-5 中做出了说明。

表 8-5　变量说明

变量类型	变量类型	变量名称	测度方式
被解释变量	lnMVC	制造业价值链	采用出口复杂度衡量，取对数
解释变量	lnER	环境规制强度	综合指数法计算，取对数
	lnGTI	绿色技术创新水平	绿色专利申请数，取对数
控制变量	lnfdi	外商直接投资	外商直接投资，取对数
	lninc	基础设施建设	长途光缆线路长度，取对数
	lnfae	要素禀赋	固定资产额与从业人员的比重，取对数
	lnhcl	人力资本水平	居民平均受教育年限，取对数

在测度各变量的基础上，对其进行描述性统计，表8-6展示了具体的描述性统计结果。

表 8-6　样本描述性统计

变量	指标含义	样本数	均值	标准差	最小值	最大值
lnMVC	制造业价值链	450	10.423	0.536	8.941	12.635
lnER	环境规制综合指数	450	-0.091	0.959	-2.416	2.303
lnGTI	绿色技术专利（件）	450	6.683	1.676	1.946	10.354
lnfdi	外商直接投资（万美元）	450	12.528	1.67	6.1	15.09
lninc	长途光缆线路长度（千米）	450	9.991	0.879	6.465	11.715
lnfae	资本劳动比（万元/人）	450	4.157	0.591	2.533	5.809
lnhcl	平均受教育年限（年/人）	450	2.163	0.121	1.853	2.983

8.4.2　基准回归分析

本部分以中国30个省级地区2005~2019年的平衡面板数据为研究样本，在回归分析之前进行模型检验，采用时间趋势变量来控制时间效应，以避免损失过多的自由度，提高模型的准确性。同时，对方程进行了随机效应模型和固定效应模型的实证检验，分析豪斯曼检验的结果，最终采用了固定效应模型进行回归结果分析。这种模型可以更好地控制时间效应和其他可能的影响因素，从而得出更加准确的研究结果，具体如表8-7所示。

表 8-7　基准回归分析

变量	全国	东部	中部	西部
	lnMVC	lnMVC	lnMVC	lnMVC
lnGTI	0.257***	0.341***	0.208***	0.209***
	(14.39)	(20.10)	(5.93)	(5.36)
lnfdi	0.147***	0.015	0.115***	0.170***
	(7.01)	(0.59)	(2.78)	(4.17)
lninc	0.063	0.105**	-0.143	0.031
	(0.96)	(2.20)	(-0.84)	(0.21)

续表

变量	全国	东部	中部	西部
	ln*MVC*	ln*MVC*	ln*MVC*	ln*MVC*
ln*fae*	0.259***	0.024	0.581***	0.382***
	(6.56)	(0.79)	(9.54)	(3.98)
ln*hcl*	0.401**	0.497*	0.140	0.216
	(2.01)	(1.78)	(0.38)	(0.66)
Constant	4.287***	5.510***	6.210***	4.864***
	(5.86)	(7.89)	(3.25)	(3.02)
N	450	165	120	165
R^2	0.813	0.928	0.926	0.721
Province	yes	yes	yes	yes
Year	yes	yes	yes	yes

注: *、**、*** 分别表示在10%、5%和1%的水平上显著,下同。

由表8-7可知,绿色技术创新对制造业价值链攀升有显著的正向作用,对假设2.1进行了验证。绿色技术创新每变动1%,制造业价值链同方向变动0.257%,这表明绿色技术创新的补偿效应、节能减排作用大于低端锁定、挤占效应等。分析相关控制变量可知,外商直接投资在1%上通过了检验,外商直接投资能够加速生产要素的周转,促进知识、技术、资本的外溢,从而推动制造业价值链的攀升。要素禀赋在1%上通过了检验,表明要素禀赋每提高1%,促进制造业价值链攀升0.259%,要素禀赋的提高可以为高技术要求的产品或者高附加值环节的产品分工提供优势,从而助推加工贸易升级,促进制造业向"微笑曲线"两端延伸。人力资本在5%的显著性水平上通过了检验,表明人力资本的提升意味着人们增加了知识、技能后具有相对比较优势,可以在市场竞争中获取更多的机会,影响市场要素整体结构的提升,促进制造业向更高技术的产业链方向提升。而基础设施建设对制造业价值链攀升的作用不显著,可能的原因是基础设施建设占据了一部分的政府财政支出,对企业绿色技术创新的补贴将会较少,而中国制造业多以中小企业为主,部分中小企业前期开展绿色技术创新的动力可能来源于政府补贴。基础设施建设因而可能阻碍中小企业的创新动力,进而对制造业价值链的影响不明显。

由于中国地域辽阔,各地区发展呈现明显的差异性,这种差异可能也会影响绿色技术创新发展水平，从而对制造业价值链攀升产生影响。东部、中部、西部地区都受益于绿色技术创新，但是绿色技术创新对东部地区对制造业价值链提升的影响最大，这与实际情况也是相符合的。这是由于中国东部地区发展相对较快，积累了更多的资源要素优势，也吸引了更多的高素质人才，其绿色技术创新明显大于全国平均水平，因而对制造业价值链的升级也发挥更多的作用。近年来，国家越来越关注中西部地区的发展，中西部地区也逐渐重视创新科技和引进高素质人才，促进制造业价值链向中高端发展创新。

8.4.3 稳健性检验

8.4.3.1 更换解释变量法

8.4.2 节运用固定效应模型分析了绿色技术创新对制造业价值链攀升的影响，并且对实证结果也做了一定的理论说明。为了进一步检验结果的稳健性，本节仍然采用相同的模型，替换解释变量后进行研究分析，采用技术创新产出水平（gt）衡量绿色技术创新水平。创新水平的计算公式为：有效发明专利数/制造业 R&D 经营支出，考虑到该值可能比较小，对结果的影响会产生一定的偏差，因此扩大该值后取对数进行衡量，结果如表 8-8 所示。

表 8-8　更换解释变量估计结果

变量	全国	东部	中部	西部
	lnMVC	lnMVC	lnMVC	lnMVC
lngt	0.166***	0.251***	0.150***	0.093
	(4.76)	(3.99)	(2.98)	(1.61)
lnfdi	0.209***	0.122***	0.264***	0.165***
	(8.46)	(2.61)	(7.47)	(3.72)
lninc	0.452***	0.409***	0.285*	0.308**
	(6.40)	(4.95)	(1.71)	(1.99)
lnfae	0.495***	0.168***	0.637***	0.677***
	(11.73)	(2.88)	(9.62)	(8.13)
lnhcl	0.972***	3.217***	0.558	0.324
	(4.18)	(7.21)	(1.38)	(0.91)

续表

变量	全国	东部	中部	西部
	ln*MVC*	ln*MVC*	ln*MVC*	ln*MVC*
Constant	−0.966	−3.068***	0.054	1.717
	(−1.31)	(−3.14)	(0.03)	(1.06)
N	450	165	120	165
R^2	0.735	0.757	0.910	0.673
Province	yes	yes	yes	yes
Year	yes	yes	yes	yes

由表 8-8 可知，更换解释变量测算方法后，绿色技术创新对制造业价值链攀升仍然产生着促进作用，再次验证了假设 2.1。东部地区制造业价值链攀升的促进作用大于全国及中西部地区，结果与基准回归一致。但绿色技术创新对制造业价值链攀升的作用在西部地区不显著。其原因可能在于，随着近年来绿色技术创新水平的提升，东部地区的发展重点转向战略性新兴产业及高端服务业，以技术密集型产业为主，致力于高精尖产业的发展，其科技发展水平一直处于全国领先地位，因而绿色技术创新对制造业价值链攀升的促进作用高于中部地区。尽管我国大力推进西部大开发战略，但由于西部地区经济发展缓慢，所以吸引先进技术的资本和要素投资相对有限，因而制造业技术的先进程度仍相对较低；加之东部、中部地区劳动密集型产业向西部地区转移，为了促进发展，西部地区引进其产业，因而更多的资金投入到了其他产业上，对绿色技术创新水平的投入产生了挤占效应，将产业链锁定在低端环节，再加上近年来经济环境的不确定性，因而绿色技术创新对制造业价值链攀升的促进作用不显著，这与事实也是比较符合的。

8.4.3.2 内生性检验

在分析绿色技术创新与制造业价值链攀升的关系时，需要注意到内生性问题。同时，两者之间也可能存在反向因果关系，即制造业价值链的攀升密切联系着产业链结构及制造业处于"微笑曲线"的位置，在一定程度上影响绿色技术创新投入产出水平，进而促进绿色技术创新提高。

为了解决内生性的问题，本部分选取制造业价值链的一阶滞后项，这是因为滞后一期的制造业价值链与当前的制造业价值链有关，而与绿色技术创新水平无关，这样可以很好地避免内生性的影响。据此构建动态面板模型，利用系统GMM方法进行实证检验。

回归结果如表8-9所示，绿色技术创新对制造业价值链攀升在1%的水平上具有显著的正向作用，与上文所得出的实证结果一致，因此进一步证实了上述研究结果的稳健性。

表8-9　系统 GMM 回归结果

变量	(1) ln*MVC*	(2) ln*MVC*	(3) ln*MVC*	(4) ln*MVC*
L. ln*MVC*	0.839*** (25.84)	0.838*** (25.76)	0.792*** (21.97)	0.790*** (21.83)
ln*GTI*	0.025*** (3.52)	0.026*** (3.43)	0.031*** (3.81)	0.034*** (3.84)
ln*fdi*	-0.014*** (-2.96)	-0.014*** (-2.85)	-0.008** (-2.11)	-0.008* (-1.74)
ln*inc*		-0.002 (-0.58)	-0.011* (-1.88)	-0.015** (-2.16)
ln*fae*			0.059** (2.58)	0.064** (2.57)
ln*hcl*				-0.067 (-1.33)
Constant	1.783*** (5.09)	1.814*** (4.88)	2.018*** (6.51)	2.186*** (5.87)
Observations	420	420	420	420
AR (1)	0.106	0.106	0.099	0.099
AR (2)	0.437	0.437	0.425	0.424

8.4.4　协同机制分析

为验证环境规制和绿色技术创新对制造业价值链攀升的协同机制效应，对式(8-10)进行固定效应回归分析，表8-10列示了对全国样本及东部、中部、西部地区的回归结果。

表 8-10 协同机制检验

变量	全国	东部	中部	西部
	ln*MVC*	ln*MVC*	ln*MVC*	ln*MVC*
ln*GTI*	0.056***	0.048***	0.045	−0.084
	(3.15)	(2.79)	(1.39)	(−1.65)
ln*ER*	0.238***	0.136***	0.778***	0.356***
	(4.61)	(3.94)	(4.81)	(2.87)
ln*ER*×ln*GTI*	−0.030***	−0.012***	−0.109***	−0.080***
	(−4.34)	(−3.02)	(−4.50)	(−3.61)
ln*fdi*	0.026*	0.050**	0.123***	0.060**
	(1.95)	(2.48)	(3.45)	(2.23)
ln*inc*	−0.038	0.005	0.090	−0.054
	(−1.63)	(0.27)	(1.27)	(−1.18)
ln*fae*	0.129***	−0.038**	0.274***	0.033
	(4.02)	(−2.08)	(4.46)	(0.37)
ln*hcl*	0.086	0.816***	0.940**	−0.662*
	(0.50)	(4.13)	(2.39)	(−1.89)
Constant	8.669***	7.141***	3.983***	10.808***
	(17.47)	(14.55)	(3.09)	(11.67)
N	450	165	120	165
R^2	0.784	0.953	0.941	0.696
Province	yes	yes	yes	yes
Year	yes	yes	yes	yes

　　根据表 8-10 的回归结果，可以看到，从全国层面分析，环境规制与绿色技术创新对制造业价值链攀升产生了显著的正向影响，验证了假设 1.1。环境规制强度每增加 1%，制造业价值链上升 0.238%；绿色技术创新每增加 1%，制造业价值链上升 0.056%。环境规制与绿色技术创新的交叉项符号为负，说明在环境规制的约束下，企业为满足环境规制政策要求的环保标准，会加大对环境治理的投入，没有足够的资金用于产品品质升级的技术改造。这可能导致企业无法进行绿色技术创新，从而影响制造业价值链的提升，验证了假设 3.2。

　　分地区来看，东部、中部、西部环境规制对制造业价值链攀升产生了显著的促进作用，并且中西部环境规制强度的促进作用大于全国范围，这是因为中西部产业发展相对落后，环境规制强度处于较低水平，因而环境规制强度提升对制造业价值链攀升的边际效应相对较大。然而，东部、中部、西部绿色技术创新对制造业价值链攀升的影响明显不同，中西部明显不显著，而且西部呈现负向影响，为什么会产生这样的结果呢？可能原因是绿色技术创新对制造业价值链攀升存在环境规制的门槛效应。东部、中部、西部经济发展差异大，其环境规制强度也有所不同。通常来讲，在东部经济发展水平相对较高，其政府环保要求、公众意识，以及产业结构升级也比中西部强。由于环境规制对制造业价值链攀升存在门槛效应，当环境规制跨越一定门槛后，绿色技术创新将成为制造业转型升级的重要推动力量，对制造业价值链的提升作用将越来越明显。东部环境规制强度大，因而对制造业价值链攀升的促进作用也比较明显。中西部环境规制强度较低，未跨越门槛效应，因而对制造业价值链攀升的影响均未通过显著性检验。

8.4.5　门槛效应检验

8.4.5.1　计量模型选取

由 8.4.4 节分析可知，绿色技术创新对制造业价值链攀升的影响可能存在环境规制的门槛效应，为考察门槛效应，本部分以环境规制为门槛值作为未知变量，构建绿色技术创新对制造业价值链的分段函数，并检验和估计其门槛值和门槛效应。以单门槛值为例，建立如下模型：

$$\ln MVC_{it} = \rho_0 + \rho_1 \ln GTI_{it} I_{it} (ER \leq \theta) + \rho_2 \ln GTI_{it} I_{it} (ER > \theta) + \rho_3 \ln fdi_{it} + \rho_4 \ln inc_{it} +$$
$$\rho_5 \ln fae_{it} + \rho_6 \ln hcl_{it} + \xi_{it} \tag{8-11}$$

式（8-11）中，环境规制为门槛变量，θ 表示具体的门槛值，$(I \cdot)$ 表示指示函数，分别表示 $I_{it} (ER \leq \theta)$ 和 $I_{it} (ER > \theta)$ 两种情况。当 $ER \leq \theta$ 时，$I=1$，否则 $I=0$。ξ_{it} 为随机扰动项，独立同分布于 $N (0, \sigma^2)$。系数 ρ_1、ρ_2 和门槛值 θ 均为待估参数。多门槛方程由式（8-11）扩展得到。

8.4.5.2　动态门槛估计方法

关于面板门槛的实证分析，要考虑以下两个问题。首先，估计环境规制门槛值和核心解释变量（绿色技术创新）的系数，这可以通过最小化假定门槛数下的普通最小二乘法估计残差来实现。其次，判断环境规制门槛效用显著性，以获得门槛置信区间。这可以通过 F 检验和似然比检验来进行判断。因此，基于面板数据的内生分组估计方法可以更加准确地估计环境规制门槛值，并且能够对其进行有效的显著性检验和置信区间检验，从而更好地对地区差异进行判断分析。

8.4.5.3 结果说明与分析

以式（8-11）为基础，采用动态面板门槛估计，相应检验结果如表8-11所示。表8-11系统地显示了门槛效用的显著性检验和具体门槛值。绿色技术创新对制造业价值链攀升发挥了比较显著的双门槛效应，且门槛值的 F 检验在10%的水平通过了显著性检验。验证了假设4。

表8-11 环境规制门槛效用显著性检验结果

被解释变量	门槛类	门槛数	F 值	P 值	10%	5%	1%	门槛值
制造业价值链	环境规制	单一	57.79***	0.0067	32.586	37.854	51.885	4.1845
		双重	32.09*	0.08	30.548	40.120	77.300	7.9974
		三重	14.54	0.33	42.108	64.245	86.972	

注：***、*分别为1%、10%的显著水平。

图8-10为环境规制双门槛检验的 LR 统计量，可以看出，由于门槛值在 LR＝0 附近得到，可以看出环境规制双门槛估计值确实能被非常显著且准确地估计出来。

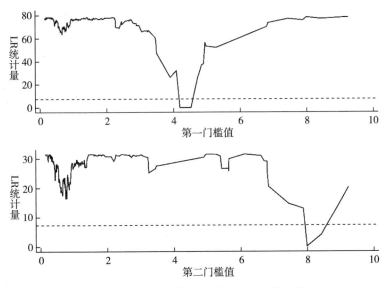

图8-10 环境规制的双门槛 LR 检验统计量

表 8-12 显示了绿色技术创新影响制造业价值链攀升的门槛效应估计结果。由表 8-12 可知，当环境规制强度小于 4.1845 时；绿色技术创新对制造业价值链攀升显著为正，系数为 0.2799；当环境规制强度在 4.1845 和 7.9974 之间时，绿色技术创新对制造业价值链攀升的作用为正，正向影响减弱，系数为 0.1615；当环境规制强度大于 7.9974 时，正向作用有所增加，影响系数为 0.2515。因此，总的来说，环境规制对制造业价值链攀升产生了正向影响作用，但是其正向影响作用呈现先下降后上升的"U"型发展趋势，原因可能在于：首先，政府利用排污费、环境税费、可交易排污许可证等各种手段鼓励企业进行绿色技术创新，企业则根据自身条件选择成本相对较低的生产技术创新，从而促进企业达到环境规制约束水平。但是，当环境规制的强度逐渐提升时，企业需要不断进行创新，投入大量的研发成本，其后果一是对企业的其他投入产生一定的限制，二是研发所带来的创新效用不能满足企业所投入的成本。这时，绿色技术创新可能对价值链攀升的影响效用最小。环境规制强度的提升可充分发挥绿色技术创新作用，企业投入的研发成本逐渐获得创新效用，对制造业价值链攀升的正向促进影响逐渐提高。这也表明，环境规制约束通过影响绿色技术创新水平，从而对制造业价值链攀升产生影响。

表 8-12　环境规制门槛模型回归结果

变量	$\ln MVC$
$\ln GTI$（$ER \leqslant \theta_1$）	0.2799*** (15.22)
$\ln GTI$（$\theta_1 < ER \leqslant \theta_2$）	0.1615*** (7.11)
$\ln GTI$（$ER > \theta_2$）	0.2515*** (8.93)
$\ln fdi$	0.1035*** (4.88)
$\ln inc$	0.0458 (0.72)
$\ln fae$	0.2800*** (6.92)
$\ln hcl$	0.3297*** (1.71)

续表

变量	ln*MVC*
constant	4.9501 *** (6.77)
N	450
R^2	0.8431

由以上分析可知，绿色技术创新对制造业价值链的攀升产生了重要的促进作用，但是其影响大小会因环境规制的变化而产生不同。在环境规制强度较低的情况下，企业对绿色技术创新的投入可能相对较少；而在环境规制强度较高的情况下，企业将会更加积极地进行绿色技术创新，并且随着技术水平的不断提高，绿色技术创新对制造业价值链的促进作用也将日益显著。外商直接投资发挥其技术外溢的作用，对制造业价值链产生显著的正向影响，要素禀赋水平及人力资本水平对制造业价值链的影响亦为显著正向，基础设施建设对制造业价值链的影响是正向的，但是不显著，可能原因是：基础设施建设发挥的绿色技术创新效应不高，对其影响也是相对较小的，所以基础设施建设对制造业价值链的攀升作用不显著。

8.4.5.4 拓展性分析

为进一步检验绿色技术创新影响制造业价值链攀升的环境规制门槛效应的稳健性，在式（8-11）的基础上将解释变量替换成环境规制与绿色技术创新的交互项进行检验分析。环境规制的执行力度对绿色技术创新产生影响，反过来，绿色技术创新在一定程度上会减轻环境污染的程度，进而促进制造业价值链攀升。据此，构建式（8-12），发现环境规制亦存在双重门槛效应结果如表 8-13 所示。

$$\ln MVC_{it} = \varpi_0 + \varpi_1 \ln ER_{it} \times \ln GTI_{it} I_{it} (ER \leq \theta_1) + \varpi_2 \ln ER_{it} \ln GTI_{it} I_{it} (\theta_1 < ER \leq \theta_2) +$$
$$\varpi_3 \ln ER_{it} \times \ln GTI_{it} I_{it} (ER > \theta_2) + \varpi_4 \ln fdi_{it} + \varpi_5 \ln inc_{it} + \varpi_6 \ln fae_{it} +$$
$$\varpi_7 \ln hcl_{it} + v_{it} \tag{8-12}$$

表 8-13 环境规制门槛效应显著性估计结果

被解释变量	门槛类	门槛数	F 值	P 值	10%	5%	1%	门槛值
制造业价值链	环境规制	单一	83.326 ***	0.000	31.116	39.501	50.379	4.185
		双重	28.781 *	0.067	29.008	34.966	60.347	7.997
		三重	12.825	0.333	23.425	31.935	72.548	

进一步对环境规制的门槛效应进行稳定性检验，结果如表8-14所示。当环境规制的强度小于4.185时，交互项对制造业价值链攀升的影响为显著正向，且影响系数为0.2475；当环境规制的强度处于4.185～7.997时，对制造业价值链攀升的影响仍为显著正向，但是影响系数变小，是0.1405；随着环境规制强度逐渐提升，超过7.997时，对制造业价值链攀升的影响显著为正，其影响系数提升到0.2007。该结果显示，无论环境规制的强度如何，交互项对制造业价值链攀升的影响作用均是正向显著的，但影响系数会产生不同的变化。并且，控制变量对制造业价值链攀升的影响作用也相同。本部分进一步证明了绿色技术创新对制造业价值链攀升的门槛效应是非常稳健的，再次验证了假设4的成立。

表8-14　环境规制门槛效应稳定性检验

变量	$\ln MVC$
$\ln ER \times \ln GTI$（$ER \leq \theta_1$）	0.2475*** (15.13)
$\ln ER \times \ln GTI$（$\theta_1 < ER \leq \theta_2$）	0.1405*** (7.48)
$\ln ER \times \ln GTI$（$ERI > \theta_2$）	0.2007*** (9.07)
$\ln fdi$	0.1246*** (5.94)
$\ln inc$	0.0400 (0.6)
$\ln fae$	0.2942*** (7.32)
$\ln hcl$	0.4285*** (2.22)
$constant$	4.7244*** (6.43)
N	450
R^2	0.840

8.5　基本结论与政策启示

8.5.1　基本结论

本章采用固定效应模型、动态面板门槛模型等实证分析方法，以中国 2005～2019 年 30 个省际面板数据为例，较为系统地考察了绿色技术创新与制造业价值链攀升的相互作用关系，绿色技术创新同环境规制的交互项对制造业价值链攀升的影响机制，以及环境规制的门槛效应。主要结论如下：

第一，绿色技术创新与制造业价值链攀升呈显著的正相关关系，说明绿色技术创新可以促进制造业的发展和升级。分地区回归结果，在东部、中部、西部与全国相一致。基于此，采用更换解释变量的方法，验证环境规制对制造业价值链攀升影响作用的稳健性，接着引入制造业价值链滞后一期，建立动态面板模型，结果显示与静态面板的回归结果相一致，验证了结果的稳健性。

第二，环境规制与绿色技术创新对制造业价值链攀升均产生了显著的正向影响，但两者的交互项在样本期内显著为负。这表明在环境规制约束下，企业通过加大对环境的治理投入，以满足环境规制的政策标准，势必压缩了企业绿色技术创新与其他产品的研发投入，从而对制造业价值链攀升产生一定的抑制作用。在东部、中部、西部的协同机制回归分析中，环境规制对制造业价值链攀升均具有促进作用，但是东部、中部、西部绿色技术创新对制造业价值链攀升的影响明显不同，中西部明显不显著，而且西部绿色技术创新对制造业价值链攀升的影响呈负相关关系，这是由于绿色技术创新对制造业价值链攀升具有环境规制的门槛效用。

第三，绿色技术创新对制造业价值链攀升的促进作用存在环境规制的门槛效应。随着环境规制水平的提升，绿色技术创新对制造业价值链攀升存在先下降后上升的"U"型作用，其结果也是显著的，这与实际结果也是相吻合的。构建环境规制与绿色技术创新的交互项对环境规制的门槛效应检验，结果仍是一致的，验证了结果的稳健性。

8.5.2 政策启示

根据以上实证研究结果，从全国和地区两方面得到绿色技术创新对制造业价值链攀升的影响，并且通过分析得到绿色技术创新和环境规制对制造业价值链攀升的协同作用机制和效应。此外，绿色技术创新对制造业价值链攀升的促进作用存在环境规制的门槛效应。基于此，本部分就我国如何增强绿色技术创新水平，提升国际竞争力，促进制造业价值链攀升等方面提出以下几点政策建议：

（1）提升环境规制强度水平。近几年经济发展进入平稳期，绿色技术创新成为经济突破瓶颈、实现创造性发展的一个关键因素。经济的高质量发展，产业的绿色转型升级，对环境规制提出了新的标准和要求。因此，政府应因地制宜实施多种形式的环境规制政策标准，如启动排污权交易、增加排污费和环境税等命令型政策；同时，可以利用市场的调节作用和公众参与的积极性，对环境规制进行强化，激励制造业进行自主创新发展，整合生产流程，提高生产效率，优化制造业资源配置能力。这样更有利于环境规制强度的提升，对市场经济发展、产业结构转型、人们健康水平提升都会产生良好的影响。

（2）强化环境规制的绿色创新效应。无论环境规制的强度如何，绿色技术创新都能有效促进制造业价值链攀升，但是其影响的作用大小是不同的。因此，各地区应将环境规制约束维持在一定范围内，最大化发挥环境规制的绿色技术创新效应，降低污染物排放，促进废弃物循环利用，减少绿色技术研发风险，推进绿色技术创新发展进程。环境规制的加强可以促进企业改进生产过程，研发并采用更加节能、环保的生产技术和工艺，从而实现污染排放的减少，推动制造业向绿色、低碳方向发展。环境规制对制造业的促进作用与绿色技术创新相辅相成，可以带来协同创新的效果，从而建立起绿色生产生活方式，推动制造业价值链的攀升。

（3）加大绿色技术创新力度。绿色技术创新、绿色产品生产是市场竞争的关键核心点，也是未来制造业实现可持续发展的重要核心力量。因此，国家应该重视绿色技术创新，加快发展新型绿色低碳产业和高科技智能产业，减少资源和能源的浪费，将生态环境污染降到最低，从而达到绿色循环和低碳发展的目的，推动我国经济高质量发展，促进产业转型升级。在价值链上，各个区域和各个产业都可以通过学习、购买、引进已有的技术进行再创新，或者研发新的技术，发挥"干中学"的作用,掌握关键核心技术,在国际市场上获得更大的竞争力,促进中国制造业突破低端环节,向价值链高附加值环节延伸。

(4)完善绿色技术创新体系。绿色技术创新体系是绿色技术创新的核心。在绿色技术创新体系中,政府应该制定一套具体可行的标准,对不同规模、不同排量的企业和行业采用分级的量化指标,推动政策标准的实施执行,建立健全责任机制,充分发挥要素、技术及人才的溢出作用。在生产要素方面,促进产业链上下游协同发展,加快要素流通转化速度,降低流通周期;在技术方面,加快产学研融合,使科技成果转化为产品的改造和升级,提高产品品质,推动产品升级;在人才方面,加强和重视对技能劳动力和专业人才的培养,提高人力资本的素质水平。健全完善的创新体系是绿色技术创新的保障,各地区要因地制宜,在国家创新政策和形势的引导下,构建一套和区域发展相适应的创新体制,对地区价值链攀升起到推动作用。

(5)增强价值链自主可控能力。构建并完善清洁生产审核机制,全面把控产品生命周期中的环境影响,明确能源使用范围和比例,提高不可再生能源的利用效率,积极倡导企业使用可再生清洁能源,这些措施都是推动制造业向绿色化转型的重要手段。绿色技术创新,能够有效降低产业污染排放力度,提升资源利用效率,延伸绿色清洁产业链,为制造业的持续发展奠定坚实基础。在低碳发展的国际竞争市场中,抢占制定低碳国际贸易规则的先机,有利于中国制造业在价值链分工体系发展中掌握话语权,这也是非常重要的战略目标。

9 双碳目标影响中国经济发展质量的不同情景模拟

　　气候变化已成为全球经济发展的硬约束和新动力。《巴黎协定》实施以来的首次联合国气候变化大会于 2021 年 11 月在英国格拉斯哥举行，旨在携手各国切实采取行动以应对全球气候变化。目前，中国已成为世界上第一制造大国和最大的碳排放国家，减排压力不断增加。根据中国碳核算数据库（CEADs）提供的分部门碳排放清单，2020 年我国制造业二氧化碳排放量在全国二氧化碳总排放量中占比高达 35.8%。减少碳排放已成为我国应对气候变化，实现经济、资源、环境永续发展的必然要求。我国改革开放 40 多年来取得了举世瞩目的发展成就，对全球经济增长做出了巨大贡献。但是，资源约束日益趋紧，环境承载能力接近上限，要素低成本红利逐渐消失，粗放型经济增长模式难以持续等问题也日益凸显。双碳目标的提出，既是我国作为负责任大国的郑重承诺，也深刻显现了经济社会全面低碳转型的内在要求。

　　双碳目标的系统性和引领性，将对我国"十四五"时期乃至以后较长一段时期的生态环境改善和产业质量提升带来碳减排与绿色转型的多重效应，事关中华民族的永续发展，并对贸易投资及能源格局等经济社会各方面产生全面深远的变革与重塑。2021 年 3 月发布的《中华人民共和国国民经济和社会发展第十四个五年规划和二〇三五年远景目标纲要》（以下简称国家"十四五"规划纲要）中明确提出，我国在"十四五"乃至更长一段时间要制定 2030 年前碳排放达峰行动方案，构建市场导向的绿色技术创新体系，加快推动绿色低碳发展。中共中央、国务院 2021 年 10 月 24 日正式颁发的《关于完整准确全面贯彻新发展理念做好碳达峰碳中和工作的意见》，进一步为我国"双碳"目标的实施指引了方向。在 2021 年 12 月的中央经济工作会议上，碳达峰、碳中和再次成为会议的重要主题之一，这进一步奠定了全面推进双碳工作的总基调。实现碳减排，事关我国碳达峰及绿色转型发展。2022 年 1 月的全国生态环境保护大会更是多次强调"参与和引领全球气候治理""以实现减污降碳协同增效为总抓手，统筹污染治理、生态保护、应对气候变化，深入打好污染防治攻坚战，促进经济社会发展全面绿色转型"，充分显示了我国对绿色发展的高度重视。

我国将实现双碳目标的国际承诺，既是立足于节能减排和产业低碳转型的国情要求，也是积极应对全球气候变化及能源格局重塑挑战的必然选择。这一远景目标符合全球绿色低碳转型趋势和我国高质量发展的现实需求，必将驱动我国创新发展成为适应世界大势的引领者。但短期内结合发达国家环境治理的经验来看，经济发展转型与低碳减排将不可避免地会对经济增长造成一定的冲击。其中，一定时期内碳达峰的峰值越高，我国实现碳中和的相应减排压力就越大；碳排放越晚达到峰值，就意味着各部门用于针对实现碳中和目标调整的时间越少。目前我国正处在工业化和城镇化快速发展阶段，虽然人均排放水平仍然低于发达国家，但是排放总量却增长得较快，从而使我国在一段时期内的碳排放和能源总需求仍将呈增长态势。减排的全球行动和国家战略在一定程度上会挤压中国工业，特别是传统高耗能工业的发展空间。随着综合国力的增强和碳排放总量的扩大，实现双碳目标意味着高质量发展和经济社会全面绿色转型。因此，探究碳减排对我国经济社会产生的影响，分析不同情境下实现碳减排目标对居民消费与就业的影响，不同情景下碳减排又会怎样作用于经济和能源系统，进而影响经济发展质量，就显得尤为必要。

9.1 文献综述

国内外学者十分关注碳排放与发展质量关系的研究，但由于研究视角、选取方法和样本不同，所得研究结论并未达成一致。相关研究成果主要涉及三方面。其一，经济发展中，清洁生产和绿色技术创新对碳排放均存在较强的抑制作用，有利于绿色发展。Liu（2009）研究发现，随着产业结构高度化水平提升、技术进步和能源使用效率的提高，经济发展对碳减排的驱动力会越来越大。李新安（2020）认为，节能减排与达标排放将提高能源使用效率，引导产业绿色技术创新，对碳排放起到明显抑制作用，从而实现经济社会的高质量发展。李新安（2021）通过运用我国省际面板数据的空间杜宾模型实证研究，发现绿色技术创新已成为经济低碳转型与高质量发展的重要支撑，并表现出显著的空间溢出效应。其二，经济发展是影响碳排放增长的主要因素，提升发展质量的关键是实施碳减排政策和行业低碳转型。Satterthwaite（2009）研究认为经济总量增长是促进碳排放增加的关键驱动因素。刘文君等（2021）分别从能源效率、竞争力和绿色技术创新等视角进行分析发现，实施碳减排政策将促进行业绿色低碳转型与创新发展结合，为经济高质量发展提供强劲动力。王敏和胡忠世（2021）通过对我国碳排放权交易市场试点地区的研究，发现碳排放权交易政策对试点地区产业的能源利用效率和生态环境产生较大影响，其作用机制是通过行业技术升级体现出来的。此外，钱丽等（2021）、李新安（2022）从不同角度探究了绿色技术创新与经济高质量发展的相互促进作用。其三，探究实现双碳目标时碳达峰的数值测算及相关研究模型使用。大多学者集中于中国实现双碳减排目标的碳排放峰值，并应用可计算的一般均衡 CGE 模型等分析出现时间及对资源环境等领域的经济影响。如曾先峰（2019）、李毅等（2021）通过运用静态 CGE 模型对我国两种碳税征收方式对各部门的冲击进行了模拟。多数学者认为中国碳排放峰值会出现在 2025 年或 2030 年，峰值约为 95 亿吨至 110 亿吨。如王迪等（2019）通过建立 Kaya 方程的扩展形式对中国 2030 年的碳排放量进行了预测，发现在深度碳减排情景下，碳排放达峰时间将在 2025 年，其峰值为 102.54 亿吨。段福梅（2018）通过基于粒子群优化算法的 BP 神经网络预测，在节能模式下碳达峰时间为 2030 年，峰值为 99.1 亿吨。关于中国实现碳中和的数值，多数学者测算的是 2050 年的数据，本章也沿用 2050 年碳中和的情景设定。

高质量发展是我国"十四五"乃至今后较长一段时期的发展主线，而双碳目标则是推动我国实现高质量发展的内在要求。低碳发展作为一种低排放、低污染的绿色经济发展模式，已成为国际社会的普遍共识。从目前关于中国碳排放的研究成果来看，专家们对碳排放峰值的预测提供了多样的方法和思路参考，但是这些研究绝大部分是围绕碳排放量的预测以及碳排放的影响因素进行分析，其中对于实现碳达峰和碳中和目标会对宏观经济发展质量产生何种影响的研究则较为鲜见。本章通过建立动态 CGE 模型,对我国在双碳目标下的经济贸易状况进行模拟,选取了 GDP、居民消费、就业、总出口、总进口、总产出等宏观经济指标进行分析,以 2018 年投入产出表为基础进行中国社会核算矩阵的 SAM 表编制,通过模拟不同情境研究碳排放约束对我国宏观经济与对外贸易产生的影响,并提出相应针对性举措,具有重要的理论价值、现实价值。

9.2 双碳目标对能源消费和绿色转型的影响

9.2.1 中国能源消费现状与态势

随着我国经济的高速发展,我国的能源消费总量也呈现逐年递增的趋势。我国 2019 年在能源总消费量方面已达到 48.6 亿吨标准煤,较 2018 年的 46.4 亿吨标准煤增长了 3.3%,如图 9-1 所示。但整体而言,我国近年来通过采取坚决措施有效控制了能源消费总量快速增长的势头。

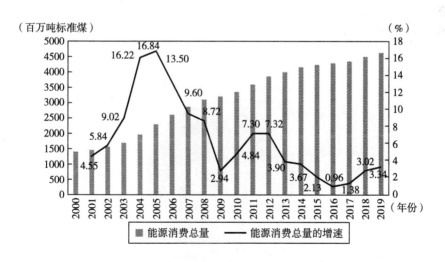

图 9-1 中国能源消费总量变化趋势

由图 9-1 可以看到,我国的能源消费基本呈逐年上升的态势,2000~2019

年，2005 年的增速最快，达到 16.84%，2016 年的增速最慢，为 0.96%。除 2013~2015 年的消费增速从 2014 年的 3.67% 下降至 2016 年的 0.96% 有所下降外，之后便转为稍微上升，由 2017 年的能源消费 1.38% 上升至 2019 年的 3.34%。观察我国 2000~2019 年的能源消费总量变化态势，可以很明显地发现，自 2012 年党的十八大召开到 2019 年的能源消费年均增速出现较大幅度下降。我国 2000~2019 年的 GDP 年均增速保持在 6% 以上，从能源消费增速与 GDP 增速的总体比较来看，我国自 2000 年以来以较低的能源消费支撑了快速的经济发展。这与我国始终积极应对气候变化问题，将可持续发展作为重要战略手段密不可分。

从经济发展的能源消费结构来看，我国仍然是以煤炭等一次性化石能源为支撑的能源消费大国。2000 年我国煤炭的消费量在全国一次能源消费中占比为 68.5%，而石油、天然气及非化石能源的总占比分别仅为 22% 和 9.5%。煤炭长期以来在能源消费中一直保持较大占比，如图 9-2 所示。我国目前仍是以煤炭为主的化石能源结构。但自党的十八大后，我国能源消费结构发生了重大变化，煤炭消费比重于 2019 年首次降到 60% 以下。目前我国正不断实现石油、天然气及非化石能源对煤炭的替代，能源利用效率相对较高的石油、天然气和清洁能源的比重持续增加。我国实现能源消费结构调整的这一重大变化，也是支撑我国生态文明建设的重要成就。

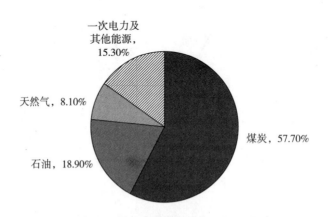

图 9-2　2019 年中国能源消费总量的结构分布

从图 9-2 的能源消费结构分布可以看出，虽然 2019 年我国消费的主要能源依旧为煤炭，但石油与天然气，以及其他清洁能源的消费比例有所上升，其中石油和天然气分别占能源总消费量的 18.9% 和 8.1%，一次电力及其他能源占比为 15.3%。

我国能源消费结构变化趋势总体上呈现向非化石能源转型的态势，如图 9-3 所示。在图 9-3 中可以看出，清洁能源在能源消费总量中的占比不断增加。从 2013 年的 15.5%（约 64621.52 万吨标准煤）增长到 2019 年的 23.4%（约 113724 万吨标准煤）。同时，煤炭的能源总消费量占比整体呈现下降趋势，而天然气的消费总量占比则保持一定的上升势头，这表明我国的能源消费结构正在向提高清洁能源比重、降低化石燃料的方向转型，并且保持了稳中有增的转型速度。总体来看，我国的能源消费结构已经进一步优化。

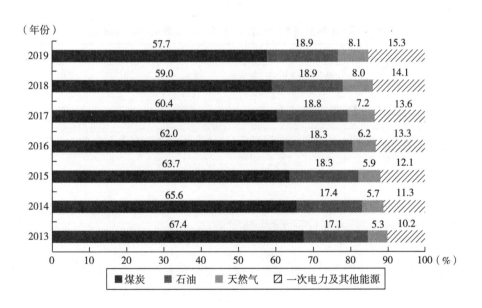

图 9-3 中国能源消费主要品种结构变化趋势

为更好实现我国减污降碳目标，不断加快产业技术进步，调整优化能源消费结构。采用发展非化石清洁能源、增加森林碳汇、完善碳市场的运行机制等政策措施，加快我国能源替代的步伐。2019 年的《BP 世界能源统计年鉴》的数据显示，我国尽管煤炭消费量占全球第一，但可再生能源的消费量已居世界首位。在单位 GDP 能耗不断下降的同时，能源利用效率也持续提升，我国 2019 年 GDP 万元耗能较 2018 年下降 2.6%。预计我国到 2060 年实现碳中和目标时，非化石能源占比将达到 80% 以上，可再生能源将替代以煤为主的化石能源结构，全国能源消费结构整体上将发生巨大变化。

9.2.2 双碳目标对能源消费与碳排放的影响

能源消费是我国碳排放的最主要来源。全球 2019 年各主要碳排放国家占世界总排放量的比例，如表 9-1 所示。我国 2019 年碳排放量占世界碳排放量的 26.7%（约 982600 万吨）。随着近年来中国经济的快速发展，能源消费和碳排放也趋于增长。在此背景下，中国作出实现双碳目标的减排承诺，用实际行动积极应对全球气候变化。

表 9-1　2019 年全球前六位各国（地区）二氧化碳排放量占比

排名	国别/地区	2019 年排放量		排放量全球占比（%）	
		数值（10 亿吨二氧化碳）	增速（%）	2019 年	2010~2019 年
1	中国	14	3.1	26.7	26
2	美国	6.6	-1.7	12.6	13
3	欧盟（27 国加英国）	4.3	-3.1	8.2	9.3
4	印度	3.7	1.3	7.1	6.6
5	俄罗斯	2.5	0.8	4.8	4.8
6	日本	1.4	-1.6	2.7	2.8

资料来源：联合国环境规划署《2020 年排放差距报告》。

按照双碳目标承诺，根据目前我国碳排放大多来源于煤炭消耗的实际状况，"十四五"时期的首要任务就是控制煤炭消费，实现碳达峰。因此，"十四五"时期，我国实现降碳的关键是深度调整优化产业结构，发展布局使用清洁能源的新型战略产业，以实现对能源结构和产业结构的调整优化的牵引作用。

结合全球历年的二氧化碳排放情况来看，英国、美国、日本等主要发达国家在经历了碳排放的快速增长之后，在过去 15~20 年间相继实现了碳排放总量的达峰，而中国和印度这样的后发大国，仍然处于碳排放增长比较快的阶段。在新一轮能源革命发生以来，全球绿色低碳转型的清洁可持续能源基本框架已经形成。《巴黎协定》的签订与实施，表明全球对低碳转型和绿色发展已经形成了广泛共识。目前越来越多的经济体加快清洁能源开发，坚持走绿色能源与低碳发展道路，推动落实《巴黎协定》。

中国目前已采取相应措施和行动方案，来确保实现既定的节能减排目标。我国的减排行动举措成效显著，相比 2005 年的单位 GDP 碳排放量，2019 年已下降了 48%，换算为具体数值约为 56.2 亿吨[①]。但在排放总量大、煤炭消费占比高等一系列问题面前，引导更大规模的清洁能源发展，仍是实现我国双碳目标的中心任务与必然路径。

9.3 数理模型构建与碳达峰情景设定

9.3.1 CGE 模型构建及其核心模块组成

CGE 模型可计算一般均衡模型具有系统分析问题的优势，它用一组方程来同时模拟不同要素及不同市场和经济主体之间的经济关系，将不同模块的方程组通过一系列的闭合条件联系起来刻画不同主体和要素之间的复杂过程，并能通过改变某一变量来模拟政策对经济产生的影响。因此，CGE 模型常被用来分析税收、公共消费变动、贸易、技术进步、环境政策的变动等因素对国家或地区居民消费、产业结构、劳动市场、环境状况、收入分配的影响。此外，CGE 模型可弥补一般均衡难以应用于数值分析的缺陷。因此，近年来许多国家开始运用该模型来评估能源政策、税收和贸易政策改革的效果。根据是否考虑时间因素，CGE 模型可分为静态模型和动态模型，其中静态 CGE 模型用于分析政策前后两个均衡状态之间的差异，动态 CGE 模型则可以描述随时间推移的系统变量演变规律。参照朱佩誉和凌文（2020）的方法，本部分构建的 CGE 模型的子系统模块包括生产模块、贸易模块、能源环境模块、动态模块和均衡模块。由于系统方程较多，

---

① 中华人民共和国生态环境部.《中国应对气候变化的政策与行动 2020 年度报告》[R/OL]. [2021-06]. https://www.mee.gov.cn/ywgz/ydqhbh/syqhbh/202107/W020210713306911348109.pdf.

这里主要分析其核心模块方程。

9.3.1.1 生产模块核心方程

在 CGE 模型中，生产模块核心方程一般基于生产条件和资源约束以实现生产者利润优化。与此相关的有优化条件方程和描述性方程，如生产者的生产过程、中间生产过程等。

$$QA_a = \partial_a \left[\delta_a QVA_a^{-\rho_a} + (1-\delta_a) QINTA_a^{-\rho_a} \right]^{-\frac{1}{\rho_a}} \tag{9-1}$$

$$\frac{PVA_a}{PINTA_a} = \frac{\delta_a}{(1-\delta a)} \left(\frac{QINTA_a}{QVA_a} \right)^{1-\rho_a} \tag{9-2}$$

$$PA_a \times QA_a = PVA_a \times QVA_a + PINTA_a \times QINTA_a \tag{9-3}$$

式（9-1）～式（9-3）中，a 为按部门划分的生产活动，A 为产业部门合集，$a \in A$；QA、PA 分别为生产活动中的商品产出量、生产活动的价格；QVA、PVA 分别为增加值投入量、增加值投入的加总价格；$QINTA$、$PINTA$ 分别为商品的中间投入量、中间投入的加总的价格；∂ 和 δ 分别为全要素生产率与不同生产部门间的份额，ρ 为替代弹性参数。

9.3.1.2 贸易模块核心方程

贸易模块核心方程在 CGE 模型中，基于进出口商品的双向贸易，为优化出口产品利润或降低进口产品成本，通常用常弹性转换方程（CET）或用阿明顿（Armington）方程来描述其过程。

$$QA_a = \partial_a^t \left[\delta_a^q QDA_a^{\rho_a^t} + (1-\delta_a^q) QE_a^{\rho_a^t} \right]^{\frac{1}{\rho_a^t}} \tag{9-4}$$

$$\frac{PDA_a}{PE_a} = \frac{\delta_a^t}{(1-\delta_a^q)} \left(\frac{QE_a}{QDA_a} \right)^{1-\rho_a^t} \tag{9-5}$$

$$PA_a \times QA_a = PDA_a \times QDA_a + PE_a \times QE_a \tag{9-6}$$

式（9-4）～式（9-6）中，QA 为国内生产的总产品，QDA 为国内生产的产品用于国内使用的部分，QE 为国内生产的产品用于出口的部分，PE 为国内商品的出口价格，ρ 为替代弹性参数，∂、δ、t 均为方程参数。

9.3.1.3 能源环境模块核心方程

能源环境模块核心方程包括碳排放量的计算方程和碳税收入的计算方程，具体如下。

各部门生产过程中产生的碳排放量为：

$$QPE_{n,a} = \sum \left(QINT_{ec,a} \times thete_{ec} \times emiss_{ec,n} \right) \tag{9-7}$$

式（9-7）中，QPE 为各个产业部门的二氧化碳排放量，$thete$ 表示各类能源的标准能源系数；$emiss$ 表示标准能源的碳排放系数。

各部门生产过程中使用化石能源所征收的碳税为：

$$TAX_{n,a} = t_n \times QPE_{n,a}$$

$$QA_a \times PA_a \tag{9-8}$$

式（9-8）中，TAX 表示以市场计价的碳税税率，t 表示固定的碳税税率。

9.3.1.4 动态模块核心方程

动态模块核心方程采用动态递推的方式，实现人口增长、劳动力、资本存量和全要素生产率的动态变化，具体如下。

人口增长方程为：

$$pop_{t+1} = pop_t \times \left(1 + \varepsilon_t^{pop} \right) \tag{9-9}$$

劳动力增长方程为：

$$QLD_{t+1} = QLD_t \times \frac{pop_{t+1}}{pop_t} \tag{9-10}$$

资本增长方程为：

$$\Delta QKD_t = \frac{\varepsilon_t^{cap} \sum\limits_i \left(PQ_t \times QINV_t \right)}{WK_t} \tag{9-11}$$

$$QKD_{t+1} = QKD_t \times (1-\mu) + \Delta QKD_t \tag{9-12}$$

全要素生产率增长方程为：

$$TEC_{t+1} = TEC_t \times (1+\eta) \tag{9-13}$$

式（9-9）~式（9-12）中，QLD、QKD、TEC 分别为各个部门的劳动力、资本供应和技术变量。

9.3.1.5 均衡模块核心方程

采用要素市场的均衡：

$$\sum_i L_i = \overline{L}_s \tag{9-14}$$

$$\sum_i K_i = \overline{K}_s \tag{9-15}$$

式（9-14）、式（9-15）中，L、K 为产业部门劳动、资本投入；$\bar{L}$ 和 $\bar{K}$ 为市场上的劳动供给和资本供给。

9.3.2 中国碳排放达峰情景的设定

中国碳排放达峰的时间和峰值，以及实现碳中和的时间，取决于中国未来经济发展速度、产业结构转型、节能减排技术应用等诸多因素（马丽和刘立涛，2016）。对中国碳排放达峰时间设置基于两点依据：其一，我国 2020 年在联合国大会上宣布的碳达峰、碳中和时间节点。其二，考虑到学术界对中国碳排放达峰的不同预测结果，选择 2025 年、2030 年两个碳排放达峰的时间点和 2050 年碳中和的时间点。综合考虑已有的研究成果后，对我国实现碳达峰与碳中和目标设置四个情景，并将情景一作为基准情景。

（1）情景一。以我国在《巴黎协定》背景下提出的行动计划、国家自主贡献目标和相关政策为支撑，在延续当前低碳转型的趋势和相关政策的情景下，我国碳达峰时间点和碳排放量分别为 2030 年与 108.7 亿吨，碳中和时间点和碳排放量分别为 2060 年与 90 亿吨。

（2）情景二。在政策情景的基础上，进一步强化降低单位 GDP 能源强度和碳排放强度的力度和幅度，控制碳排放总量，进一步提高非化石能源在一次能源消费中占比等各项指标，强化节能减排的政策支撑，适应《巴黎协定》背景下各国强化和更新国家自主贡献目标和行动的要求。在强化政策的情景下，我国碳达峰时间点和碳排放量分别为 2030 年与 104.6 亿吨，碳中和时间点和碳排放量分别为 2050 年与 62 亿吨。

（3）情景三。与情景一的政策强度相同，在此政策情景下，我国碳达峰时间点和碳排放量分别为 2025 年与 108.7 亿吨，碳中和时间点和碳排放量分别为 2050 年与 90 亿吨。

（4）情景四。与情景二的政策强度相同，在此强化政策情景下，我国碳达峰时间点和碳排放量分别为 2025 年与 104.6 亿吨，碳中和时间点和碳排放量分别为 2050 年与 62 亿吨。

9.3.3 社会核算矩阵的编制和模型参数确定

社会核算矩阵（SAM）利用矩阵的方法将国民经济各个账户系统，通过国民经济核算统计指标体系的数量关系，将国民经济运行的循环过程按流量和存量、国内与国外有序地排列联结起来，非常利于构建宏观经济计量模型体系。SAM中的主要数据来源于投入产出表，CGE 模型以 SAM 为数据来源进行实证模拟。本部分根据国家统计局国民经济核算司编写并于 2020 年 12 月出版的《2020 中国投入产出表》（统计范围 2017~2020 年）中的 2018 年 153 部门投入产出表合成26 个部门的投入产出表。根据《2020 年中国投入产出表》《中国统计年鉴（2018）》等统计数据，编制相应的宏观 SAM，结果如表 9-2 所示。

表 9-2　2018 年中国国民经济社会核算矩阵　　　　　　　单位：亿元

	活动	商品	要素	居民	企业	政府	国外	投资	存货	总计
活动		2344306					151064			2495370
商品	1573313			359156		148506		419135	12831	2512941
要素	825738									825737
居民			499108.9		84124.2	47835.3	3252.8			634321.2
企业			238478			1976.2				258254.2
政府	96319	12648		12629.4	138119.5		-12351.3			247364.6
国外		155987	-2761.8							153225
投资			90912.7	262536.2	36010.5	31246.6	11259.5			431965.5
存货								12831		12831
总计	2495370	2512941	825737.8	634321.2	258254.2	247364.6	153225	431966	12831	

资料来源：笔者根据中国 2018 年投入产出表数据核算。

各种能源的单位碳排放系数以联合国政府间气候变化专门委员会的计算碳排放指南的数据为依据。各种能源折标准煤系数根据国标《综合能耗计算通则 GB/T 2589-2020》进行整理。各种能源折标准煤与碳排放系数如表 9-3 所示。

表 9-3　各种能源折标准煤与碳排放参考系数

能源名称	折标准煤系数（kgce/kg）	二氧化碳排放系数（kg-CO_2/kg）
原煤	0.7143	1.9003
焦炭	0.9714	2.8604
燃料油	1.4286	3.1705
原油	1.4286	3.0202
煤油	1.4714	3.0179

续表

能源名称	折标准煤系数（kgce/kg）	二氧化碳排放系数（kg-CO_2/kg）
汽油	1.4714	2.9251
柴油	1.4571	3.0959
天然气	1.3300	2.1622

资料来源：国家标准《综合能耗计算通则 GB/T 2589—2020》。

　　替代弹性参数。替代弹性参数的取值会对模型的结果产生一些影响，但还是能够借助 CGE 模型这一工具来判断特定的变化趋势，从而能够理解所研究的问题，合理的参数设定能够有助于结果不出现方向性的错误。这里主要借鉴 Dong（2020）、李新安（2021）等研究结构的数据，具体设定如表 9-4 所示。

表 9-4　模型主要替代弹性参数

行业名称	ρ_α	ρ_V	ρ_s	ρ_U	ρ_{ke}	ρ_{ee}	ρ_{ecn}	ρ_{og}	ρ_q	ρ_t	ρ_r	ρ_c
农业	0.1	0.5	0.1	1.1	0.3	0.7	0.5	0.9	3.0	3.6	0.75	0.61
煤炭采选业	0.1	0.2	0.1	1.1	0.3	0.3	0.2	0.9	3.0	4.0	0.25	0.45
石油开采业	0.1	0.2	0.1	1.1	0.3	0.3	0.2	0.9	3.0	4.0	0.25	0.45
天然气开采业	0.1	0.2	0.1	1.1	0.3	0.3	0.2	0.9	3.0	4.0	0.25	0.45
采掘业	0.1	0.9	0.1	1.1	0.3	0.7	0.5	0.9	3.0	4.0	0.25	0.45
食品制造业	0.1	0.9	0.1	1.1	0.3	0.7	0.5	0.9	3.0	4.6	0.70	0.77
纺织、缝纫及皮革产品制造业	0.1	0.9	0.1	1.1	0.3	0.7	0.5	0.9	3.0	4.6	0.83	0.81
精炼石油和核燃料加工业	0.1	0.9	0.1	1.1	0.3	0.7	0.5	0.9	3.0	4.6	0.99	0.45
煤炭加工业	0.1	0.9	0.1	1.1	0.3	0.7	0.5	0.9	3.0	4.6	0.99	0.45
化学工业	0.1	0.9	0.1	1.1	0.3	0.7	0.5	0.9	3.0	4.6	0.99	0.71
非金属矿物制品业	0.1	0.9	0.1	1.1	0.3	0.7	0.5	0.9	3.0	4.6	0.99	1.00
金融产品制造业	0.1	0.9	0.1	1.1	0.3	0.7	0.5	0.9	3.0	4.6	0.99	1.00
通信及电子设备制造业	0.1	0.9	0.1	1.1	0.3	0.7	0.5	0.9	3.0	4.6	0.99	1.00
交通及专业设备制造业	0.1	0.9	0.1	1.1	0.3	0.7	0.5	0.9	3.0	4.6	0.99	1.00
其他制造业	0.1	0.9	0.1	1.1	0.3	0.7	0.5	0.9	3.0	4.6	0.99	1.00
煤电	0.1	0.2	0.1	1.1	0.3	0.1	0.1	0.2	0.9	0.5	0.99	0.86
水电	0.1	0.2	0.1	1.1	0.3	0.1	0.1	0.2	0.9	0.5	0.99	0.86
核电	0.1	0.2	0.1	1.1	0.3	0.1	0.1	0.2	0.9	0.5	0.99	0.86
可再生能源发电	0.1	0.2	0.1	1.1	0.3	0.2	0.1	0.2	0.9	0.5	0.99	0.86
蒸汽、水生产供应业	0.1	0.3	0.1	1.1	0.3	0.3	0.5	0.9	0.9	0.5	0.99	0.86

行业名称	ρ_α	ρ_V	ρ_s	ρ_U	ρ_{ke}	ρ_{ee}	ρ_{ecn}	ρ_{og}	ρ_q	ρ_t	ρ_r	ρ_c
运输邮电业	0.1	0.5	0.1	1.1	0.3	0.7	0.5	0.9	2.0	3.0	0.66	1.22
商业饮食业	0.1	0.5	0.1	1.1	0.3	0.7	0.5	0.9	2.0	3.0	0.85	1.22
科教文卫及公共管理业	0.1	0.5	0.1	1.1	0.3	0.7	0.5	0.9	2.0	3.0	1.08	1.19
金融保险业	0.1	0.5	0.1	1.1	0.3	0.7	0.5	0.9	2.0	3.0	1.08	1.19
建筑业	0.1	0.5	0.1	1.1	0.3	0.7	0.5	0.9	3.0	3.8	1.16	1.62
其他服务业	0.1	0.5	0.1	1.1	0.3	0.7	0.5	0.9	2.0	3.0	1.08	1.19

动态模块参数。动态模块参数包括人口增长率、社会投资率和全要素生产率。关于人口增长率，世界银行已对我国人口增长进行了评估，主要参考 Hertel 和 Zhai（2018）对人口增长率进行设定；社会投资率主要是居民储蓄率，主要参照李平和娄峰（2017）相关数据进行设定；全要素生产率（TFP）参照杨顺顺（2020）采用 2% 为我国的全要素生产率。

9.4 双碳目标各情景对宏观经济影响的定量模拟

在双碳目标背景下，我国既要在碳排放约束下实现稳中有进，要实现绿色转型和更高质量的发展任务。下面采用构建的动态 CGE 均衡模型，运用国家统计局发布的 2018 年投入产出数据，结合实现双碳目标设置的四个情景等，不同情景下我国强化双碳目标实现对宏观经济的影响。

9.4.1 各碳达峰情景对中国宏观经济综合影响的模拟

本部分对不同情景下的碳排放对中国宏观经济的综合影响进行分析，研究双碳约束条件对 GDP、居民消费、就业、总产出、总出口、总进口等宏观经济指标的影响，为了更直观地展示数据，采用柱状图罗列上述数据，其中将情景一作为基准情景（以下均称为基准情景），当碳排放达峰时宏观指标相对于基准情景的变动结果如图 9-4 所示。可以看到，除去就业在情景三与情景四中有大幅度的增加，其余经济指标在各种情景下都有不同程度的下降。

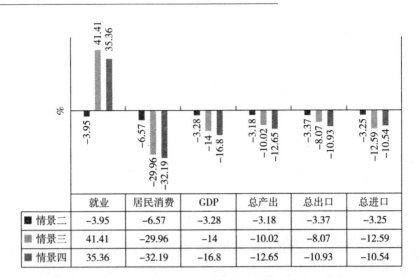

	就业	居民消费	GDP	总产出	总出口	总进口
■ 情景二	−3.95	−6.57	−3.28	−3.18	−3.37	−3.25
▨ 情景三	41.41	−29.96	−14	−10.02	−8.07	−12.59
▨ 情景四	35.36	−32.19	−16.8	−12.65	−10.93	−10.54

图 9-4　不同碳达峰情景对宏观经济的影响

若中国 2030 年实现碳达峰，其中政策情景下的 2030 年碳达峰是基准情景；而在强化政策情景下，GDP 减少 3.28%，居民消费下降 6.57%，就业下降 3.95%，总产出降低 3.18%，总出口贸易量下降 3.37%，总进口贸易量减少 3.25%。若中国在 2025 年实现碳排放达到峰值：第一，在政策情景下，其中 GDP 减少 14%，居民消费下降 29.96%，就业上升 41.41%，总产出降低 10.02%，总出口贸易量下降 8.07%，总进口贸易量减少 12.59%；第二，在强化政策情景四下，GDP 减少 16.8%，居民消费下降 32.19%，就业上升 35.36%，总产出降低 12.65%，总出口和总进口贸易量分别下降 10.93% 和 10.54%。

总之，可以看出不同情景下碳达峰目标对宏观经济的影响程度不同，但无论是结构调整还是经济增长，都面临很大压力。在碳达峰年限相同时，强化政策的影响大于政策情景对宏观经济的影响；当政策强度相同时，碳达峰年限越早，对宏观经济的影响越大。

图 9-5 显示了情景二中 GDP 的增量与基准情景十分相近，且增长的趋势十分明显。但三种情景下 GDP 的增速均低于基准情景的增长速度，且强化政策情景下 GDP 的增长会有趋于平缓或下降的趋势，经济增长受到一定的抑制。因为要实现碳减排目标，在政策支持的同时，还需要将大量的资金投入产业结构的转型和森林碳汇的增加等，因此对经济系统而言，减少二氧化碳的排放需要付出一些

代价。政策强度越大，相应用于碳减排的资源量就越大，经济受到的冲击也就越大。

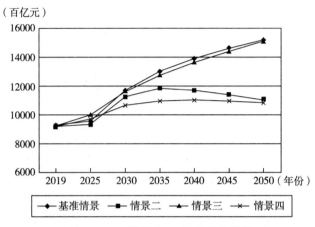

图9-5　不同情景下GDP的变化趋势

从图9-6中可以看出不同情景下的部门总产出的趋势相差较大，与基准情景下的部门总产出相比，部门总产出的波动幅度大小与政策实施强度有关。在情景三中，随着时间的推移，部门的总产出平稳上升，但在2030年开始低于基准情景的部门总产出水平，且在碳中和年限，即2050年时低于基准情景0.17%。在情景二和情景四中，由于强化政策的约束，碳达峰年份的部门总产出低于政策情景碳达峰时期部门总产出的比例，分别为3.18%、2.92%。

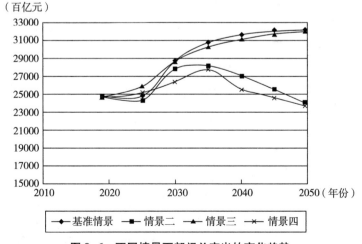

图9-6　不同情景下部门总产出的变化趋势

9.4.2　不同情景下碳达峰对中国对外贸易影响的模拟

在经济全球化背景下，各国生产要素禀赋差异引发的全球分工和国际贸易，驱动着商品在全球范围内流动，推动实现资源优化配置。与此同时，商品生产过程及相关的碳排放则通过国际贸易从商品最终消费国转移至商品生产国，从而改变了全球碳排放的时空分布格局和贸易参与国的国内碳排放水平。当下全球经济不断呈现由高碳向低碳，甚至零碳转型，低碳贸易、绿色贸易已成为未来进出口的发展趋势。在双碳约束和全球经济低碳转型的新形势下，各国碳达峰情景的减排约束必将对中国进出口贸易发展产生重大影响。

9.4.2.1　对总进出口量的影响

在不同情景下，中国实现碳达峰时间点的进出口贸易量相对基准情景的变动幅度有明显不同。图9-7为不同情景下中国出口贸易量的变化趋势，由于双碳目标的约束，各情景下的出口贸易量也呈先上升后下降的趋势。在情景二和情景四中，由于强化政策的约束，碳达峰时期的部门总出口贸易量低于政策情景下碳达峰时期部门总出口贸易量的比例，分别为3.37%、3.12%。可以清晰地看出，政策实施强度对出口贸易量的影响大于碳达峰时间点对于出口贸易量的影响程度。

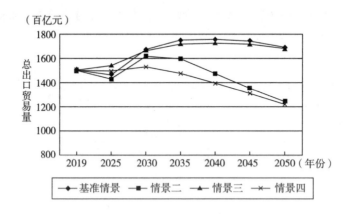

图9-7　不同情景下总出口贸易量的变化趋势

不同情景下进口贸易量的变化趋势如图9-8所示。其中，基准情景与情景三是在政策情景下进行的，情景二与情景四均为强化政策情景下进行的模拟，可以看出政策实施强度对进口贸易量的影响大于碳达峰年限对于进口贸易量的影响程度。在双碳目标背景下，各情景的总进口贸易量表现出先上升后下降的总体发展趋势，在情景二和情景四中，由于强化政策的约束，碳达峰年份的部门总进口贸易量低于政策情景碳达峰时期部门总进口贸易量的比例，分别为 1.65%、3.00%。

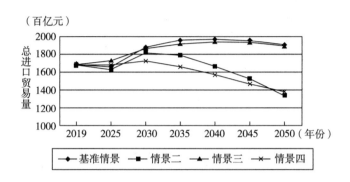

图 9-8　不同情景下总进口贸易量的变化趋势

9.4.2.2　对行业部门进出口量的影响

在不同的情景设定下，各个行业部门的进出口量呈现不同的变化趋势。在情景二的条件约束下，每个部门的进口贸易量均有所下降，其中石油开采业、精炼石油和核燃料加工品产业、天然气开采业，以及煤炭采选业的进口贸易量下降比较显著，分别下降了 3.57%、3.55%、3.57%、3.68%。在此背景下，各部门出口贸易量也有所下降，其中中国具有出口优势的产业，如纺织、缝纫及皮革产品制造业的出口贸易量下降了 5.34%。

在情景三中国 2025 年碳排放达峰条件下，其中有五个部门的进口贸易量上升，分别是煤炭采选业、采掘业、煤炭加工品业、金属产品制造业、建筑业；同时，除去上述五个部门外，还有科教文卫及公共管理行业，共六个部门的出口贸易量发生了增长。

在情景四强化政策情景"中国 2025 年实现碳达峰"的条件下，其中有三个部门的进口贸易量有所增加，分别是采掘业、煤炭采选业、煤炭加工品业；同时有两个部门的出口贸易量上升，即煤炭加工品业、建筑业。

在情景一下的各部门出口贸易量的趋势如图 9-9 所示。可以明显看出，碳排

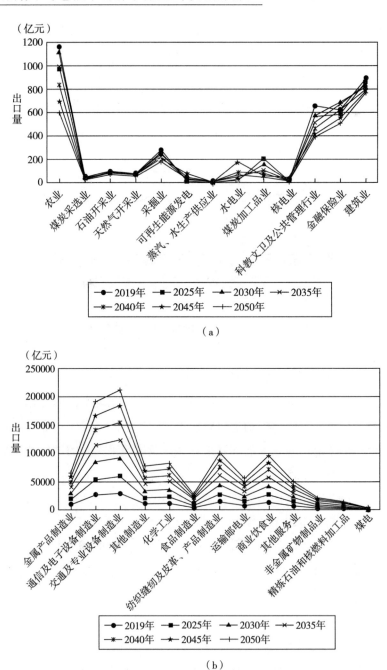

（a）

（b）

图 9-9 在情景一下的各行业部门出口量模拟结果

约束条件对各个部门的出口贸易量影响不同，其中对煤炭加工品业和建筑业的冲击最为显著，两部门的出口贸易量呈不断下降趋势，主要原因在于这两个部门都属于重工业和高耗能产业部门，与其他能源消费量较少的部门相比，这类部门受到碳减排政策的冲击最大。其他部门的出口贸易量均呈现一种先上升后下降的趋势，发生增长的年份一般都在碳达峰时期。个别部门，如可再生能源发电、水电业、核电业，这些部门由于技术进步和中国向低碳能源结构转型的趋势，在2045年出口贸易量会达到增长高峰。

9.4.3 碳达峰各情景对中国绿色转型与发展质量的影响

在实现我国双碳战略的目标过程中，我国整体经济的能源消费结构调整和产业结构等方面的转型将会加快，从而推动我国经济社会全面绿色低碳转型和高质量发展。传统高碳粗放的发展模式已不可持续，绿色低碳转型是实现我国产业升级与高质量发展的必然路径。目前我国工业化和城镇化所处的发展阶段，决定了一段时期内能源总需求与碳排放均仍将呈持续增长趋势，而制造中间产品居多、化石能源消费中煤炭消费的高占比、单位 GDP 的能耗过高、产业链调整任务艰巨等方面的问题，使我国的碳减排任务依旧严峻，建立绿色低碳的高质量发展支持体系需求日趋迫切。根据前面针对不同情景下的碳排放对中国宏观经济的综合影响的模拟分析，可以看到，在双碳目标约束和现有技术经济条件下，相对基准情景的变动结果，碳排放达峰时对宏观经济指标 GDP、居民消费、就业、总产出、总出口、总进口等的影响，除就业在情景三与情景四中有大幅度的增加外，其余经济指标在各种情景下都有不同程度的下降。这表明对经济系统而言，用于实现碳减排的资源量越大，经济受到的冲击也就越大。

无论从国际环境还是国内资源环境条件来看，发展模式调整都不可能在传统的技术和机制下实现，必须有效提高资源和能源的利用效率，依靠全新的模式和机制，改善产业的整体素质和质量，使低碳转型走可持续的绿色发展道路。在新的能源技术和产业绿色技术足够成熟前，为实现碳减排目标，化石能源中煤炭产业占比较大的地区，将面临关闭大量煤炭矿区、压缩产量的任务，同时面临新能源进场的时间表、路线图的设计安排问题，以及需要投入大量资金用于现有产业的结构转型优化和森林碳汇的增加等，这都是非常大的挑战。此外，新技术导入也将引起利益分配结构的变化，从而现在面临很多非技术问题的障碍和瓶颈。碳达峰、碳中和目标所形成的倒逼机制会导致非技术问题为适应新技术导入而发生非常剧烈的模式转换，最终实现经济高质量的绿色增长，使国家和经济社会进入全新的发展阶段。"双碳"战略目标的统领性将对我国"十四五"期间乃至以后较长一段时期的经济结构和产业质量带来非常大的变化，引起生态环境改善与经济绿色重塑的多重效应。

9.5　基本结论与政策启示

9.5.1　基本结论

本章通过构建制造业 26 个部门的动态 CGE 模型，以编制的 2018 年 SAM 表为数据基础，模拟分析了中国双碳目标背景下，不同情景的碳排放达峰对我国宏观经济、部门进出口量和部门总产出的影响。主要研究结论有：第一，各项宏观指标的波动幅度与碳排放达峰的年限及政策强度有关，除基准情景外，所设置的三种碳达峰情景的碳排放约束情况都对宏观经济指标有明显影响，但程度各不相同，其中强化政策情景下的 2025 年碳达峰对宏观经济的影响最大。第二，不同强度的碳减排政策情景对我国宏观经济的影响程度也不同。通过对不同碳减排情景模拟所得数据进行分析发现，碳排放达峰的年限越早，对各项宏观经济指标冲击的幅度越大，而政策实施强度将对我国总产出的总体趋势波动程度产生较大影响。第三，在各情景下，碳减排政策实施强度对我国进出口贸易量变动产生不同影响。我国总的进出口贸易量呈现先上升后下降的趋势。我国分部门进出口贸易量来说，若在强化政策情景下 2030 年实现碳排放达峰，则各个部门的进出口贸易量均有所下降；若提前达峰，即 2025 年实现碳达峰，则在两种情景下都有个别部门进出口贸易量上升的现象。大多数情境下我国的部门产出也会下降，但在2025 年达峰的两种情景下，采掘业、煤炭加工品的总产出会有所上升。

9.5.2　政策启示

根据以上研究，本章提出以下促进中国经济发展质量提升的政策建议：

第一，坚持低碳发展政策导向，着力绿色发展。双碳目标对发展质量提升具有很强的政策引导性，将绿色低碳落实到"十四五"产业发展与政策规划中去，推进产业绿色低碳转型和高质量发展。其一，完善低碳创新支持政策，建立有效的激励制度。围绕行业重点领域的前沿技术，以显著促进行业发展质量提升为目标，加强对节能减排、绿色低碳的新产品、新技术的创新研发，提高行业自主创新能力。其二，强化绿色低碳政策导向，加快经济结构的低碳化重构。通过政策引导，促进中国高碳产业的低碳化转型，构建现代产业体系。在继续贯彻"六稳""六保"政策基础上，通过降低高能耗产业的比例，加快供给侧改革的步伐，淘汰落后产能，推进产业绿色低碳化转型，逐步形成新的现代产业体系。此外，通过降低高碳产业出口产品的比重，增加位于价值链中高端的高附加值产品，此举能减少中国出口贸易中的隐含能源消费与碳排放，并且能够减少碳排放的净转移额，对中国实现碳减排承诺目标有着重要意义。其三，坚持绿色发展理念，健全低碳发展的相关制度规定。将低碳目标覆盖的领域范围扩大到更多的行业中去，加强对更多行业的监管。积极落实低碳政策，倡导低碳方式出行，使用低碳节能产品，形成全社会的低碳减排共识，引导国民积极履行节能减排的社会责任，通过全社会生态低碳转型逐步实现零碳排和零污染。

第二，加快绿色低碳领域的技术创新，推进制造业高质量发展。现有的减排力度与低碳技术，难以支持中国实现碳中和的目标。对低碳转型和发展质量提升而言，其终极解决方案必然来自行业的持续绿色创新和技术进步。因此，立足"双碳"目标，加大对绿色低碳领域相关技术的研发投入，推进制造业技术进步，不断提升能源利用效率，着力发展清洁生产技术和零碳能源技术，进一步推动能源技术向创新、低碳、高质量发展是治理碳排放最有效、最根本手段。实现碳中和目标受到关键技术、技术经济性等因素的限制，为更好地实现 2060 年碳中和目标，需全力攻克"卡脖子"的行业前沿技术及瓶颈技术，攻克深度减排的重点和难点领域，实现绿色低碳技术的突破创新；同时要加强技术创新和先进技术产业化的制度建设和政策保障体系建设，以克服技术研发过程中所面临的诸多共性问题。此外，要提高对负排放技术的重视，可将低碳技术创新与负排放技术研发作为中国关键技术的发展战略，积极研究负排放技术对实现碳中和的重要作用。例如，通过多植树，增加再造林的数量，改良农业的种植方式，利用生物质能碳捕集与封存、森林碳汇和空气碳捕集等方面的技术，去除二氧化碳。总之，要继续坚持绿色技术创新，引导各种资本流向智能高端、节能减排的行业领域，推进产业绿色化转型和价值链攀升。

第三，加快能源消费结构调整，形成以可再生能源为主的用能体系。实现双碳目标的关键在于能源消费结构的调整与转型。目前中国能源消费结构仍是以煤炭为主的一次性能源结构，中国碳排放量大的主要原因是由于煤炭消费占比过高，使能源结构、产业结构和利益结构都与煤炭高度相关。因此，中国需要调整能源的消费结构，减少煤炭消费的占比，通过优化用能结构和控制能源消费总量的方式，最终形成以清洁能源为主体的用能体系，减少碳排放。要发挥中国可再生能源，尤其是水能、太阳能和风能等储备量巨大的优势，大力发展可再生能源，并进一步提高一次性能源消费中非化石能源的占比，从而调节能源的消费结构。同时，要积极引导高污染、高耗能产业进行节能生产，促进其生产方式向低碳环保转型。

第四，健全市场配置资源的法律法规，完善低碳市场政策体系，倒逼高质量供给。其一，加快全国统一的碳交易市场与用能权市场建设，健全能源消费的双控制度。通过立法手段推动全国碳排放权统一交易市场建设，既是推进碳减排的重要步骤，也是为实现碳达峰与碳中和目标提供法律保障。国家于 2021 年 1 月正式启动全国碳市场，将碳交易从以前的区域试点转向建立全国统一市场。其二，发挥碳交易市场的定价作用，进一步完善用能权使用和交易机制，提高居民减排意识，助力双碳目标的实现。可借鉴当前国际上部分发达国家以立法形式承诺了碳减排的目标的经验，通过立法引导能源使用，实施以交易定价积极推动碳积分等政策，全面促进个人、企业不同层面的低碳行为，推进行业绿色低碳技术研发。因此，在双碳目标背景下，中国可以考虑健全相关制度规定，制定更多的气候保护政策，将低碳目标扩大至覆盖一些减排潜力大的行业领域，加强对这些行业的监管。各省也应当明确各阶段的减排目标，对不同的污染物制定不同的排放标准，并将污染治理信息公开化。此外，也可制定面向低碳节能企业进行"量体裁衣"式补贴的鼓励政策，诱导市场机制在产业绿色低碳发展中的资源要素配置作用，促进实体行业的低碳转型，进一步提升产品的绿色含量，提高经济发展质量。

10 数字经济驱动制造业高质量发展的内在机制研究

以数字经济为代表的新一轮科技革命和产业变革已成为现代经济体系发展的重要方向。党的二十大报告明确指出,要加快发展数字经济,促进数字经济和实体经济深度融合。推进制造业高质量发展,关键是要抓住新一轮科技发展正在孕育重大革命性突破的时间窗口,抓住核心环节,推进制造业数字化转型,持续激发数字经济的发展潜能,打造数字经济为制造业赋能的全新优势。在我国实施制造强国战略的大背景下,如何以数字中国建设为指引,实现数字经济与制造业深度融合,打造经济发展新引擎,进而带动相关行业领域的数字化取得重大进展,日益引起各界关注。因此,探究数字经济赋能制造业高质量发展的影响作用与检验机制,为实现制造业高质量发展的政策举措提供理论支撑,具有重要的现实意义。

10.1 文献综述

10.1.1 数字经济的本质内涵与发展特征

"数字经济"的概念首次由美国学者唐·泰普斯科特(Don Tapscott)在1966年所著的《数字经济:网络智能时代的前景与风险》中提出,他认为数字经济是以现代信息网络为主要载体,数字化的知识和信息作为关键生产要素,通过有效提升经济效率和对经济结构优化，从而成为驱动一系列经济活动的重要发展模式。佟家栋和张千（2022）认为数字经济是通过信息经济与知识经济相互融合而产生的产业变革过程，由此催生了如大数据、人工智能、云计算、区块链等新的数字技术，从而实现最有效率的经济增长。何大安（2021）则认为数字经济概念的核心内涵反映了厂商收集、加工和处理数据信息等生产要素进行投资经营活动，从而对经济形态进行重塑的全新过程。欧阳日辉（2023）认为数字经济的发展是一种新的技术—经济范式，形成了一条由数字技术互联互通向数据融合之后实现转型和创新的过程，进一步成为新模式、新业态、新经济的发展趋势。韩亚品（2021）则从完整性、多样性、自组织性、创新性、共生性五个方面提出了数字生态系统的运行特征。金灿阳等（2022）认为数字经济高技术、高成长性的特征，催生了数字化新业态的产业升级模式，其发展呈现数据产业化、数字服务平台化等态势。

10.1.2 制造业高质量发展的核心内容与关键

学术界对制造业高质量发展从其核心内容和发展关键方面给予了较多关注。在制造业高质量发展的核心内容上，相关学者从不同维度进行了探讨。曲立等（2021）将制造业高质量发展的内涵界定为创新、绿色、开放、共享、高效和风险控制六个维度。唐晓华和迟子茗（2021）认为绿色和增效是制造业高质量发展的核心。徐华亮（2021）则认为中国制造业高质量发展要基于"社会—共生—技术"逻辑的响应过程。在制造业高质量发展的关键因素上，相关学者进行了多视角研究。王博雅（2021）将创新型制造企业的劳动生产率分解为物质资本积累、人力资本积累、技术水平提升和技术效率变化四个方面来研究制造业高质量发展的驱动因素。

10.1.3 数字经济与制造业高质量发展之间的关系

经过对文献的梳理，我们发现从数字经济层面出发对制造业高质量发展研究的文献相对较少，部分学者对制造业高质量发展的研究是从数字技术及应用角度等来探讨的。在理论方面，Caputo等（2016）指出，数字技术应用于制造业能够带来制造业价值创造、技术重振和产业结构调整。贾利军和陈恒炟（2022）提出，制造业高质量发展需要加强数字资本产品的自主研发和完成传统制造业数字化转型，通过数字技术赋能来构筑制造业高质量发展的竞争新优势。朱小艳（2022）发现，数字经济与制造业两者融合发展已初显成效，数字经济已成为制造业转型与高质量发展的关键。尽管我国制造业已经具备世界上最大规模的完整制造体系，但必须加快数字转型，以突破全球价值链低端锁定与垂直挤压的发展局面。随着信息技术向制造业的渗透，数字经济以全新的技术经济范式从根本上改变着全球价值链各环节的空间布局与价值分配（徐兰和吴超林，2022），数字化转型成为推动我国制造业全球价值链攀升的重要途径。在实证方面，韦庄禹（2022）研究发现，数字经济对中国制造业发展质量的影响呈现"U"型特征并存在不同的影响模式，具有提升制造业生产效率和优化资源配置的双重效应。刘鑫鑫和惠宁（2021）的实证研究表明，数字经济与中国制造业高质量发展之间具有正向边际效率递增效应，地区数字经济发展水平越高，对提升制造业全要素生产率和推动制造业高质量发展的驱动效应就越强。

综上所述，关于数字经济和制造业高质量发展的关系的研究还处于初期阶段，对两者的影响机制和发展路径等尚需进一步研究。为此，本章采用我国2012～2020年30个省份的面板数据，在对核心变量发展水平进行测度的基础上，运用计量模型对数字经济在制造业高质量发展过程中的直接效应、间接效应和空间效应进行实证考察，并分析数字经济对制造业高质量发展存在的区域异质性影响，进而探究数字经济赋能制造业高质量发展的理论机制与实践路径，促进制造业高质量发展。

10.2　理论分析与研究假设

10.2.1　数字经济驱动制造业高质量发展的直接机制

数据作为信息的表现形式和载体，是数字经济的关键生产要素。数字经济依托大数据、人工智能、边缘计算等数字技术在制造领域的渗透、融合与创新，最终形成制造业新的发展模式。从直接效应来看，一方面，数据要素、信息技术和信息网络等要素使数字技术快速发展，加速推动制造业向数字化、智能化转型，例如大数据的发展，工业互联网的广泛使用，5G 的快速发展等，极大地提高了制造业的生产效率和生产速度，使人类社会正在进入以智能制造为主要特征的新时代。另一方面，得益于数字技术在实际应用中所具有的高创新性、强渗透性、广覆盖性等特点（杨虎涛，2023）融合数字经济与制造业，促进制造业在工艺流程上实现从研发到生产再到销售和售后服务等各个环节的升级，在降低研发成本、生产成本、应用成本等基础成本的同时，提升制造业的生产效率和质量。此外，通过数字技术赋能实体经济，制造业和其他行业通过与数字产业进行交叉融合，从而实现制造业生产效率的提升与行业结构的持续优化，最终实现从要素驱动向数据与创新驱动的发展动力转换。基于此，本章提出以下假设：

假设 1：数字经济发展对制造业高质量发展具有正向影响作用。

10.2.2　数字经济驱动制造业高质量发展的间接机制

实践表明，数字经济在产业发展中能够实现要素重新组合，这已成为加速市场配置资源要素的重要手段。但由于数字产业化和产业数字化的集聚效应、长尾效应和协同效应等的发挥不只受市场机制的影响，还受许多非市场性因素，如产业政策和政府行为等影响。现有文献研究也证实，促进产业数字化与实现数字产业化的政策，以及创新资源配置偏向较强的政府的相关政策，均会通过促进数字经济发展对制造业的质量提升起到积极作用。党的二十大报告指出，要充分发挥市场在资源配置中起决定性作用，更好发挥政府作用。政府通过主导或带动大型数字基础设施建设，并以相应政策引入市场主体，才能逐步形成具有数字经济优势的完整产业链。吴延兵（2017）对中国式分权下的偏向性投资研究发现，地方政府及其官员虽然掌握着可观的经济资源，但 GDP 本位的晋升竞争机制可能导致社会资本表现出"重生产，轻创新"的投资偏向，导致创新性支出在生产性支出中所占比例偏低。这将造成地区发展中科技创新要素供应短缺，并与数字产业主体的创新能力、技术进步和信息化建设等产生协同效应，由此抑制了数字经济的发展，甚至出现数字业务供给不足的情况，进而影响制造业的发展质量。党的二十大报告多次强调科技创新的重要性，目前提出要加快推进创新驱动发展战略，实现高水平科技自立自强。当数字经济发展战略、创新驱动发展战略和制造强国战略作为国家重大战略实施时，地方政府诸多领域相关政策以顶层设计的形式陆续出台，为制造业的数字化转型和发展质量提升奠定了坚实基础。同时，政府创新资源配置偏向的形成在加大人工智能、大数据、物联网等数字化基础设施投入的同时，也使数字技术加速向实体经济渗透，从而推动制造业发展质量提升。基于此，本章提出以下假设：

假设2：政府创新资源配置偏向通过影响数字经济发展，间接作用于制造业的发展质量。

10.2.3 数字经济对制造业高质量发展的空间溢出效应

以信息技术为基础的数字经济正在打破传统意义上的供需模式和地区界限，突破了地区间信息传递的时空距离，加强了地区间各类经济活动往来的横向关联与纵向联系，从而产生空间溢出效应。数字经济发展打破了区域间合作交流的空间限制，在提高制造业的交易效率及减少资源错配方面具有显著优势，从而加强了空间关联和知识溢出，促进了我国创新效率的提高。此外，区域间企业的分工合作，将进一步推动邻近区域内技术要素、资本要素与知识要素的流动（白永秀等，2022），扩大了区域间的示范效应和竞争效应，拓展了技术外溢产生的经济效果。数字经济并非独立于传统产业而存在，它更加强调的是在与其他产业融合中实现价值增值。因此，数字经济与制造业的融合渗透将带动实体经济上下游产业链重构，带动区域间的关联产业生产效率的提升。由此判断，数字经济对地区制造业高质量发展将存在空间溢出效应。基于此，本章提出以下假设：

假设3：数字经济的空间溢出效应有助于邻近地区制造业的发展质量提升。

10.3 研究设计

10.3.1 模型构建

根据上述理论假设，为对数字经济影响制造业高质量发展的直接效应进行实证检验，设定如下的基准模型，具体如式10-1所示。

$$HDMI_{it} = \alpha_0 + \alpha_1 DEI_{it} + \alpha_2 X_{it} + \mu_{it} \tag{10-1}$$

在式（10-1）中，i 表示省份，t 表示年份。$HDMI_{it}$ 代表省份 i 在 t 年的制造业高质量发展水平。DEI_{it} 代表省份 i 在 t 年的数字经济发展水平，α_1 为核心解释变量，即数字经济的回归系数。X 表示一系列控制变量的集合。α_2 分别为六个控制变量即政府职能、产业结构升级、城镇化水平、对外开放程度、消费水平、经济发展水平的回归系数。α_0 为常数项，μ_{it} 为随机扰动项。

10.3.2 变量说明与测度方法

10.3.2.1 被解释变量：制造业高质量发展（HDMI）

制造业高质量发展是中国未来高质量发展的重要保障，其水平将充分体现制造业的核心竞争力和综合实力。借鉴许冰和聂云霞（2021）的研究方法，综合考虑制造业行业特征及数据的可得性等因素，从规模维度、经济效益、创新驱动、绿色发展四个方面构建制造业高质量发展的综合指标体系。其中，由于治理废水投资额和治理废气投资额在查询资料中有个别年份的空缺，为保证数据完整性，采用插值法进行补齐。具体指标选择如表 10-1 所示。

表 10-1 制造业高质量发展综合评价指标体系

一级指标	二级指标	三级指标
制造业高质量发展	规模维度	新产品销售率
		单位工业能源消耗
		规模以上工业企业单位个数
	经济效益	工业增加值增量/国内生产总值增量
		利润总额/主营业务收入
		工业增加值/工业城镇单位就业人员
	创新驱动	规模以上工业企业新产品项目数
		有效发明专利数
		R&D 人员全时当量
		规模以上工业企业 R&D 经费支出
	绿色发展	工业固体废弃物综合利用率
		治理废水投资额
		治理废气投资额
		二氧化碳排放强度

资料来源：笔者根据国家统计局、中经网统计数据库、《中国统计年鉴》、《中国区域统计年鉴》和 EPS 数据库等相关数据整理。

在综合评价函数中，主成分分析以损失极少的信息量为条件，且能消除指标间的相关影响，将多项指标转化为少量综合指标。主成分分析法中，每个主成分的权数为贡献率，它体现为这一分量所包含原始数据的信息量在全部信息量中所占的比重，以避免某些评价方法中人为确定权数的缺陷。运用 Stata17 软件对 2012~2020 年全国 30 个省区市（因西藏和港澳台数据不完整，暂不考虑）的制造业综合指标体系，用主成分分析法来衡量制造业的发展质量。具体方法如下。

假设有 n 个样本，每个样本有 p 个观测变量，记为 $X = (x_1, x_2, \cdots, x_p)$。基本步骤为：

其一，将原始数据标准化，可得到如下矩阵：

$$X = \begin{pmatrix} x_{11} & x_{12} & \cdots & x_{1p} \\ x_{21} & x_{22} & \cdots & x_{2p} \\ \vdots & \vdots & \cdots & \vdots \\ x_{n1} & x_{n2} & \cdots & x_{np} \end{pmatrix}$$

其二，建立变量之间的相关系数矩阵，记为 R。

其三，求解 R 的特征值（记为 λ）及相应的单位特征向量（记为 a）。通过数学运算，可以得到 R 的 P 个特征值，以及 p 个无线性相关的特征向量，a_1，a_2，$\cdots$，a_p，表示如下：

$$a_1 = \begin{pmatrix} a_{11} \\ a_{12} \\ \vdots \\ a_{p1} \end{pmatrix}, \quad a_2 = \begin{pmatrix} a_{21} \\ a_{22} \\ \vdots \\ a_{p2} \end{pmatrix}, \quad \cdots, \quad a_p = \begin{pmatrix} a_{1p} \\ a_{2p} \\ \vdots \\ a_{pp} \end{pmatrix}$$

其四，构造主成分表达式。p 个变量所对应的主成分记为 F_1，F_2，$\cdots$，F_m，$m \leqslant p$，由上述的单位特征向量，就可以得到以下 p 个主成分：

$$\begin{cases} F_1 = a_{11}X_1 + a_{21}X_2 + \cdots + a_{p1}X_p \\ F_2 = a_{12}X_1 + a_{22}X_2 + \cdots + a_{p2}X_p \\ \qquad\qquad \cdots \\ F_p = a_{1p}X_1 + a_{2p}X_2 + \cdots + a_{pp}X_p \end{cases}$$

其五，计算主成分值。通过回归的方法来计算主成分得分系数，权重是其结果，利用加权法对原始数据标准化处理后得到的数据构建主成分得分函数。

其六，计算综合得分。各主成分的权重为各主成分的方差贡献率（85%以上），采用因子加权法对综合总分进行计算。综合评价函数 $F_{综} = \sum_{i=1}^{K} a_i F_i$，最终获得综合得分。

10.3.2.2 核心解释变量：数字经济（DEI）

参照万晓榆和罗焱卿（2022）的研究，本部分从数字基础设施、数字产业化、产业数字化和数字化治理四个层面来构建数字经济指数测度的指标体系，如表 10-2 所示。同时利用主成分分析法来测算 2012~2020 年全国 30 个省份的数字经济发展水平指数。

表 10-2 数字经济发展综合评价指标体系

一级指标	二级指标	三级指标	指标衡量方法
数字经济	数字基础设施	电话普及率	电话（包括移动电话）普及率
		长途光缆线路长度	长途光缆线路长度
		互联网宽带接入端口数	互联网宽带接入端口数
		互联网域名数	互联网域名数
	数字产业化	数字产业从业人员	信息传输、软件和信息技术服务业行业年底从业数
		软件业务收入	软件业务收入
		电信业务总量	电信业务总量
		数字电视用户数	数字电视用户数
	产业数字化	电子商务销售额	电子商务销售额
		企业网站覆盖率	有网站企业比重
		数字普惠金融指数	北京大学数字普惠金融指数
		快递业务量	快递量
	数字化治理	R&D 经费投入强度	R&D 经费内部支出与国内生产总值之比
		专利申请授权数量	发明、实用新型和外观 3 种专利授权数量
		人均受教育年限	平均受教育年限 =（小学文化程度人口数×6+初中文化程度人口数×9+高中文化程度人口数×12+专科及以上的文化程度人口数×16）/6 岁以上样本人口数
		数字经济企业数量	信息传输、计算机服务和软件法人单位数

资料来源：笔者根据国家统计局、中经网统计数据库、《中国统计年鉴》、《中国区域统计年鉴》和 EPS 数据库等相关数据整理。

10.3.2.3 中介变量：政府创新资源配置偏向（*INNOVA*）

财政研发投入作为政府驱动创新的典型政策工具，能够直接促进和引导创新。在前述研究假设的基础上，本部分选取政府创新偏向这一中介变量来研究数字经济影响制造业高质量发展的机制。地方政府作为发展数字经济的核心主体和对象，在引领数字技术重塑经济社会运行方式中具有重要作用。政府通过对绿色技术创新的政策支持行为来引导数字化转型，充足的科研资金和政府支持将带来行业的技术突破和数字化转型。在此采用财政支出中科学技术研发支出占地方财政支出的比重来衡量和代表地方政府的创新资源配置偏向。

10.3.2.4 控制变量

为减少制造业高质量发展水平对数字经济之间的回归结果偏差，结合对其他因素的考虑，将相关控制变量加入回归模型。选取政府职能、产业结构升级、城镇化水平、对外开放程度、消费水平、经济发展水平六个控制变量。政府职能（*gov*），以各地财政一般预算支出与地区生产总值的比值来衡量；产业结构升级（*upg*），以各省份第三产业增加值与第二产业增加值之比来衡量；城市化水平（*urban*），采用城镇人口占总人口比例来衡量；对外开放能力（*open*），用进出口总额占地区名义国内生产总值的比重表示，进出口总额选用历年中美平均汇率将境内货源地和目的地的进出口总值折算成人民币口径；消费水平（*con*），用社会消费品零售总额占地区名义 GDP 国内生产总值的比重表示；经济发展水平（*Pgdp*），采用地区人均 GDP 的自然对数来表示。

10.3.3 数据来源与描述性统计

本书研究查找和使用的数据资料均来源于国家统计局、中经网统计数据库、《中国统计年鉴》、《中国区域统计年鉴》和 EPS 数据库等。变量的描述性统计结果如表 10-3 所示。

表 10-3 变量的描述性统计结果

变量	样本量	均值	中位数	最小值	最大值
HDMI	270	0.000	1.413	-2.658	6.067
DEI	270	0.000	1.523	-1.901	8.119
gov	270	0.261	0.118	0.022	0.758

续表

变量	样本量	均值	中位数	最小值	最大值
upg	270	1.257	0.703	0.549	5.297
urban	270	0.596	0.119	0.363	0.896
open	270	0.256	0.258	0.007	1.286
con	270	0.396	0.053	0.222	0.500
Pgdp	270	8.646	10.212	9.849	12.013
innov	270	0.023	0.019	0.005	0.140
DEI×innov	270	0.016	0.067	−0.078	0.496

10.4 实证检验

10.4.1 基准回归与直接机制检验

首先采用 Hausman 检验的方法选取基准模型，在式（10-1）中检验结果 p 值=0.000，通过了在1%水平下的显著性检验，表明应该选用固定效应模型。由于个体差异在数据分析中不容易被观察到，这可能会带来内生性问题，对数据估计造成不良影响，所以具体研究时采用个体固定效应回归模型。为了避免可能出现异方差及序列相关问题，在模型进行实际估算时，采用"OLS+聚类稳健标准误差"的方法，结果如表10-4所示。

表10-4 数字经济对制造业高质量发展的直接效应

变量 \ 序号	(1)	(2)
DEI	0.321*** (3.48)	0.484*** (6.61)
gov		−0.651 (−1.46)

续表

变量 \ 序号	(1)	(2)
upg		−0.686*** (−4.62)
urban		−0.657 (−0.63)
open		−1.399** (−2.65)
con		−0.039 (−0.05)
Pgdp		0.002 (0.68)
常数项	−1.296*** (−6.96)	2.002 (1.50)
N	270	270
R²	0.962	0.976

注：括号内为 t 统计量，*、**、***分别表示在10%、5%和1%的水平上显著，下同。

表10-4反映了数字经济对制造业高质量发展的基准回归结果，体现出数字经济直接影响制造业高质量发展。在其结果中，列（1）和列（2）的计算结果分别是加入控制变量和不加入控制变量后得到的。从表10-4中可以看出，无论是加入还是不加入控制变量，均在1%的水平上显著。这意味着将数字经济作为要素引入经济活动中，在很大程度上优化了生产力和生产关系，对制造业生产方式变革和发展动力转换等都具有积极的推动作用，从而促进制造业发展水平提升。数字经济无疑成为实现制造业高质量发展的一种新竞争优势。回归结果表明，在经济发展过程中，数字经济发展水平每增加一个单位，推动制造业高质量发展水平提高0.484个单位。尽管经济发展水平的回归结果较小，系数检验不是很明显，但在某种程度上可以说明经济高质量发展可以增加数字经济及其主体的活跃力量，加强产业之间的关联效应与集聚效应，从而对制造业高质量发展产生积极作用，只不过这一功能还需要进一步强化。上述实证研究结果支持假说1的结论。

10.4.2 间接机制检验

为了检验数字经济发展能否通过政府创新资源配置偏向这一中介变量来提高制造业的高质量发展，设定如下中介效应模型：

$$innov_{it} = \beta_0 + \beta_1 DEI_{it} + \beta_2 X_{it} + \varepsilon_{it} \tag{10-2}$$

$$HDMI_{it} = \gamma_0 + \gamma_1 DEI_{it} + \gamma_2 innov_{it} + \gamma_3 X_{it} + \varepsilon_{it} \tag{10-3}$$

式（10-2）、式（10-3）主要分析的指标是政府创新资源配置偏向。式（10-2）考察变量数字经济与政府创新偏向两者之间是否存在相关关系，式（10-3）将变量数字经济与政府创新资源配置偏向同时纳入回归模型。式（10-2）、式（10-3）中，$innov_{it}$ 表示 i 省份在 t 年的政府创新资源配置偏向，其他变量定义同基准回归模型。回归结果如表 10-5 所示：

表 10-5　数字经济对制造业高质量发展的间接效应

变量 \ 序号	（1）	（2）
DEI	0.484*** (13.09)	0.004*** (3.13)
控制变量	控制	控制
常数项	0.048*** (10.10)	0.176 (0.17)
N	270	270
R^2	0.976	0.959

表 10-5 中，列（1）的数字经济系数显著为正，表明政府创新资源配置偏向作为中介变量的条件已经得到满足。

列（2）是数字经济对中介变量，即政府创新资源配置偏向的回归计算结果，回归系数显著为正，说明在数字经济发展的过程中，地方政府已认识到数字经济在经济活动中产生的重大影响，继而加大了对数字创新的投入支持。数字经济在很大程度上通过政府的创新支持使基础设施建设、资金投入、科技研发等都得到了进一步强化，既发挥了政府的主导作用，又为数字经济发展夯实了基础。这也与现实中各地积极实施创新驱动战略，密集出台政策支持数字经济发展等事实相吻合。假说2得到验证。

以下采用调节效应模型对其中介效应进行稳健性检验，具体方法是将数字经济与政府创新资源配置偏向的交叉项作为解释变量引入式（10-1）作为基准模型，其余变量与基准模型保持一致，回归结果如表10-6所示。

表10-6　间接效应的稳健性检验

变量＼序号	（1）	（2）
DEI	0.462 *** （12.79）	0.158 ** （2.42）
DEI×innov		5.691 *** （5.78）
控制变量	控制	控制
常数项	2.529 ** （4.59）	−0.803 （−0.91）
N	270	270
R^2	0.976	0.979

表10-6中，列（1）为未加交叉项的回归结果，数字经济回归系数呈正向显著。列（2）为添加了数字经济与政府创新资源配置偏向的交叉项回归结果。可以看出，交叉项回归系数为正向显著，且回归系数为5.691，表明数字经济与中介变量的交叉项强化了数字经济对制造业发展质量的影响，能够成为制造业高质量发展的显著驱动力。同时说明数字经济与政府创新资源配置偏向的融合程度越深入，对制造业高质量发展的赋能效应也就越强。基于以上检验，数字经济既对制造业的高质量发展具有直接的赋能作用，又可以通过中介变量对制造业发展质量产生传导效应，进一步说明了假说2结论的稳健性。

10.4.3　空间溢出效应分析

数字经济较传统产业具有先天的发展优势，从邻近区域的产业发展关联性来看，它很容易跨越地理距离和减少空间约束，降低经济活动在空间中受到的限制，实现产业间的跨地区合作，进而产生了空间溢出效应。本部分将通过空间计量对空间溢出效应进行检验，实证分析数字经济和制造业发展质量间的空间关联关系。

其一，构建空间权重矩阵。为验证数字经济对其邻近省份制造业的发展质量是否存在空间溢出效应，对2012~2020年30个省份的数字经济与制造业高质量发展水平进行了空间自相关检验。利用莫兰指数测算2012~2020年我国制造业高质量发展与数字经济发展水平的空间影响程度，结果如表10-7所示。在邻接距离权重矩阵下，数字经济发展水平的莫兰指数均达到了10%的显著水平，且制造业高质量发展水平均达到1%的显著性水平，表明各省份数字经济和制造业高质量发展水平均存在明显的空间集聚，并表现出空间正相关性。

表 10-7　制造业高质量发展和数字经济的莫兰指数

年份	制造业高质量发展		数字经济	
	莫兰指数	Z 值	莫兰指数	Z 值
2012	0.199***	3.231	0.066	1.391*
2013	0.203***	3.241	0.064	1.354*
2014	0.201***	3.194	0.057	1.266*
2015	0.209***	3.330	0.074	1.481*
2016	0.225***	3.568	0.085	1.645**
2017	0.213***	3.429	0.090	1.712**
2018	0.211***	3.462	0.105	1.964**
2019	0.226***	3.672	0.113	2.116**
2020	0.212***	3.520	0.134	2.395***

其二，选取空间计量模型。接下来构造空间杜宾模型，验证制造业高质量发展如何受到邻近地区数字经济水平的影响。基于 Hausman 检验的结果，选取固定效应模型进行分析。回归方程式为：

$$HMDI_{it} = \sigma_0 + \rho W \times HMDI_{it} + \sigma_1 DEI_{it} + \sigma_2 W \times DEI_{it} + \sigma_3 X_{it} + \mu_{it} \qquad (10-4)$$

式（10-4）中，W 为空间权重矩阵，$W \times HMDI_{it}$ 表示各省份制造业发展水平的空间滞后效应，$W \times DEI_{it}$ 表示各省份数字经济的空间滞后项，ρ 表示空间回归系数。其余变量同基准回归模型。

其三，对空间回归结果进行分析。在邻接距离权重矩阵下，数字经济与制造业之间存在显著的正相关关系，空间杜宾模型回归结果如表 10-8 所示。通过分析发现，表 10-8 中数字经济对制造业高质量发展水平的直接效应回归系数为 0.414，间接效应（即空间溢出效应）的回归系数为 0.168，总效应的回归系数为 0.581，皆在 1% 的显著性水平上为正值。由此说明，数字经济发展不仅能够推动本省制造业发展质量提升，还可以通过空间溢出效应对其他省份制造业发展质量产生显著的推动作用。因此，数字经济发展的空间溢出效应得到了证实。

表 10-8　空间杜宾模型回归结果

变量	直接效应	间接效应	总效应
DEI	0.414 *** (8.47)	0.168 *** (2.79)	0.581 *** (12.73)
控制变量	控制	控制	控制
Log-likelihood	37.832	37.832	37.832
N	270	270	270
R^2	0.281	0.281	0.281

注：括号内为 Z 统计量，下同。

其四，对空间溢出效应做稳健性检验，将样本时间缩短到 2016~2020 年，且用经济距离矩阵对模型中的邻接距离矩阵进行替换，分析得出数字经济对制造业高质量发展水平的直接效应、空间溢出效应与总效应都在 1% 或 5% 的水平上显著，均没有发生根本性变化，回归结果如表 10-9 所示，表明了假说 3 的稳健性。

表 10-9　空间溢出效应的稳健性检验

变量	直接效应	间接效应	总效应
DEI	0.512 *** (10.79)	0.222 ** (2.09)	0.733 *** (6.66)
控制变量	控制	控制	控制
Log-likelihood	53.234	53.234	53.234
N	270	270	270
R^2	0.677	0.677	0.677

10.4.4　异质性分析

将全国 30 个省份按照经济水平划分为东部、中部和西部三大地区，据此研究区域数字经济对制造业发展质量的影响。回归结果如表 10-10 所示。由表 10-10 可知，数字经济的发展对地区制造业发展质量的提升至关重要，对东部地区、中部地区和西部地区均有明显的促进作用。数字经济通过赋能，将促进制造业高质量发展，只是影响程度由于某些原因在各地区存在一定的差异。东部地区数字经济的回归系数最高，其次是中部地区和西部地区。可能的原因在于：东部地区拥有更充足的资金、更完备的基础设施、更多的高技术人才及其他资源，高水平数字化发展所带来的优势，可以在引领制造业高质量发展方面得到更全面的释放，而中西部地区因数字化专业人才比较缺乏，数字化设施和数字化系统等方面的不完善，在一定程度上制约了数字化在制造业发展质量提升中的作用。

表 10-10　异质性检验

变量	东部	中部	西部
DEI	0.528 *** (6.5)	0.305 *** (3.32)	0.259 ** (2.90)
常数项	2.303 (0.81)	0.618 (0.40)	1.764 (0.82)
控制变量	控制	控制	控制
N	99	90	81
R^2	0.979	0.919	0.901

10.4.5　稳健性检验

（1）剔除极端值。对所有连续变量在 1% 的显著性水平上进行 Winsorize 缩尾处理，剔除一些极端值对研究可能产生的影响。数字经济对制造业高质量发展的促进作用在 1% 的水平上显著，回归结果如表 10-11 所示，同前述分析的实证检验结论相一致。

表 10-11 稳健性检验

变量	剔除极端值	（1）时间段	（2）时间段	数字经济发展 水平滞后一期	工具变量回归
DEI	0.437*** （4.02）	0.352*** （3.37）	0.459*** （6.29）		
L1DEI				0.508 [6.00]	0.509*** [7.99]
常数项	0.741 （0.49）	7.270*** （3.25）	−1.313 （−0.55）	1.854 [1.16]	
Kleibergen-Paap					5.897**
控制变量	控制	控制	控制	控制	控制
N	270	120	150	240	240
R^2	0.974	0.984	0.987	0.976	0.649

注：圆括号内为 t 统计量，方括号内为 Z 统计量。

（2）分时段回归。发展数字经济于 2015 年上升到国家战略层面，因而将样本研究划分为：2012~2015 年、2016~2020 年。数字经济对制造业发展质量的影响即使在样本期内的不同时间段均显著为正，证实了上述回归结果的稳健有效性。

（3）内生性。在实证检验中，可能产生内生性问题。在模型估计时采用下面两种方法缓解。其一，将解释变量数字经济发展水平滞后一期，如表 10-11 所示，$t-1$ 期的数字经济发展的回归系数在 1% 的水平下显著为正。基准回归结论依旧稳健。其二，工具变量法。由于数字经济发展和制造业高质量发展水平在因果上具有某种内生关系。为了保证模型拟合程度，借鉴 Nunn 等（2014）的做法，利用各地区固定电话普及率与上一年全国互联网用户数的交乘构建面板工具变量。为进一步克服工具变量可能出现的偏误问题，同时以数字经济指标滞后一期为另一工具变量。据此，进行两阶段最小二乘回归。结果表明，K-Prk 的 LM 统计量是 9.136，p 值是 0.010，不存在工具变量识别不足的情况。K-Prk 的 F 统计量为 319.312，远大于 Stock-Yogo 弱识别检验在 10% 的水平上对应的临界值（19.93），表明可排除工具变量的困扰。基于此，说明数字经济驱动制造业发展质量提升的论断依旧稳健成立。

10.5　基本结论与政策启示

10.5.1　基本结论

数字经济驱动制造业转型，对巩固制造业竞争优势，实现制造业全球价值链的中高端攀升至关重要。本章基于 2012～2020 年 30 个省份的面板数据，分析数字经济对制造业发展质量的影响程度、作用机制与空间溢出效应，研究发现：第一，数字经济显著提升制造业发展质量。采取剔除异常值、分组回归与引入工具变量等一系列回归检验后，上述结论仍旧成立。第二，数字经济通过政府创新资源配置偏向间接影响制造业发展质量。政府良好的创新激励政策有利于增强数字经济对制造业发展质量的提升效应。第三，我国各地区数字经济与制造业发展空间相关性显著，数字经济对制造业发展质量在整体上有正向溢出效应。数字经济发展在提高本地区制造业发展质量的同时，也对相邻地区的制造业发展质量产生正向影响。第四，数字经济对制造业发展质量的影响存在着显著的地区异质性特征，整体作用效果呈现东部优于中部、中部优于西部的梯次特征。

10.5.2　政策启示

根据分析为更好建设制造强国、质量强国和数字中国，前述提出以下建议：第一，因地制宜完善数字经济发展的基础设施建设，持续推进制造业提质增效，提高数字经济在制造业发展质量中的贡献度。第二，强化政府的创新资源配置偏向，推动制造业数字化转型。政府创新资源配置偏向是数字经济驱动制造业高质量发展的重要途径。但是，数字技术在制造业的应用依赖于数字技术的产出，因此要重视技术研发环节的创新投入。同时，政府要提高创新管理能力，进一步强化创新偏向，采取相应政策鼓励创新，培育高素质数字化专业人才，为制造业数字化转型提供智力支持。第三，加强地区协作，发挥数字经济对制造业发展质量提升的空间溢出效应。因此，在全国统一大市场的推进中，要完善使数字经济空间溢出效应和辐射效应得以发挥的市场化环境，着力保障数据安全，解决平台数据垄断问题，让数字创新要素在地区间充分流动，持续释放数字经济红利，以拓展制造业发展质量的提升空间。

11 促进我国制造业绿色转型与高质量发展的政策举措

《中华人民共和国国民经济和社会发展第十四个五年规划和2035年远景目标纲要》中明确了"深入实施制造强国战略",提出了"推动制造业优化升级……增强制造业竞争优势,推动制造业高质量发展"。随着新一轮全球科技革命蓬勃兴起,在我国实施"双碳"战略和新一代信息技术与制造业融合发展的背景下,绿色技术创新驱动制造业转型升级是实现制造业提质增效和高质量发展的重要途径。

本章在理论研究、实证分析、路径模式探讨的基础上,借鉴发达国家及典型制造企业的经验,提出"双碳"战略背景下我国制造业绿色低碳转型的政策建议,具体从强化绿色技术创新政策引导,推进制造业与数字技术的深度融合,推进5G+工业互联网建设促进制造业智能化转型新型人才等方面提出政策建议,为政府实施和调整"双碳"战略目标下我国制造业低碳转型的相关政策提供可靠的理论支撑和实践指导,促进"中国制造"向"中国智造"转变,推动"制造强国"和"数字中国"建设,从而实现我国制造业高质量发展战略目标。

11.1 着力制造业绿色转型 强化绿色技术创新政策引导

推动制造业绿色低碳转型和高质量发展,是我国实现双碳目标,适应经济社会新发展阶段变化与建设现代化经济体系的必然要求，也是提升我国制造业国际竞争力的重要路径。制造业是能源资源消耗巨大的行业。双碳目标对制造业发展质量提升具有很强的政策引导性，"绿色制造"是中国乃至国际发展的趋向，围绕建设制造强国目标和双碳目标要求，推动制造业以绿色创新驱动行业整体技术进步和向高质量发展。发达国家在全球制造业价值链中长期占据高端的经验也表明，技术进步和持续创新是其制造技术始终站在世界前沿的根本动力。因此，要将技术创新放在国家发展的核心地位，发挥其对制造业绿色转型的支持和引领作用，积极推进资源节约型、环境友好型社会建设。"十四五"时期亟须持续加大研发投入，通过制造企业清洁生产技术的自主研发与 FDI 引入的节能技术的吸收，从根本上以绿色制造、智能制造实现制造业的低碳转型。具体可从以下方面着手：

其一，坚持制造业低碳发展政策导向，着力于行业的智能化、绿色化、高端化发展。政府要进一步加大清洁技术研发资金补贴等政策激励力度，构建符合科技发展规律的绿色创新体系，营造节能技术创新的生态环境。在我国目前相关节能减排项目补贴等政策的基础上，"十四五"时期应围绕工业 4.0、智能制造、新能源等制造业新业态，出台相关的财政金融补贴与税收优惠政策，发挥绿色金融的高效资源配置功能，引导社会资本流向低资源消耗的清洁发展项目，提升自主创新能力，着力突破低碳节能、储能智能等关键技术，并尽快提高绿色科技的创新和应用能力，逐步增强制造业绿色发展的内生动力，通过在行业内进行示范推广应用，最终实现"双碳"战略目标。

其二，加快行业绿色技术创新，通过创新创造实现制造业绿色化转型。在实现"双碳"战略目标的引领下，大力推进技术进步，坚持绿色技术创新，将绿色理念贯穿制造业全产业链，积极引导资本、资金流向高技术制造行业，构建节能减排、智能高端的绿色制造体系，加快推进制造业绿色化转型。积极支持制造企业在清洁生产、清洁能源等技术领域的研发投入，对引进或购买的低碳生产技术进行消化吸收，提升绿色技术创新对能源资源利用效率。通过政策支持和示范带动，全力攻克制造业"卡脖子"的行业前沿技术，开发绿色产品，创建绿色工厂，使各项污染物达标排放，持续对绿色生产企业进行激励，使我国制造业走内涵式、集约式、绿色化的高质量发展路子。通过体制机制创新创造良好的万众创新环境，促进中小微企业加强对传统制造进行绿色改造创新，推进对资源能源高依赖和高污染排放的相关制造行业向低碳环保转型。

其三，强化资源能源节约与生态环境保护，完善以企业主体的绿色技术创新的市场形成机制。积极贯彻国家2014年最新修订的《环境保护法》"四个不批""三个严格"的环保要求，严控高耗能、高排放项目的审批，建立和完善竞争政策的作用机制，鼓励制造企业将绿色技术推广与股份投资收益结合，促进制造企业加大对清洁生产技术的开发力度与使用规模。围绕制造业重点领域的前沿技术，以促进制造业发展质量显著提升为目标，增加对重点制造业企业的科技研发投入，提高企业自主创新能力。要聚焦制造行业节能减排、绿色低碳的新产品、新技术的创新研发，建设强有力的知识产权保护制度，激发企业创新活力，加快实现我国制造业向清洁生产和智能制造转型，以绿色制造助力实现碳达峰、碳中和的"双碳"战略目标。

11.2　强化绿色转型制度设计　推进制造业与数字技术深度融合

其一，强化制造业与数字技术深度融合的顶层设计。新形势下，应加强顶层设计，加快推进我国制造业与数字信息技术的深度融合。《国务院关于深化制造业与互联网融合发展的指导意见》（国发〔2016〕28号），将制造业与互联网融合上升为国家战略。目前，新一代信息技术已成为制造业绿色低碳转型和重构产业链、价值链的主导力量。我国制造业正处于绿色低碳转型和提质增效的重要关口，加快推动数字技术与制造业深度融合发展，以制造业供给侧结构性改革为重要抓手，加快"双碳"目标下的新旧动能转换，实现制造业高质量发展。因此，要通过加强顶层设计，以制造强国建设为目标，制定我国制造业与互联网数字技术深度融合的实施方案，构建绿色转型的体制机制，细化政策实施的措施。

推进制造业与新一代信息技术深度融合的具体相关工作包括协同推进数字化转型与"中国制造2025"行动，协调任务安排，督促检查主要任务落实情况。设立发展协调小组，一方面协同专项工作小组前瞻性地讨论制造业数字技术发展中的问题，另一方面战略性地讨论制造业数字技术发展的相关政策，并对制造业数字技术政策的实施情况进行咨询评估。围绕制造业与制造业数字技术融合的关键环节，引导培育新模式、新业态，在平台建设、中介服务、技术支撑等环节开展试点示范与应用推广，确保各项任务落实到位，加快数字技术与制造业的深度融合发展，改造提升传统动能，培育新的经济增长点。

其二，实施差异化的制造业数字技术融合策略。发挥数字信息技术对传统制造业的改造作用，利用数字信息技术推进传统制造企业从"生产型制造"向"服务型制造"转型升级。重点围绕传统制造业与数字信息技术融合的关键环节，特别是在研发设计、中介服务、技术支撑等方面加快传统制造业与数字信息技术的融合发展，积极改造提升传统产业。数字信息技术对传统产业劳动生产率的影响较大，主要体现在网络化营销和智能化生产上，传统制造业应该注重利用数字信息技术改造生产工艺流程，打造"智能工厂"，提升产品品质和产品附加价值，提高生产效率，以及在全球价值链中的地位。对先进制造企业，应加强人工智能、云计算在智能制造领域的广泛应用，促进数字技术与先进制造业的融合发展，建立数字经济时代新商业模式、新业务运营体系和新组织架构。推进数字信息技术与先进制造业的融合，重点加快发展集成电路、自动控制、新一代通信技术等领域的制造业，推动工业互联网和高端装备制造业的融合发展，加快集成创新应用、协同合作创新。加快探索数字信息技术与先进制造业的融合路径、数字信息技术与关键核心技术产业化的实现路径、数字信息技术与集成创新应用及协同合作创新的耦合路径，大力推进集成创新和平台创新，形成新业态、新模式，实现工业企业网络化、智能化、平台化和生态化发展。

其三，积极推进智能制造标杆项目的试点示范。完善制造业与数字技术融合试点示范项目，积极推进试点示范项目的带动作用。智能工厂作为智能制造的重要实践，是基于"互联网+"等新一代数字信息技术，也是在物联网技术和监测技术加持下增强信息管理的服务。企业要提高生产环节的控制能力，降低人力成本的干预，对计划合理安排。同时，企业要把智能手段和智能系统等研发技术集于一体，架构出节能、环保、高效的人性化智能工厂。智能工厂利用物联网技术实现设备间高效的信息互联，操作人员可实现获取生产设备、物料、成品等动态生产数据，满足工厂24小时监测需求。因此，要持续推进我国智能制造标杆企业评定工作，加大标杆企业的宣传和示范作用，积极鼓励和支持更多制造企业参加两化融合建设贯标项目，通过申报和认定推进企业两化融合水平。

11.3 着力"5G+工业互联网"建设 促进制造业智能化转型

着力"5G+工业互联网"融合发展是推进先进制造强国、网络强国建设的重要途径，它将有利于加快我国制造业的数字化、网络化、智能化转型升级。工业互联网被喻为制造业智能化的"血液循环系统"，通过工业互联网可以实现制造业生产要素、创新要素、技术要素的泛在连接、互联互通和迭代升级。

其一，构建综合型、特色型、专业型的工业互联网平台体系。工业互联网是驱动制造业绿色低碳转型的综合性载体，有着汇聚和有效配置制造业各种资源发展的重要作用，有利于促进制造业新业态、新模式的发展。通过工业互联网能够实现制造要素的弹性连接与高效配置，构成全产业链打造和全价值链共创的中心和桥梁。首先，基于数据驱动的工业互联网打破了企业生产方式的内外部的隔离现实，将生产链上下游之间的条形串联变成了多环节并行的方式，实现了生产要素的弹性配置，以及大规模定制化的双重优势。其次，工业互联网可以通过改变制造企业分工的形式为制造业生产产品赋能，工业互联网推动制造企业实现"产品即服务"模式，从单一的产品交易方式转型为基于"产品即服务"的增值服务收费方式，这大大降低了制造企业的运行成本和交易成本。

当前，我国工业互联网平台应用综合性有待提高，特色产业互联网建设也比较落后，尚未做到与制造企业的业务需求精准匹配。为了解决上述问题，需要从供给侧推动和需求侧拉动双向推进，加快行业级特色互联建设，培育综合性工业互联网平台，鼓励重点制造行业的重点骨干企业搭建企业级互联网平台，并不断向行业推广，推进我国制造业"上云"，开发和推广制造业 APP，利用互联网技术应用的迭代特征，实现"边建，边用，边升级，边完善"。

对我国来讲，建设综合型、特色型、专业型工业互联网平台体系是当前的一项重点工作，也是未来的发展方向。我国应通过形成有效的激励机制，打造一些具有全球竞争力的综合性工业互联网平台，并有效发挥其试点和示范作用。首先，通过综合性工业互联网打造制造业生产和技术创新要素汇聚的产业生态，推进制造企业实现转型破局，形成新模式、新业态。其次，面向我国重点和优势制造行业如智能装备、高档数控机床、机器人、航空航天装备、节能汽车与新能源汽车、新材料等制造产业建设特色型工业互联网平台（特色产业互联网），汇聚行业特色生产要素、技术要素、产品、服务和需求信息，支撑构建新型制造体系。

其二，加快推进制造业高质量发展的基础信息平台建设。由于制造业所处行业、地区不同，具体企业与"互联网+"融合程度存在较大差异，自动化、信息化、智能化水平有着很大的不同，政府应加快推进制造业高质量发展基础信息平台建设，给予企业技术支持、服务支持，促进制造业企业加速转型升级，实现高质量发展目标。提高基础信息平台的建设水平可以有效推动"互联网+"相关软件和服务的发展，以及制造业关键技术与制造资源的开放与共享，推进技术标准和产业标准的建立，推动制造业技术研发、产品设计、生产运营、销售管理等环节的提质增效，实现"互联网+"驱动制造业转型升级。

建设制造业基础信息大数据平台。首先，需要立足制造业及其细分行业的特征，调研和了解我国制造业各行业企业利用大数据的现实需求和诉求。例如，有些企业需要利用大数据来优化机器设备参数，以提高产品产量和质量。有些企业希望通过大数据优化供应链管理，实现零库存和零配件的实时配送。有些企业希望利用大数据对生产、物流进行动态监控来降低成本。还有的企业希望利用大数据和互联网技术实现企业机器设备之间、部门之间、产品线之间的共联共同，提升全过程数字化管理。其次，基于调研和实证分析，可成立大数据平台建设工作小组推进大数据平台建设，要秉着开放、共享、迭代升级的原则，重视制造业内部和行业之间的协作和融合，最大化数据的数量和质量，对数据进行深度挖掘和分析。最后，制造业大数据建设还需要不断提高数据平台辅助决策的能力，通过优化算法、开放模型、完善指标帮助企业进行供需信息的精准分析，通过制造企业决策的决策能力实现企业智能生产和柔性制造，开展个性化定制服务。

云计算平台是一种基于硬件资源和软件资源的综合服务，它将大型服务器等硬件设备集中在一起，为用户提供计算、网络和存储服务，借助软件实现用户需求的有效管理。用户通过云平台可以精准获取与自身实时需求相匹配的网络资源，大大降低了企业的管理成本和运营成本，并能够帮助提高生产柔性和精准服务，推进制造企业转型升级。建设制造业云平台，首先，需要建立和完善各项标准，除了建立服务计费标准，还需要建立数据迁移、数据资源监控和保护、数据服务等方面的标准，在制造企业使用云平台和推进云平台建设的过程中还要不断完善和优化这些标准。其次，云平台的基础设施具有较大的外部性，对规模要求较高，因此应该鼓励运营商加大投入，扩大平台规模和升级硬件，扩充云平台所在区域的宽带资源。最后，促进云计算公司、科研机构和高校之间通过"产学研合作"突破关键制约云平台发展的各项障碍性技术、开发云应用软件、升级云计算服务器和云设备供应，政府及相关部门可以成立专项资金对我国制造业重点行业进行专项支持。

其三，借助"大智物移云"等新一代数字技术打造先进制造集群。"互联网+"背景下，政策措施的重点应该集中于产业集聚区升级与系统创新的关键要素上，这些要素包括提升企业技能和满足企业研发资金需求、产业生态系统与企业创新网络等。首先，政策措施的一个重要出发点就是要引导产业集聚区建立起基于知识分享与学习的创新机制，不断推进制造企业的创新模式逐渐从基于个体的单打独斗式的创新转型为基于网络的创新，增进产业链的集体式创新行动。其次，不断推进产业集聚区有效实施组织形式的转变，构建基于龙头企业网络或者中小企业的供应链合作网络，更好地发挥产业集聚区地理邻近的优势来进行组织网络及制度的安排，促进产业集聚区企业的非正式互动，促进企业间知识和信息的沟通交流与贡献，营造基于信任和合作的地方产业集群文化。

打造先进制造业集群的政府政策应重点聚焦推进产业集聚区转型和升级的政策措施，为制造业集聚实现高质量发展创造条件。这些促进政策应涵盖从微观企业、中观产业到区域经济的多个层面。先进制造业进行产品创新与信息共享是基于稳定可靠有效的数字技术的，因此政府应依托"大智物移云"（大数据、智能化、物联网、移动互联网、云计算）新一代信息技术有效构建制造业基于价值创造的生态体系，打造"云+网+端"的新型基础设施服务体系。通过构建开放柔性的网络系统，鼓励集群企业将用户角色更好地融入产品创新之中，如开辟众创空间等方式。考虑到集群企业多为中小型企业，政府应该引导和推进覆盖面更加广泛的、更加专业的、更加综合性的中小企业服务中心和机构的建设，帮助中小型企业解决在转型升级、发展智能制造中遇到的难题。通过政府的促进和支持政策，先进制造业集群将在产业转型、产业的系统创新，以及智能专业化示范和推广中发挥重要作用。

11.4 培育企业家创新精神 打造智能制造 "三能"人才

（1）培育企业家转型求变的创新精神。在引领我国制造业转型升级的各类人才中，"创新型企业家""能工巧匠"这两类人才起着至关重要的作用。改革开放初期的企业家只要突破计划经济时代遗留的制度壁垒，就能获得较多的经营收益，而随着市场经济的不断完善，这种制度套利的空间越来越小，企业家更多需要创新要素资源配置和创新市场来获取收益，因此套利型企业家需要向创新型企业家转变。同理，改革开放以来中国制造业升级走的多是承接国外的制造能力、市场开拓、改进型创新的道路。这一路径培育的工匠多能"组装和搭配"标准化的模块化架构产品，却很难造出需要技术诀窍的一体化架构产品，随着产品与工艺升级的要求的知识含量、技能含量越来越高，需要大规模标准化生产体系下成长起来的加工组装型"工匠"向个性化定制柔性生产系统下的知识技能型"能工巧匠"转变。

其一，加快打造新型政商关系，使企业家回归创新创造初心。只有将企业家群体的时间和精力配置到技术创新、资源配置和人力资本激励等生产性的创新活动和创业活动上，企业家才能更好地进行技术创新和产品创新，创造市场需求和有效供给。政府通过深化"放管服"改革，简政放权，打破行政垄断，努力营造公平竞争的市场环境，构建优胜劣汰的市场竞争机制和企业的正常退出机制，特别是运用技术、安全、环保、能耗等标准，加大政府引导和财税金融政策支持，加快淘汰落后产能和"僵尸企业"，促进生产要素向具有企业家精神、较高技术创新能力和生产效率的企业配置，这样才会使企业家以市场需求为导向进行技术创新，形成内生动力。

其二，强化知识产权保护。形成强有力的技术创新保护是实现创新者赚钱效应，培育创新型企业家的最有力的制度工具。目前仍有相当数量的制造企业严重依赖技术模仿来维持生存，因此需要通过推进知识产权保护形成良好创新生态，激励企业进行研发投入和技术创新。

其三，开拓我国制造业企业家和领导者的国际视野和全球思维。以"一带一路"倡议为契机，通过与国外先进企业深度合作，让更多的中国企业家"走出去"；鼓励企业家到国内外知名企业交流；到国内外优秀的产业学院和商学院进行学习；支持我国企业家进行本土品牌建设、跨国并购、国际投资和国际贸易，培养一批闻名全国甚至全球的企业家队伍。

（2）打造智能制造时代的"三能"人才。数字经济背景下，数字化和智能化正在改变制造业的工作岗位及其技能要求。机器人和智能设备承担着越来越多的重复化和程序化的任务，员工将承担更多非结构化和更具价值的任务，如管理生产流程、解决瓶颈和例外问题、作出决策和处理客户关系等。新的工作任务给予了员工更多的自主权，同时需要员工拥有更高的技能和素养。这些技能和素养既包括系统思维、创新能力、同理心与人际沟通等软技能，也包括数字时代各个行业普遍需要的数字技能，以及具体与本行业生产流程相关的专业技能。

其一，强化员工的数字技能。数字技能是指能够将数字技术自信而灵活地运用到工作与生活之中，包括使用电脑等数字设备检索、存储、生产、呈现与共享信息，以及通过互联网进行交流和参与网络协作的能力。随着工业机器人及智能设备的广泛应用，制造业员工不再从事日常事务，而是根据动态变化的生产需要，执行各种非结构化的任务。工人将负责控制或者编程机器人和其他智能设备并管理生产流程，当计划的过程出现异常时，他们将进行手动操作。数字技能将是员工标配的一项技能，员工将越来越多地使用数字工具来执行任务。例如，维修技术人员将配备摄像头、地理定位系统和在线访问的技术数据库，通过识别照片并通过优化算法来处理照片，查看零件的完整维护历史，实现订购替换组件，客户通过数字签名自动生成订单并完成付款。领英最新大数据显示，数字科学及相关技能已经排名第一，成为 2019 年中国就业市场最急需的技能。2015 年只有 6% 的职位需要数字技能，2019 年则有 40% 的职位需要数字技能。[①] 2022 年 12 月国家新修订的《中华人民共和国职业分类大典》首次标注了 97 个数字职业，占职业总数的 6%[②]，其中新职业 43 个，占数字职业的 44.3%，数字技能日益成为

---

① 陈颐. 中国职场迎来"数据风暴" 数据技能帮你打破职业天花板［EB/OL］.［2019-09-18］. 中国经济网, http://www.ce.cn/xwzx/gnsz/gdxw/201909/18/t20190918_ 33177294.shtml.

② 梁晓辉. 中国职业分类大典修订完成 首次标注 97 个数字职业［EB/OL］.［2022-09-28］. 中国新闻网, https://politics.gmw.cn/2022-09/28/content_ 36055322.htm.

新职业从业者的必备技能。

其二，提高基于制造业特定细分行业的专业技能。仅靠数字技能无法满足智能工厂和智能制造的要求。波士顿研究表明，超过 25% 的经理认为制造企业尤其需要具备生产计划和物流技能的员工，将数字技能与生产、流程和运营规划技能相结合能够给公司带来更多的价值。德国机械工程行业协会一项研究显示，企业更愿意培训它们的生产专家，而不是在生产过程中培训数字专家，这是因为生产专家所具备的知识是来自工作经验的隐性知识，它们更难获得也很难数字化。如果员工对基本生产流程了如指掌，人工智能、大数据技术就会锦上添花，帮助他们出色地完成工作，但是如果只依靠数字技术而对生产和运作过程一无所知，那么传感器和智能设备就不会应用到正确的地方，也就无法收集并正确地分析所需要的数据，智能设备可能成为摆设而无法发挥作用。因此，围绕制造业重点领域技术迭代和质量升级要求，突出"高精尖缺"导向，聚焦人工智能、工业机器人、机械制造、新能源汽车等重点领域职业工种，加大急需紧缺职业工种政府补贴培训支持力度，优化使用发展环境和激励机制配套支撑，大力打造先进制造业等产业需要的更多优秀高技能专业人才。

其三，提升人类特有的软技能。数字经济背景下，制造企业竞争优势的源泉在于最有效地实现人和智能机器的协同发展，而不是让智能设备完全取代人类。安东尼·塞尔登（Anthony Seldon）和奥拉迪梅吉·阿比多耶（Oladimeiji Abidoye）在《第四次教育革命：人工智能如何改变教育》一书中提出了"防御机器人教育"，认为应该为未来社会培养更具创新能力，合作能力且具备解决复杂问题能力的新型人才。也就是说，在数字化时代，智能机器越来越像人，但是人不能越来越像机器，应该发挥人类特有的软技能。这些软技能包括判断能力、决策能力、系统思考能力、创新能力、解决问题能力和人际交往能力。在智能工厂中，由于生产需求要满足个性化和定制化的产品，制造企业需要在不同类型的产品之间快速切换，这将导致生产项目团队等分散化管理结构的盛行。员工将被赋予更多的自主权和决策权，成为跨部门团队中的成员，根据不断变化的项目要求和条件适时作出决策。这些跨部门团队是由不同年龄组、不同专业和不同经验水平的员工组成，他们既可以远程工作，也可以一线操作。团队成员之间需要更多的合作和管理沟通，以发挥团队的协同效应。

参考文献

［1］Acemoglu D, Aghion P, Bursztyn L, Hemous D. The Environment and Directed Technical Change ［J］. The American Economic Review, 2012, 102 （1）: 131–166.

［2］Arrow K J. The Economic Implications of Learning by Doing ［J］. The Review of Economic Studies, 1962, 29 （3）: 155–173.

［3］Baumol W J, Oates W E. The Theory of Environmental Policy ［M］. London: Cambridge University Press, 1988.

［4］Boeing P. The Allocation and Effectiveness of China's R&D Subsidies–evidence from Listed Firms ［J］. Research Policy, 2016, 45 （9）: 1774–1789.

［5］Braun E, Wield D. Regulation as a Means for the Social Control of Technology ［J］. Technology Analysis & Strategic Management, 1994, 6 （3）: 259–272.

［6］Caputo A, Marzi G, Pellegrini M M. The Internet of Things in Manufacturing Innovation Processes: Development and Application of a Conceptual Framework ［J］. Business Process Management Journal, 2016, 22 （2）.

［7］Caracuel A J, Ortiz-de-Mandojana N. Green Innovation and Financial Performance: An Institutional Approach ［J］. Organization & Environment, 2013, 26 （4）.

［8］Dimos C, Pugh G. The Effectiveness of R&D Subsidies: A Meta-regression Analysis of the Evaluation Literature ［J］. Research Policy, 2016, 45 （4）: 797–815.

［9］Dong B Y, Ma X J, Zhang Z L, Zhang H B, Chen R M, Song Y Q, Shen M

C, Xiang R B. Carbon Emissions, The Industrial Structure and Economic Growth: Evidence from Heterogeneous Industries in China [J] . Environmental Pollution, 2020, 30 (9): 262-280.

[10] Gereffi G, Humphrey J, Sturgeon T. The Governance of Global Value Chains [J] . Review of International Political Economy, 2005, 12 (1): 78-104.

[11] Gereffi G, Lee J. Why the World Suddenly Cares about Global Supply Chins [J] . Journal of Supply Chain Management, 2012, 48 (3): 24-32.

[12] Gereffi G. Beyond the Producer-driven/Buyer-driven Dichotomy the Evolution of Global Value Chains in the Internet Era [J] . IDS Bulletin, 2001, 32 (3): 30-40.

[13] Gong M Q, You Z, Wang L T, Cheng J H. Environmental Regulation, Trade Comparative Advantage, and the Manufacturing Industry's Green Transformation and Upgrading [J] . International Journal of Environmental Research and Public Health, 2020, 17 (8): 2823.

[14] Hayes A F, Preacher K. Statistical Mediation Analysis with a Multicategorical Independent Variable [J] . British Journal of Mathematical and Statistical Psychology, 2014 (67): 451-470.

[15] Herfel T, Zhai F. Impacts of the Doha Development Agenda on China: The Role of Labor Markets and Complementary Education Reforms [J] . World Bank Policy Research Working Paper, 2018 (37) .

[16] Horbach J. Determinants of Environmental Innovation—New Evidence from German Panel Data Sources [J] . Research Policy, 2008 (1): 163-173.

[17] HumphreyJ, Schmitz H. How does Insertion in Global Value Chains Affect Upgrading in Industrial Clusters? [J] . Regional Studies, 2002, 36 (9): 1017-1027.

[18] Hübler M. Energy Saving Technology Diffusion via FDI and Trade Using CGE Model of China [R] . Kiel Working Paper, 2009 (1491) .

[19] Jahanshahloo G R, Vakili J, Zarepisheh M. A Linear Bilevel Programming Problem for Obtaining the Closest Targets and Minimum Distance of a Unit from the Strong Efficient Frontier [J] . Asia-Pacific Journal of Operational Research, 2012, 29 (2): 1-19.

［20］Kaplinsky R. Globalization and Unequlization: What can be Learned from Value Analysis ［J］. Journal of Development Studies, 2000, 37 (2): 76-80.

［21］Li G, Zhou Y, Liu F, Wang T. Regional Differences of Manufacturing Green Development Efficiency Considering Undesirable Outputs in the Yangtze River Economic Belt Based on Super-SBM and WSR System Methodology ［J］. Frontiers in Environmental Science, 2021 (8).

［22］Liu Y B. Exploring the Relationship between Urbanization and Energy Consumption in China Using ARDL (Autoregressive Distributed Lag) and FDM (Factor Decomposition Model) ［J］. Energy, 2009, 34 (11): 1846-1854.

［23］Lucas R E. On the Mechanism of Economic Development ［J］. Journal of Monetary Economics, 1988, 22 (1): 3-42.

［24］Nunn N, Qian N. U S Food Aid and Civil Conflict ［J］. American Economic Review, 2014, 104 (6): 1630-1666.

［25］Ollivier H. North-South Trade and Heterogeneous Damages from Local and Global Pollution ［J］. Environmental & Resource Economics, 2016, 65 (2): 337-355.

［26］Peng H, Shen N, Ying H. Wang Q W, Can Environmental Regulation Directly Promote Green Innovation Behavior—Based on Situation of Industrial Agglomeration ［J］. Journal of Cleaner Production, 2021 (314): 128044.

［27］Porter M E. The Competitive Advantage of Nations ［J］. Harvard Business Review, 1990, 68 (2): 73-93.

［28］Qu Y, Yu Y, Appolloni A, Li M, Liu Y. Measuring Green Growth Efficiency for Chinese Manufacturing Industries ［J］. Sustainability, 2017, 9 (4): 637.

［29］Ramli N A, Munisamy S. Eco-Efficiency in Greenhouse Emissions among Manufacturing Industries: A Range Adjusted Measure ［J］. Economic Modelling, 2015 (47): 219-227.

［30］Romer P M. Endogenous Technological Change ［J］. Journal of Political Economy, 1990, 98 (5): 71-102.

［31］Satterthwaite D. The Implications of Population Growth and Urbanization for

Climate Change［J］. Environment and Urbanization, 2009, 21（2）：545-567.

［32］Steg L. Limiting Climate Change Requires Research on Climate Action［J］. Nature Climate Change, 2018, 8（9）：759-761.

［33］Tapscott D. The Digital Economy：Promise and Peril in the Age of Network and Intelligence［M］. New York：McGraw-Hill, 1996.

［34］Trutnevyte E, Hirt L, Bauer N, Cherp A, Hawkes A, Edelenbosch O Y, Van Vuuren D P. Societal Transformations in Models for Energy and Climate Policy：The Ambitious Next Step［J］. One Earth, 2019, 1（4）：423-433.

［35］UNEMG. Global Drylands：A UN System-wide Response［M］. Geneva：Environment Management Group of the United Nations, 2011.

［36］Xu F, Cui F S, Nan X. Roadmap of Green Transformation for a Steel-manufacturing Intensive City in China Driven by Air Pollution Control［J］. Journal of Cleaner Production, 2021（283）.

［37］Zhai X Q, An Y F. Analyzing Influencing Factors of Green Transformation in China's Manufacturing Industry under Environmental Regulation：A Structural Equation Model［J］. Journal of Cleaner Production, 2020（251）.

［38］ÖZkara Y, Atak M. Regional Total-Factor Energy Efficiency and Electricity Saving Potential of Manufacturing Industry in Turkey［J］. Energy, 2015, 93（1）：495-510.

［39］2020年中国投入产出表［M］. 北京：中国统计出版社, 2022.

［40］安东尼·塞尔登, 奥拉迪梅吉·阿比多耶. 第四次教育革命：人工智能如何改变教育［M］. 北京：机械工业出版社, 2019.

［41］白永秀, 李嘉雯, 王泽润. 数据要素：特征、作用机理与高质量发展［J］. 电子政务, 2022（6）：23-36.

［42］毕克新, 付珊娜, 杨朝均, 李研. 制造业产业升级与低碳技术突破性创新互动关系研究［J］. 中国软科学, 2017（12）：141-153.

［43］蔡海亚, 赵永亮, 焦微玲. 环境规制对制造业价值链攀升的影响效应［J］. 北京理工大学学报（社会科学版）, 2020, 22（6）：11-19.

［44］陈婕. 基于绿色发展的中国经济综合绩效评价体系研究［J］. 贵州财经大学学报, 2018（5）：104-110.

[45] 陈诗一，陈登科．中国资源配置效率动态演化——纳入能源要素的新视角 [J]．中国社会科学，2017（4）：67-83．

[46] 陈颂，卢晨．基于行业技术相似度的 FDI 技术溢出效应研究 [J]．国际贸易问题，2019（1）：106-118．

[47] 陈晓玲，徐舒，连玉君．要素替代弹性、有偏技术进步对我国工业能源强度的影响 [J]．数量经济技术经济研究，2015，32（3）：58-76．

[48] 陈颐．中国职场迎来"数据风暴"数据技能帮你打破职业天花板 [EB/OL]．[2019-09-18]．中国经济网，http：//www. ce. cn/xwzx/gnsz/gdxw/201909/18/t20190918_ 33177294. shtml.

[49] 陈宇科，刘蓝天，董景荣．环境规制工具、区域差异与企业绿色技术创新——基于系统 GMM 和动态门槛的中国省级数据分析 [J]．科研管理，2022，43（4）：111-118．

[50] 大卫·皮尔斯．绿色经济的蓝图——绿化世界经济 [M]．北京：北京师范大学出版社，1997．

[51] 党的十九大中央国务院关于加快推进生态文明建设的意见 [N]．人民日报，2015-05-06（1）．

[52] 丁怡婷．加快形成能源节约型社会 [N]．人民日报，2021-08-10（2）．

[53] 段福梅．中国二氧化碳排放峰值的情景预测及达峰特征——基于粒子群优化算法的 BP 神经网络分析 [J]．东北财经大学学报，2018（5）：19-27．

[54] 冯娟．新发展格局构建下的高质量发展：社会再生产视角 [J]．经济理论与经济管理，2022，42（1）：35-50．

[55] 付华，李国平，朱婷．中国制造业行业碳排放：行业差异与驱动因素分解 [J]．改革，2021（5）：42-56．

[56] 傅京燕，程芳芳．二氧化硫排污权交易对经济增长"量"和"质"的影响研究 [J]．暨南大学学报（哲学社会科学版），2020，42（6）：99-112．

[57] 傅元海，林剑威．FDI 和 OFDI 的互动机制与经济增长质量提升——基于狭义技术进步效应和资源配置效应的分析 [J]．中国软科学，2021（2）：133-150．

[58] 高静，刘国光．要素禀赋、环境规制与污染品产业内贸易模式的转

变——基于 54 个国家 352 对南北贸易关系的实证研究［J］. 国际贸易问题，
2014（10）：99-109.

［59］高培勇，袁富华，胡怀国，刘霞辉. 高质量发展的动力、机制与治理
［J］. 经济研究，2020（4）：4-19.

［60］高赢."一带一路"沿线国家低碳绿色发展绩效研究［J］. 软科学，
2019，33（8）：78-84.

［61］耿晔强，白力芳. 人力资本结构高级化、研发强度与制造业全球价值
链升级［J］. 世界经济研究，2019（8）：88-102.

［62］郭沛，杨军. 中国工业行业 FDI 对碳排放强度的影响［J］. 经济问
题，2015（8）：76-80.

［63］郭晓蓓. 环境规制对制造业结构升级的影响研究——基于路径分析与
面板数据模型检验［J］. 经济问题探索，2019（8）：148-158.

［64］国家发展和改革委员会. 习近平经济思想学习纲要［M］. 北京：人
民出版社，学习出版社，2022.

［65］韩晶，陈曦. 长江经济带沿线城市绿色发展水平时空演变特征［J］.
华东经济管理，2021，35（1）：31-45.

［66］韩晶，孙雅雯，陈曦."一带一路"倡议与中国企业经营绩效——基
于不同类型产业政策效果的分析［J］. 国际商务（对外经济贸易大学学报），
2020（6）：31-45.

［67］韩军辉，闫姗娜. 绿色技术创新能力对制造业价值链攀升的影响［J］.
科技管理研究，2018，38（24）：177-182.

［68］韩孟孟，闫东升. 环境规制能提升全球价值链分工地位吗？——来自
中国制造业行业的经验证据［J］. 商业研究，2020（10）：33-41.

［69］韩亚品. 数字经济生态系统的内涵、特征及发展路径［J］. 国际经济
合作，2021（6）：43-51.

［70］何大安. 中国数字经济现状及未来发展［J］. 治理研究，2021，37
（3）：2+5-15.

［71］侯方淼，刘璨，裴润田，王静. 我国环境规制对木材加工业全球价值
链地位的影响［J］. 南京林业大学学报（自然科学版），2022，46（3）：235-
244.

［72］胡安军．环境规制、技术创新与中国工业绿色转型研究［D］．兰州大学博士学位论文，2019．

［73］胡浩然．清洁生产环境规制能提升产品质量吗？［J］．经济科学，2019（3）：93-105.

［74］黄磊，吴传清．长江经济带城市工业绿色发展效率及其空间驱动机制研究［J］．中国人口·资源与环境，2019，29（8）：40-49.

［75］吉生保，姜美旭．FDI与环境污染：溢出效应还是污染效应？——基于异质性双边随机前沿模型的分析［J］．生态经济，2020，36（4）：170-175.

［76］贾利军，陈恒烜．数字技术赋能制造业高质量发展的关键突破路径［J］．教学与研究，2022（9）：26-39.

［77］江小国，何建波，方蕾．制造业高质量发展水平测度、区域差异与提升路径［J］．上海经济研究，2019（7）：70-78.

［78］姜博，马胜利．区域经济增长与碳排放影响因素研究——以东北三省为例［J］．企业经济，2020，39（11）：122-131.

［79］蒋伏心，王竹君，白俊红．环境规制对技术创新影响的双重效应——基于江苏制造业动态面板数据的实证研究［J］．中国工业经济，2013（7）：44-55.

［80］焦高乐，严明义．技术进步的来源、方向与工业节能减排［J］．统计与信息论坛，2017，32（4）：81-86.

［81］焦帅涛，孙秋碧．我国数字经济发展对产业结构升级的影响研究［J］．工业技术经济，2021，40（5）：146-154.

［82］金灿阳，徐蔼婷，邱可阳．中国省域数字经济发展水平测度及其空间关联研究［J］．统计与信息论坛，2022（6）：11-21.

［83］邝嫦娥，路江林．环境规制对绿色技术创新的影响研究——来自湖南省的证据［J］．经济经纬，2019，36（2）：126-132.

［84］雷玉桃，张淑雯，孙菁靖．环境规制对制造业绿色转型的影响机制及实证研究［J］．科技进步与对策，2020，37（23）：63-70.

［85］李丹青，钟成林，胡俊文．环境规制、政府支持与绿色技术创新效率——基于2009—2017年规模以上工业企业的实证研究［J］．江汉大学学报（社会科学版），2020，37（6）：38-49+125.

［86］李广培，李艳歌，全佳敏．环境规制、R&D 投入与企业绿色技术创新能力［J］．科学学与科学技术管理，2018，39（11）：61-73.

［87］李俊青，苗二森．不完全契约条件下的知识产权保护与企业出口技术复杂度［J］．中国工业经济，2018（12）：115-133.

［88］李平，方健．环境规制、数字经济与企业绿色创新［J］．统计与决策，2023，39（5）：158-163.

［89］李平，娄峰，王宏伟．2016—2035 年中国经济总量及其结构分析预测［J］．中国工程科学，2017，19（1）：13-20.

［90］李香菊，贺娜．地区竞争下环境税对企业绿色技术创新的影响研究［J］．中国人口·资源与环境，2018，28（9）：73-81.

［91］李小平，李小克．偏向性技术进步与中国工业全要素生产率增长［J］．经济研究，2018，53（10）：82-96.

［92］李小平，卢现祥．国际贸易、污染产业转移和中国工业 CO_2 排放［J］．经济研究，2010，45（1）：15-26.

［93］李新安，李慧．基于节能减排的我国碳金融市场发展策略研究［J］．郑州轻工业学院学报（社会科学版），2019（3）：26-35.

［94］李新安，李慧．外资引入、技术进步偏向影响了制造业的碳排放吗？——来自我国 27 个制造行业面板数据模型的实证检验［J］．中国软科学，2022（1）：159-170.

［95］李新安，李慧．制造业高质量发展视阈下绿色技术创新的碳排放效应研究［J］．创新科技，2021，21（6）：61-73.

［96］李新安．高质量发展视阈下创新型企业集聚机理及对策研究［J］．创新科技，2020，20（1）：70-79.

［97］李新安．环境规制、政府补贴与区域绿色技术创新［J］．经济经纬，2021，38（3）：14-23.

［98］李新安．区域创新能力对经济发展质量提升的驱动作用研究［J］．区域经济评论，2020（2）：65-74.

［99］李新安．制度环境对区域绿色创新效率提升的门槛效应研究——基于 OFDI 逆向技术溢出视角［J］．创新科技，2021（3）：1-9.

［100］李雪松，李海舰，张友国．发展规划蓝皮书：中国五年规划发展报告

（2021—2022）［M］．北京：社会科学文献出版社，2022.

［101］李毅，石威正，胡宗义．基于 CGE 模型的碳税政策双重红利效应研究［J］．财经理论与实践，2021，42（4）：82-89.

［102］李悦等．产业经济学［M］．大连：东北财经大学出版社，2013.

［103］李子豪，白婷婷．政府环保支出、绿色技术创新与雾霾污染［J］．科研管理，2021，42（2）：52-63.

［104］李子豪．FDI 增加了还是减少了中国工业碳排放？——门槛效应视角的考察［J］．经济经纬，2016，33（2）：66-71.

［105］联合国环境署．迈向绿色经济：通往可持续发展和消除贫困的各种途径——面向决策者的综合报告［R］．2011.

［106］梁晓辉．中国职业分类大典修订完成　首次标注 97 个数字职业［EB/OL］．［2022-09-28］．中国新闻网，https：//politics.gmw.cn/2022-09/28/content_ 36055322.htm.

［107］廖显春，夏恩龙．为什么中国会对 FDI 具有吸引力？——基于环境规制与腐败程度视角［J］．世界经济研究，2015（1）：112-119.

［108］林伯强，谭睿鹏．中国经济集聚与绿色经济效率［J］．经济研究，2019，54（2）：119-132.

［109］林伯强．迈向碳中和的难题与出路［J］．创新世界周刊，2021（8）：6+22-23.

［110］刘清春，孔令群，安泽扬．中国制造业能源相关的碳排放因素分析［J］．中国人口·资源与环境，2014，24（S2）：14-18.

［111］刘鑫鑫，惠宁．数字经济对中国制造业高质量发展的影响研究［J］．经济体制改革，2021（5）：92-98.

［112］刘耀彬，袁华锡，封亦代．产业集聚减排效应的空间溢出与门槛特征［J］．数理统计与管理，2018，37（2）：224-234.

［113］刘耀彬，袁华锡，王喆．文化产业集聚对绿色经济效率的影响——基于动态面板模型的实证分析［J］．资源科学，2017，39（4）：747-755.

［114］刘英基．知识资本对制造业出口技术复杂度影响的实证分析［J］．世界经济研究，2016（3）：97-107+136.

［115］刘玉凤，高良谋．中国省域 FDI 对环境污染的影响研究［J］．经济

地理，2019，39（5）：47-54.

［116］刘育英. 十年来，中国制造业增加值占全球比重从 22.5% 提高到近 30%［EB/OL］. ［2022-07-26］. 中国新闻网，http：//www.chinanews.com.cn/cj/2022/07-26/9812598.shtml.

［117］吕明元，陈维宣. 产业结构生态化：演进机理与路径. 人文杂志，2015（4）：46-53.

［118］罗艳. 绿色技术创新对中国制造业价值链攀升的影响研究［D］. 武汉理工大学硕士学位论文，2020.

［119］马丽，刘立涛. 基于发达国家比较的中国能源消费峰值预测［J］. 地理科学，2016，36（7）：980-988.

［120］莫神星. 节能减排机制法律政策研究［M］. 北京：中国时代经济出版社，2008.

［121］牟俊霖，闫里鹏，齐晓雨. 中国制造业规模在世界的地位及其影响因素研究：基于动态分布与增长回归相结合的方法［J］. 中国软科学，2021（2）：1-10.

［122］聂飞，刘海云. FDI、环境污染与经济增长的相关性研究——基于动态联立方程模型的实证检验［J］. 国际贸易问题，2015（2）：72-83.

［123］聂飞，刘海云. 中国对外直接投资与国内制造业转移——基于动态空间杜宾模型的实证研究［J］. 经济学家，2015（7）：35-44.

［124］牛美晨，刘晔. 提高排污费能促进企业创新吗？——兼论对我国环保税开征的启示［J］. 统计研究，2021，38（7）：87-99.

［125］欧阳日辉. 数字经济的理论演进、内涵特征和发展规律［J］. 广东社会科学，2023（1）：25-35+286.

［126］潘雄锋，舒涛，徐大伟. 中国制造业碳排放强度变动及其因素分解［J］. 中国人口·资源与环境，2011，21（5）：101-105.

［127］齐绍洲，林屾，崔静波. 环境权益交易场能否诱发绿色创新？——基于我国上市公司绿色专利数据的证据［J］. 经济研究，2018，53（12）：129-143.

［128］钱娟，李金叶. 技术进步是否有效促进了节能降耗与 CO_2 减排？［J］. 科学学研究，2018，36（1）：49-59.

[129] 钱丽，王文平，肖仁桥．高质量发展视域下中国企业绿色创新效率及其技术差距 [J]．管理工程学报，2021，35（6）：97-114.

[130] 秦雪征，章政．浅析绿色发展模式在我国的实现路径 [J]．北京大学学报（哲学社会科学版），2016，53（2）：20-24.

[131] 曲立，王璐，季桓永．中国区域制造业高质量发展测度分析 [J]．数量经济技术经济研究，2021，38（9）：45-61.

[132] 屈小娥．中国工业行业环境技术效率研究 [J]．经济学家，2014（7）：55-65.

[133] 盛鹏飞，魏豪豪．环境规制与中国工业部门的全球价值链提升——基于"波特假说"的再检验 [J]．现代财经（天津财经大学学报），2020，40（7）：85-98.

[134] "十四五"规划绘就中国创新发展画卷 [J]．陕西教育（综合版），2021（4）：59-60.

[135] 石喜爱，李廉水，程中华，刘军．"互联网+"对中国制造业价值链攀升的影响分析 [J]．科学学研究，2018，36（8）：1384-1394.

[136] 宋培，陈喆，宋典．绿色技术创新能否推动中国制造业 GVC 攀升？——基于 WIOD 数据的实证检验 [J]．财经论丛，2021（5）：3-13.

[137] 宋鹏，张慧敏，毛显强．面向碳达峰目标的重庆市碳减排路径 [J]．中国环境科学，2022，42（3）：1446-1455.

[138] 孙成成，林道海．我国低碳经济的发展路径与制度保障研究 [J]．行政与法，2010（7）：35-39.

[139] 孙艳芝，沈镭，钟帅，刘立涛，武娜，李林朋，孔含笑．中国碳排放变化的驱动力效应分析 [J]．资源科学，2017，39（12）：2265-2274.

[140] 覃予，王翼虹．环境规制、融资约束与重污染企业绿色化投资路径选择 [J]．财经论丛，2020（10）：75-84.

[141] 唐晓华，迟子茗．工业智能化对制造业高质量发展的影响研究 [J]．当代财经，2021（5）：102-114.

[142] 唐孝文，相楠，李雨辰．低碳经济下北京现代制造业创新能力影响因素研究 [J]．科研管理，2019，40（7）：87-96.

[143] 陶锋，王余妃．环境规制、研发偏向与工业绿色生产率——"波特

假说"再检验 [J]. 暨南大学学报（哲学社会科学版），2018，40（5）：45-60.

[144] 佟家栋，张千. 数字经济内涵及其对未来经济发展的超常贡献 [J]. 南开大学学报（哲学社会科学版），2022（3）：19-33.

[145] 屠年松，龚凯翔. 技术创新、制度环境与制造业价值链分工地位演进：基于外在经济冲击视角的再考察 [J]. 世界经济研究，2022（4）：63-75.

[146] 屠年松，余维珩. 碳关税对制造业全球价值链嵌入的影响研究——基于 WTO 改革背景 [J]. 生态经济，2020，36（9）：25-31.

[147] 万晓榆，罗焱卿. 数字经济发展水平测度及其对全要素生产率的影响效应 [J]. 改革，2022（1）：101-118.

[148] 王博雅. 创新型制造业高质量发展：特征事实、驱动因素与要素支撑 [J]. 中国软科学，2021（10）：148-159.

[149] 王迪，和维，聂锐. 中国 2030 年二氧化碳排放情景预测与减排潜力分析 [J]. 系统工程学报，2019，34（6）：721-735.

[150] 王慧敏. 数字金融对我国制造业价值链地位的影响研究——基于出口复杂度角度 [D]. 华南理工大学硕士学位论文，2020.

[151] 王敏，胡忠世. 碳排放权交易政策对产业集聚的影响研究 [J]. 南京财经大学学报，2021（3）：1-12.

[152] 王鹏，王玲. 制造业服务化、创新集聚与高技术产业创新质量 [J]. 工业技术经济，2022，41（11）：137-143.

[153] 王蓉. 资源循环与共享的立法研究 [M]. 北京：法律出版社，2006.

[154] 王双明. 对我国煤炭主体能源地位与绿色开采的思考 [J]. 中国煤炭，2020，46（2）：11-16.

[155] 王唯朴. 重庆制造业全要素生产率测度及影响因素研究 [D]. 重庆工商大学硕士学位论文，2015.

[156] 王文普，陈斌. 环境政策对绿色技术创新的影响研究：来自省级环境专利的证据 [J]. 经济经纬，2013（5）：13-18.

[157] 王向进，杨来科，钱志权. 出口结构转型、技术复杂度升级与中国制造业碳排放——从嵌入全球价值链的视角 [J]. 产经评论，2017（3）：5-17.

[158] 韦庄禹. 数字经济发展对制造业企业资源配置效率的影响研究

[J]．数量经济技术经济研究，2022，39（3）：66-85.

[159] 未良莉，王立平，王俊强．对外贸易、FDI 与污染密集型产业转移实证研究 [J]．沈阳工业大学学报（社会科学版），2019，12（6）：514-519.

[160] 邬丽萍，梁浩．国际生产共享中的技术溢出与空间相关性分析 [J]．统计与决策，2019，35（3）：142-146.

[161] 吴超，杨树旺，唐鹏程，吴婷，付书科．中国重污染行业绿色创新效率提升模式构建 [J]．中国人口·资源与环境，2018，28（5）：40-48.

[162] 吴延兵．中国式分权下的偏向性投资 [J]．经济研究，2017，52（6）：137-152.

[163] 伍格致，游达明．环境规制对技术创新与绿色全要素生产率的影响机制：基于财政分权的调节作用 [J]．管理工程学报，2019，33（1）：37-50.

[164] 夏光．怎样理解绿色经济概念？[N]．中国环境报，2010-06-05.

[165] 夏妍娜，赵胜．中国制造 2025 [M]．北京：机械工业出版社，2016.

[166] 肖权，赵路．异质性环境规制、FDI 与中国绿色技术创新效率 [J]．现代经济探讨，2020（4）：29-40.

[167] 肖莎．"全面绿色转型"：现实逻辑与保障机制 [J]．江南论坛，2021（6）：13-15.

[168] 谢波，贾鲜，易泽华．环境规制对服务业全球价值链地位的影响——基于 45 个 OECD 国家面板数据的实证研究 [J]．现代经济探讨，2018（5）：70-77.

[169] 谢荣辉．环境规制、引致创新与中国工业绿色生产率提升 [J]．产业经济研究，2017（2）：38-48.

[170] 徐超．工信部：2022 年我国制造业增加值占全球比重接近 30% [EB/OL]．[2023-03-27]．新京报，https：//baijiahao.baidu.com/s？id=1761497885719181016&wfr=spider&for=pc.

[171] 徐充，张志元．全球经济调整下东北地区制造业转型升级研究 [M]．长春：吉林大学出版社，2015.

[172] 徐华亮．中国制造业高质量发展研究：理论逻辑、变化态势、政策导向——基于价值链升级视角 [J]．经济学家，2021（11）：52-61.

[173] 徐建中，曲小瑜．低碳情境下装备制造企业技术创新行为的影响因素

分析 [J]．科研管理，2015，36（3）：29-37．

[174] 徐建中，王曼曼．FDI 流入对绿色技术创新的影响及区域比较 [J]．科技进步与对策，2018，35（22）：30-37．

[175] 徐兰，吴超林．数字经济赋能制造业价值链攀升：影响机理、现实因素与靶向路径 [J]．经济学家，2022（7）：76-86．

[176] 徐盈之，顾沛．制造业价值链攀升带来了绿色经济效率提升吗？[J]．江苏社会科学，2019（4）：93-106．

[177] 许冰，聂云霞．制造业高质量发展指标体系构建与评价研究 [J]．技术经济与管理研究，2021（9）：119-123．

[178] 许冬兰，张敏．环境规制对全球价值链攀升的影响：促进还是抑制？——基于低碳 TFP 的中介效应检验 [J]．中国地质大学学报（社会科学版），2020，20（3）：75-89．

[179] 闫静．推动绿色发展，促进人与自然和谐共生 [N]．南方周末，2022-11-08．

[180] 闫姗娜．绿色技术创新能力对制造业价值链攀升的影响研究 [D]．太原理工大学硕士学位论文，2019．

[181] 闫云凤．中国被锁定在全球价值链低端了吗？——中美 GVC 位置与价值获取程度的比较 [J]．西安交通大学学报（社会科学版），2019，39（2）：33-42．

[182] 颜青，殷宝庆，刘洋．绿色技术创新、节能减排与制造业高质量发展 [J]．科技管理研究，2022，42（18）：190-198．

[183] 杨虎涛．如何认识数字经济的特性 [J]．智慧中国，2023，82（1）：25-26．

[184] 杨汝岱．中国制造业企业全要素生产率研究 [J]．经济研究，2015，50（2）：61-74．

[185] 杨顺顺．中国碳排放轨迹特征、驱动因素及减排策略 [J]．环境科学与技术，2020，43（1）：98-104．

[186] 叶见春．中国成为拉动全球绿色低碳技术创新的重要力量 [J]．中国对外贸易，2023，681（3）：32-34．

[187] 殷宝庆，肖文，刘洋．绿色研发投入与"中国制造"在全球价值链

的攀升 [J]. 科学学研究, 2018, 36 (8): 1395-1403.

[188] 尤济红, 王鹏. 环境规制能否促进 R&D 偏向于绿色技术研发？——基于中国工业部门的实证研究 [J]. 经济评论, 2016 (3): 26-38.

[189] 袁梦成. 金融发展对出口复杂度影响的实证研究 ——基于增加值技术差异的跨国面板数据 [D]. 大连理工大学硕士学位论文, 2016.

[190] 原毅军, 陈喆. 环境规制、绿色技术创新与中国制造业转型升级 [J]. 科学学研究, 2019, 37 (10): 1902-1911.

[191] 原毅军, 戴宁. 基于绿色技术创新的中国制造业升级发展路径 [J]. 科技与管理, 2017, 19 (1): 8-15.

[192] 曾刚, 陆琳忆, 何金廖. 生态创新对资源型城市产业结构与工业绿色效率的影响 [J]. 资源科学, 2021, 43 (1): 94-103.

[193] 詹江, 鲁志国. 自主创新能力、技术差距与外商直接投资溢出效应——基于中国制造业企业的实证研究 [J]. 云南社会科学, 2019 (1): 95-101.

[194] 张璨. 基于熵值法的我国都市圈科技创新能力评价研究 [J]. 改革与开放, 2021 (18): 1-9.

[195] 张峰, 宋晓娜. 资源禀赋、技术进步与制造业绿色转型 [J]. 统计与决策, 2020, 36 (13): 98-102.

[196] 张峰. 制造业能源消费结构演变、工资上涨会影响国际竞争力吗？——基于信息熵和 VAR 模型的实证分析 [J]. 中央财经大学学报, 2016 (2): 116-128.

[197] 张慧智, 孙茹峰. 政府环境注意力如何影响区域绿色技术创新——基于政府治理视角的研究 [J]. 科技进步与对策, 2023, 40 (7): 12-22.

[198] 张娟, 耿弘, 徐功文, 陈健. 环境规制对绿色技术创新的影响研究 [J]. 中国人口·资源与环境, 2019, 29 (1): 168-176.

[199] 张坤民, 潘家华, 崔大鹏. 低碳经济论 [M]. 北京: 中国环境科学出版社, 2008.

[200] 张人中, 马威, 马欣怡. 促进产业结构优化的双向投资机制设计研究 [J]. 世界经济研究, 2022 (6): 18-34.

[201] 张涛, 王广凯. "五年规划"指标设定对我国创新活动的影响效应

[J]．河北经贸大学学报，2017（2）：36-42.

［202］张婷．环境规制、技术创新与制造业全球价值链地位［D］．安徽大学硕士学位论文，2021.

［203］张永旺，宋林．技术引进、自主创新与出口技术含量——兼论技术引进向自主创新的过程转变［J］．软科学，2019，33（5）：41-44.

［204］张月玲，叶阿忠．中国的技术进步方向与技术选择——基于要素替代弹性分析的经验研究［J］．产业经济研究，2014（1）：92-102.

［205］郑翔中，高越．FDI与中国能源利用效率：政府扮演着怎样的角色？[J]．世界经济研究，2019（7）：78-89+135.

［206］中共十九届六中全会在京举行［N］．人民日报，2021-11-12（1）.

［207］中华人民共和国生态环境部．《中国应对气候变化的政策与行动2020年度报告》［R/OL］．2021-06. https：//www. mee. gov. cn/ywgz/ydqhbh/syqhbh/202107/W020210713306911348109. pdf.

［208］周杰琦，汪同三．外商直接投资、经济增长和 CO_2 排放——基于中国省际数据的实证研究［J］．北京理工大学学报（社会科学版），2014，16（3）：30-37.

［209］周茂，李雨浓，姚星，陆毅．人力资本扩张与中国城市制造业出口升级：来自高校扩招的证据［J］．管理世界，2019，35（5）：64-77.

［210］朱东波．习近平绿色发展理念：思想基础、内涵体系与时代价值［J］．经济学家，2020（3）：5-15.

［211］朱佩誉，凌文．不同碳排放达峰情景对产业结构的影响——基于动态CGE模型的分析［J］．财经理论与实践，2020，41（5）：110-118.

［212］朱小艳．数字经济赋能制造业转型：理论逻辑、现实问题与路径选择［J］．企业经济，2022，41（5）：50-58.

［213］朱泽钢．治理机制对绿色技术创新的驱动作用［J］．中国软科学，2022（12）：125-135.

［214］庄芹芹，吴滨，洪群联．市场导向的绿色技术创新体系：理论内涵、实践探索与推进策略［J］．经济学家，2020（11）：29-38.

［215］邹晓东，李拓宇，张炜．新工业革命驱动下的浙江大学工程教育改革实践［J］．高等工程教育研究，2019（1）：8-14.

后　记

　　本书是在国家自然科学基金项目（41871215、U1704133）、河南省科技计划重点项目（222400410019）、河南省哲学社会科学规划项目（2021BJJ003），以及河南省高校哲学社会科学基础研究重大项目（2022-JCZD-03）的部分研究成果基础上，进一步拓展延伸的阶段性成果。在国家自然科学基金委员会、河南省科学技术厅、河南省哲学社会科学规划办公室、河南省人民政府发展研究中心、河南省统计局等部门的大力支持下，课题组成员通过查阅大量资料、统计数据和深入调查研究，反复研讨，几易其稿，最终形成这份30余万字的综合性研究成果。

　　本书的研究工作自始至终得到了河南省科学技术厅、河南省教育厅领导的关心与支持，并得到了河南省高校哲学社会科学基础研究重大项目与河南财经政法大学首批科研团队计划项目的资助。在收集资料、实地调查的过程中，河南省统计局、河南省人民政府发展研究中心、河南省发改委及其他有关部门给予了大力协助。在研究过程中，还得到河南财经政法大学有关领导及专家教授的帮助和指导。本书在出版过程中，经济管理出版社杨雪编辑也付出了很多心血，提出了许多宝贵建议。在此一并表示衷心的谢意。

　　在本书的撰写过程中，笔者参考和借鉴了国内外诸多专家学者的很多重要观点和研究成果，并尽可能地在参考文献中列出。在此，对这些研究成果的作者表示深深的谢意。

　　全书中心观点、逻辑框架、研写大纲及主要内容由笔者负责研究设计，中南财经政法大学博士李慧撰写了第7章和第9章，并在项目研究过程中做了大量的基础性工作。笔者指导的其他研究生做了大量的数据调研收集及整理工作，并参与了部分章节的初稿写作，在此一并表示感谢。全书最后由笔者统稿。

　　制造业绿色创新与高质量发展既是一个非常复杂的现实问题，又是一个十分深奥的理论问题。我们对此的研究仅仅是开始，对许多问题的认识尚需深入，加上时间及数据获得性等原因，分析不一定到位，有此观点可能尚需进一步推敲。限于笔者的理论水平以及时间的限制，加之课题组成员的资浅学短，本书难免有错谬陋见和不当之处，敬请专家学者不吝赐教。

李新安

2023 年 10 月 18 日